평생교육 프로그램 개발

기영화 지음

학지사

www.hakjisa.co.kr

서 문

새로운 세기는 변화, 대응, 주도 등과 같은 용어로 묘사되곤 한다. 이런 용어는 학문을 업(業)으로 하는 이들에게 일상과 책상의 간극을 좁히라는 말과 같다. 성인교육의 현장과 학습장을 오가며 이론과 실제의 괴리를 체험해 오던 필자로서는 이런 단어에 오열하곤 했다. 한때 필자의 박사학위 논문 속에서 이런 문제를 다루어 보기도 했지만 역부족이었다. 물론 성인교육에 대한 요구와 그것을 실천하는 현장과의 괴리감, 이것을 해결하는 방법에 대한 필자의 고민은 결국 프로그램 개발이라는 학위논문으로 마감되기는 했지만, 필자가 느낀 현장과 이론의 차이는 여전히 풀리지 않았던 문제들 중의 하나였다. 더욱이 대학에 몸담고 있으면서 학습자들과의 만남으로도 그 괴리는 결코 해결할 수 없었다. 이런 갈등은 필자로 하여금 프로그램 현장에 적극적으로 참여하게 했다. 다양한 조직으로부터 요구된 백양백태의 학습자들을 위한 프로그램은 프로그램에 대한 제반 이론적 모델만으로 개발될 수 없음을 절감했기에 필자는 기업체 인력개발부서, 문화센터, 구민회관, 복지관, 비영리단체, 학술대회 등 서로 다른 목적과 학습대상을 위한 다양한 프로그램을 개발함으로서 그 간격을 좁혀 보곤 했다. 이런 경험은 필자로 하여금 프로그램 개발이론과 실천현장의 괴리를 파악할 수 있는 직관을 갖도록 해주었을 뿐만 아니라, 결국 변화와 생존을 위한 교육적 수렴이 프로그램임을 깨닫게 해주었다.

본서는 프로그램에 대한 이러한 이론과 현장의 이해를 바탕으로 집필되었다. 『평생교육 프로그램 개발』은 평생교육사 양성과정 학생과 현장종사자들에게 의미있는 안내서가 될 것이라고 믿는다. 사실 필자는 평생교육 현장의 다양한 업무에 종사하는 전문가, 준전문가 혹은 학습자들과의 교류 속에서 그들에게 진정으로 부재한 것이 무엇이고, 그들로 하여금 현장학습을 원활하게 운용하지 못하게 만드는 애로사항이 무엇인가를 간파했다. 현장종사자들은 프로그램 개발에 대한 이론적 부재 속에서 그저 습관적이고 일상적으로 프로그램 개발업무를 혹은 프로그램의 관리와 실천업무를 담당하고 있었을 뿐이다. 그들은 프로그램이 왜 필요하고, 어떻게 하면 프로그램을 효과적으로 작동시킬 수 있는가에 대해 인식하지 못한 채, 현장의 노하우와 현장의 움직임에만 발빠르게 반응할 뿐이다. 그들의 고민을 풀어보기 위해 필자는 일부의 이론적인 논의가 아닌 실천현장 속에서 살아 움직이는 생생한 프로그램을 개발하여 인간의 학습활동을 기획하고 관리하는 활동으로 거듭날 수 있는 지침을 만들어 보기로 했었다.

우선 무엇보다 먼저 필자는 프로그램 개발이 개인과 조직, 지역사회의 문제를 해결하거나 변화를 유발시킬 수 있는 여러 가지 방안 가운데 교육을 사용하는 전략임을 현장종사자들에게 들어내 보이려고 노력했다. 프로그램은 하나의 워크숍이나 코스가 아니다. 프로그램은 구체적이고 특정한 주제를 가지고 일정 기간에 걸쳐 체계적인 방법으로 진행된다. 따라서 프로그램 개발은 인적 자원과 물적 자원을 효율적으로 배치하기 위한 의사결정의 연속이며 새로운 행동의 창출이다. 물론 새로운 행동을 만들어내는 프로그램에 참여한다고 모두가 의미있는 변화를 경험하는 것은 아니지만, 학습자의 문제나 요구에 초점을 두고 개발된 프로그램이라면 대개는 참여자의 삶에 긍정적인 영향을 준다.

프로그램 개발은 평생교육사의 고유한 업무 중의 하나이다. 프로그램을 개발하는 데에는 수많은 방법이 있다. 학자에 따라, 목적에 따라, 조직의 특성에 따라 각각 다른 방법들이 사용되고 있기는 하지만, 여러 프로그램 개발방법들이 평생교육사로서의 업무를 시작하는 초보자들에게 얼마만큼 유용할 것인가는 진지하게 짚어볼 문제이다. 그래서 본서는 프로그램 개발에 대한 다양한 접근방법을 살펴보고, 구체적으로 실시할 수 있는 프로그램 개발과정을 소개하고자 했다. 프로그램 개발은 선형적으로 이루어지는 것이 아니지만 초심자들은 마치 계단을 오르듯 하나씩 과정을 밟아가는 선형접근이 유리하다. 그래서 본서는 초심자들을 염두에 두고, 프로그램 개발과정을 선형적인 과정으로 각 장에 할애하였다. 사정이 그렇다고 하더라도 독자들은 프로그램 개발이 결코 선형적 과정일 수 없음을 유의해야 한다. 노련한 프로그램 개발자들은 자신만의 프로그램 개발모델을 갖고 있다. 필자가 본서에서 소개하는 모델은 프로그램 개발의 모든 요소들이 동시다발적으로 고려되는 모델이다. 자신의 고유한 모델은 결국 프로그램 개발의 경험을 통해 그 축적된 노하우로 만들어지는 것이다. 이로 인해 본서는 초심자들이 프로그램을 두려움 없이 실패하지 않고 개발할 수 있도록 가장 초보적인 과정을 소개하는데 총력을 기울였다. 이 과정들이 마치 선형적인 접근처럼 보이지만, 실제는 선형적으로 개발되지 않음은 두말할 나위도 없다.

본서에서 소개되는 프로그램 개발의 여러 단계 가운데 그 첫번째 단계는, 조직이나 성인교육자 자신이 계획한 프로그램을 중심으로 어떤 사람들이 참여할 것인가를 그려보는 것이다. 즉 프로그램의 대상자가 누구인가를 결정하고, 대상자들의 특성을 구체적으로 파악하며, 주변환경에 대한 분석을 실시한다(환경분석 및 고객분석). 두 번째 단계는, 파악된 특성을 바탕으로 프로그램 참여자와 참여환경으로부터 문제 및 요구를 파악한다(문제파악과 요구분석). 요구조사는 프로그램 운영방향을 결정짓는 중요한 기준이 되므로, 조직이나 프로그램 대상자의 직접적인 요구분석 외에도 프로그램 개발자 자신의 감각적 판단에 의한 요구 역시 중요하게 고려해야 한다. 세 번째 단계는, 프로그램 대상자와 환경으로부터 도출된 요구를 행동으로 전환시킬 수 있도록 프로그램 목표를 수립한다(목표설정), 네 번째 단계는 구체적으로 기술된 프로그램 목표를 실현시키기 위한 교수-학습과정을 설계한다(교육내용설계). 교수-학습과정이 완성되면 프로그램을 담당할 강사와 학습장소를 선정하고, 프로그램 실시에 소요되는 예산을 책정한다(인적·물적·재정적 자원배분). 프로그램 운영의 기초가 마련되면 짜여진 프로그램을 여러 대상자들에게 알리기 위한 프로그램 홍보가 실시된다(마케팅 및 홍보). 마케팅과 홍보가 마무리되면 프로그램 개발자는 프로그램을 실질적으로 실행에 옮기고 난 후 계획된 목표가 얼마만큼 달성되었는가를 측정해 내는 평가방법을 결정하고, 결과를 어떤 형식으로 보고할 것인가를 제시한다(평가 및 보고). 이상의 과정을 순차적으로 거쳐 완성된 그림을 일반적으로 의도된 변화를 유발시키기 위한 청사진으로서 프로그램이라고 명명하고, 그 프로그램을 성인교육자가 실행에 옮긴다.

프로그램 개발과정에서 무엇보다도 진지하게 고려되어야 할 점은 프로그램 개발자의 직관과 유연성이다. 프로그램은 이론에 의해 개발되는 것이 아니라, 바로 인간에 의해 만들어지기 때문에 인간적 요소가 무엇보다도 강하게 강조된다. 직관과 유연성이 바로 그것이기에 프로그램 개발에는 인간적인 요소에 대한 고려가 중요하다. 성인교육 현장에서 쓰임새 높은 프로그램은 그 어떤 경우도 정적인 상태에서 동작하지는 않는다. 프로그램은 인적요인과 조직적인 요인을 포함하여 개발된다. 이렇게 개발된 프로그램이 움직이는 환경 역시 정적인 것이 아니다. 프로그램은 외부로부터의 새로운 요구에 부딪치고, 끊임없이 변하는 환경에 놓여 있다. 이미 개발된 프로그램이 실행되는 상황은 개발 당시와는 또 달라진다. 이런 상황에서 프로그램 개발자의 유연성은 프로그램의 성공을 위한 핵심 요소이기에, 프로그램 개발자는 어떤 환경의 변화와 요구에도 자유롭게 프로그램을 변화시킬 수 있는 능력이 요구된다. 프로그램 개발자에게 필요한 또 다른 능력은 바로 직관인데, 프로그램 개발자는 프로그램의 개발이 요청되는 순간 모든 과정을 그 경험에 의해 직관적으로 그려낼 수 있어야 한다. 이 점에 대해 혹자는 과학적인 접근과 직관의 상호 배리성을 지적하기도 할 것이다. 그러나 필자의 경험으로 보아 프로그램 개발이 필요하다고 느껴지는 순간 프로그램에 대한 청사진이 이미 그려지고 있고, 대부분의 경우 프로그램 개발은 직관을 바탕으로 한 청사진을 확인하는 작업과 같았다. 동시에 프로그램 개발자의 직관은 오랜 프로그램 개발경험을 통해 얻어지곤 한다는 것을 현장실무자는 명심해야 한다.

이 책의 1장에서 4장까지 논의한 다양한 이론적 프로그램 개발모델은 각각의 독특한 특성을 지니고 있으면서, 동시에 몇 가지 공통점도 가지고 있다. 이러한 공통적 특성에 근거해서 초심자들이 프로그램을 개발하는 데 실제로 사용할 수 있는 가장 기초적이고 손쉬운, 그러면서 가능한 한 실패가능성을 줄여서 진행할 수 있는 프로그램 개발모델을 5장에서부터 12장에 걸쳐 제시하였다. 여기에서 제시한 모델은 무엇보다 '현실적용성'과 '실천가능성'에 초점을 두고 프로그램에 대한 문외한들도 손쉽게 활용할 수 있도록 했다. 특별히 각 장의 도입부에 제시된 각 장에서 성취해야 할 목표와 조별 학습가이드를 활용하면 보다 손쉽게 프로그램 개발을 할 수 있을 것이다. 물론 소개된 프로그램 개발모델이 프로그램의 성공을 보장해주는 것은 아니나, 적어도 성공할 가능성은 높여주고, 실행 후 프로그램의 성패를 평가하는 기초자료로 이용될 수 있다. 이런 의미에서 본서의 프로그램 개발모델은 프로그램의 처음에서 마지막까지 프로그램 개발자를 돕기 위한 안내자 역할을 충실히 수행할 것이다. 본서가 제시하는 모델은 초심자와 경험자 모두에게 탄력성 있게 운영될 수 있다. 평가과정을 제외하면 일종의 선형모델로 초심자들이 손쉽게 사용할 수 있으며, 경험이 있는 프로그램 개발자의 경우에는 모든 과정을 동시에, 혹은 각 단계마다 평가하고 피드백하면서 유연성있게 사용할 수 있다.

이 책은 대학에서 평생교육사 자격취득을 위한 교육과정을 이수하는 학생들의 교재로 활용될 수 있다. 학생들은 평생교육의 실천을 대변하는 프로그램 개발과정을 현장과 동떨어진 수업으로만 진행함으로써 프로그램 개발의 한계에 직면하게 되지만, 주당 2시간의 수업으로 학생들을 현장에 투입하는 것은 현실적으로 어렵다. 이런 수업을 위해서는 시뮬레이션을 통한 프로그램 개발이 절실하다. 프로그램 개발은 이론적인 강의에 의해서만 이루어질 수 없으며 학습자들은 실제 학습현장에서 프로그램을 만드는 과정을 경험할 것이 강력히 권고되고 있다. 본서는 교수자들이 학습현장에서 실제적인 프로그램을 만들어 볼 수 있도록 그 지침을 조별작업 가이드를 통해 제시하고 있다. 학습자들은 수업시간에 조를 구성하여 각 장에 따른 프로그램 개발을 실습해 보며, 이론이 겸비된 수업진행을 하는 것이 바람직하다. 결국 이러한 요구가 프로그램 개발상황에 적합한 시뮬레이션 수업용 지침서를 만들어내게 하였다.

또한 이 책은 다양한 기관의 프로그램 개발담당자 혹은 프로그램 관련업무 종사자들에게 실질적인 지침을 제공하고 자신들만의 프로그램 개발모델을 갖는 데 도움이 되도록 했다. 현장의 실천가들은 매일의 업무 속에서 접하는 프로그램의 개념을 일상적인 반복작업으로 실행함으로써 변화와 필요에 대응하는 창의적 프로그램 개발의 기회를 놓치고 있다. 이들에게 프로그램 개발의 이론적 모델들을 접하고, 프로그램 개발과정을 통해 자신들의 고유한 모델을 수립하는 방법을 제시하며, 동시에 자신들의 노하우를 모델로 전환시키는 과정을 예시함으로써 현장에서 프로그램 개발을 실용적인 것으로 활용할 수 있게 하였다.

필자가 프로그램 개발모델을 제시할 수 있기까지는 다양한 프로그램 개발경험자들과의 만남이 있었다. 한국표준협회, 한국걸스카우트, 한국보이스카우트, 중앙공무원연수원, 국가행정연수원, 철도공무원연수원, 선거관리연수원, 한국노동교육원, 삼성전자, 삼성생명, 여성센터, 문화센터 등의 현장담당자들에게 고마움을 전한다. 비영리시민단체, 기업체, 교육기관, 교육연수기관 등에서 함께 프로그램 아이디어를 교류했던 학습자들에게도 깊은 감사를 드린다. 그들이 프로그램 현장에서 직면하고 있는 문제를 해결하기 위한 노력이 결국 이 책을 만들어내게 했다. 또한 초고를 읽고 조언을 아끼지 않았던 교육개발원의 백은순 박사님, 숭실대학교의 최은수 교수님, 연세대학교 한준상 교수님께 감사드린다. 수업이라는 영원하고도 신기하기만한 '성인'들의 '만남'에서 제반 프로그램을 개발하고 사례를 창출해낸 학생들에게도 깊은 고마움을 전한다. 끝으로, 생각을 나누었던 동반자와 늘 학습을 업으로 삼아 생활하는 엄마에게 기꺼이 시간을 할애해주고 도와준 나의 두 딸, 윤지와 해지에게 가슴 깊은 사랑과 고마움을 전한다.

2000년의 마지막날에

오스틴(Austin)에서

기영화

차 례

제2부 프로그램 개발과정

제2부 프로그램 개발과정

제 1 부 프로그램의 이론적 토대

제 1부는 프로그램 개발이론을 다룬다. 여기에서는 프로그램 개발자가 다양하게 활용할 수 있도록 프로그램 개발에 관한 이론적 모델을 제시한다. 이론들은 프로그램을 만드는 과정에 이정표와 같다. 프로그램 개발이론은 여러 기준에 의해 세분되며, 그 세분된 목록에 따라 각기 다르게 논의되고 있다. 프로그램 개발목적에 따라, 프로그램의 활용처에 따라 혹은 학자에 따라 각각 다른 프로그램 개발과정을 제시하고 있다. 이런 것은 독자들이 다른 이론을 접하고, 자신의 요구와 필요에 따라 프로그램 개발이론을 활용할 수 있도록 하기 위한 것이다.

제 1장은 프로그램의 아이덴티티를 다루고 있다. 프로그램이 무엇이고, 그 정의에 따라 어떻게 현장에서 인식될 수 있는가를 다룬다. 더불어 프로그램의 개념에 의해 각 조직에 소속된 프로그램 개발자의 역할과 위상이 달라짐을 보여주고 있다.

제 2장은 프로그램 개발모델을 고전적 이론, 상호작용이론, 정치적 이론, 열린 프로그램 개발이론으로 제시하였다. 고전적 이론은 프로그램 개발을 선형적인 과정으로 단계모형으로 제시하고 있다. 상호작용이론은 어느 상황에나 사용될 수 있는 다목적용 모델로 프로그램 개발과정의 환경과의 상호작용을 중시한다. 정치적 이론은 프로그램 개발을 권력과 협상의 정치적 과정으로 제시한다. 마지막으로 열린 프로그램은 프로그램이 개발되는 조직이 개방적이어서 관련 요인들의 개방성을 중시하는 경우이다.

제 3장에서는 프로그램 개발자에 대한 여러 가지 관점이 다뤄진다. 프로그램 개발은 실제 그 작업에 투입되는 인적 요소, 다시 말하면 프로그램 개발자에 의해 전적으로 다른 모습으로 완성된다. 프로그램이 개발되기 위해 과학적 혹은 기술적인 과정들이 제시되고 있지만, 가장 중요한 변인은 프로그램 개발자가 프로그램에 대한 어떤 신념과 직관을 갖고 있느냐이다. 프로그램 개발자는 프로그램이 발의되는 그 순간 이미 찰나적인 직관으로 프로그램의 청사진을 갖게 된다. 경험이 많고 노련한 프로그램 개발자의 경우이다. 이때 프로그램 개발의 과정은 어떤 의미에서 프로그램 개발자의 직관적 청사진을 확인하는 과정이 된다.

제 4장은 프로그램 개발에 접근하는 방법이다. 프로그램을 처음 개발할 때와 유사한 프로그램을 여러 번 개발한 경우는 개발과정이 달라진다. 기존의 프로그램을 그대로 모방하여 만들 수 있고, 혹은 황무지 영역인 경우 완전히 새롭게 시작해야 하기도 한다. 프로그램이 어떤 경우에, 어떤 방식으로 접근하는 것이 보다 효과적인지도 논의되었다.

제 1 장 프로그램 아이덴티티

이 장의 목표

1. 프로그램에 대한 자신의 정의를 갖는다.
    1) 프로그램에 대한 학자들의 정의
    2) 다양한 프로그램 정의들의 공통점
    3) 각 정의에 대한 문제점
2. 프로그램과 성인교육의 상관성을 찾는다.
    1) 프로그램의 역할
    2) 평생교육의 이념
    3) 성인교육의 정의와 기능
    4) 성인교육과 프로그램의 상관성
3. 프로그램의 필요성과 프로그램 개발의 의의를 분석한다.
    1) 프로그램의 목적
    2) 프로그램의 기능
4. 프로그램 계획에 대한 지식을 갖는다.
    1) 프로그램 계획의 정의
    2) 프로그램 계획의 필요성
    3) 프로그램 계획의 특성
    4) 좋은 프로그램을 계획하기 위한 요건

조별작업을 위한 가이드

1. 수업에 앞서 개별 학습자들의 프로그램의 개념을 적어보고,
2. 조를 편성하여 개인이 정의한 프로그램 개념을 논의하며,
3. 프로그램의 공통된 특성을 3-5개로 선정한다.
4. 성인교육에 대한 개념을 정의하고,
5. 성인교육과 프로그램 개발의 관계를 이해하며,
6. 프로그램 개발의 이점은 무엇인가 토의한다.
7. 개별 학습자들은 프로그램이 자신에게 어떤 유용성을 가질 것인가 적어본다. 그리고 개인별로 보관하여, 학기말에 다시 확인한다.

1. 성인교육과 프로그램

성인교육(Adult & Continuing Education)은 사회변화와 긴밀한 관계를 갖고 있다. 사회는 끊임없이 변하고, 변화 속에서 인간은 생존을 위해 지속적인 자기개조가 요구된다. 성인교육은 자신과 환경의 개조를 위한 학습매개체이다. 평생학습(Lifelong Learning)은 성인교육의 기본이념이다. 누구나, 언제, 어디서나 학습할 수 있는 기회를 갖는 것이 성인교육의 이념이다. 성인교육은 평생학습 이념을 실현하는 새로운 교육 패러다임이다. 다시 말하자면 성인교육은 평생교육 이념을 실현함으로써 모든 이들의 교육요구를 충족시켜주는 역할을 한다. 정부는 '열린 교육, 평생학습'을 정책기조로 각종 성인교육을 제공하고 있다. 개인과 사회의 학습요구가 성인교육 프로그램을 통해 실현되는 것이다. 프로그램은 모든 이를 위한 성인교육을 실현하는 수단이다.

성인교육의 중요성은 프로그램 참여자의 확대로 설명될 수 있다. 미국의 경우, 1976년 이후 성인교육 참여자수가 학교교육 참여자를 능가하고 있다(Neimi & Nagel, 1977). 우리 나라도 성인교육 참여자수가 매년 증가하고 있다. OECD의 자료에 따르면, 현재 5.4%에 불과한 우리 나라 성인교육 참여율은, 2003년에는 약 40% 수준으로 증가할 것으로 기대된다. 정부는 의도적으로 성인교육의 참여를 증진하는 각종 교육정책을 수립하고 있다.

기술의 발전, 여가시간의 증가, 가치의 변화, 노동시장의 변화 등은 프로그램 참여자의 양적 증가와 성인교육의 필요를 가속화시켰다. 이와 더불어 성인교육의 몇 가지 특성이 프로그램의 필요성을 더욱 확장시켰다. 우선은, '틀 지워진' 장소, 즉 학교교실을 벗어남으로써 성인교육은 공장, 회사, 교회, 노동조합, 도서관, 군대, 병원, 복지관, 지역사회기관 등 생활 속의 조직으로 확산되었다. 더욱이 때와 장소를 가리지 않고, 교수자의 요건을 '틀 지우지' 않음으로써 성인교육은 대상과 범위를 무제한적으로 확대시켰다. 성인교육은 교육을 실행하는 수단, 즉 교육의 매개체를 제한하지 않고, 현재의 필요에 따라 즉각적으로 제작 혹은 폐기되는 특성을 가졌다. 프로그램은 이런 성인교육의 제반 특성을 바탕으로 설계된 학습이다.

성인교육 프로그램은 개인, 조직, 사회의 변화요구를 충족시키는 매개체이자 실행수단이다. 프로그램은 그것이 당초 의도한 변화를 주도하는 전체과정과 그 세부 실천전략을 보여주는 설계도이다. 상황변화에 따라 각기 다른 설계도가 그려지고, 서로 다른 프로그램으로 개발된다. 다양한 프로그램은 성인교육에의 참여를 결정짓는 요인이다. 성인교육의 확대는 성인교육 활동을 조직, 개발, 관리하는 프로그램 개발의 필요성을 증가시켰을 뿐만 아니라 프로그램 개발을 성인교육의 핵심분야로 만들었다. 성인교육과 프로그램의 관계는 성인교육에 대한 정의를 통해서 더욱 명백해진다.

쉬로이더(Schroeder, 1980)는 성인교육이 바로 프로그램 개발임을 시사했다. 그는 성인교육을 "성인학습 프로그램의 방향과 절차를 확립시키기 위해, 기관과 학습자가 연결되는 발전적인 과정"으로 정의했다. 그 정의는 성인교육자의 역할을 제시하고 있다. 성인교육자는 학습자들의 학습요구를 조직과 연결하기 위해 프로그램을 개발하는 역할을 한다.

놀스(Knowles, 1978) 역시 성인교육을 정의하면서 프로그램을 성인교육의 핵심기능으로 명시했다. "성인교육은 자율적이고 독립적이며 책임감을 지닌 성인 남녀가 참여하는 조직적, 의도적, 지속적인 형태의 학습행위이다"라는 그의 정의 속에서, 놀스는 성인의 학습행위를 실현하는 수단으로서 프로그램을 언급했다.

메리엄과 다켄왈드(Merriam & Darkenwald, 1982)도 놀스와 같은 입장이다. 메리엄과 다켄왈드는 성인교육을 교수, 상담, 관리, 프로그램 개발의 네 가지 기능으로 구분하였다. 이 가운데 교수, 상담, 관리의 기능은 학교교육에서도 수행되고 있다. 그러나 프로그램 개발의 기능만큼은 성인교육이 갖는 고유한 기능으로 명시했다. 유네스코(UNESCO) 역시 성인교육을 개인의 행동과 태도에 변화를 주는 모든 교육활동으로 정의하고, 이런 변화에 적응하고 새롭게 창조할 수 있는 프로그램 개발의 필요성을 강조했다.

분(Boone, 1985)의 성인교육 영역구분은 프로그램의 역할을 더욱 강조하고 있다. 그는 성인교육을 전문직과 새로운 교육체제로 양분했다. 새로운 교육체제로서 성인교육은 학문의 한 영역으로 연구되는 것이다. 학문으로의 성인교육은 프로그램 개발과정과 전달체제, 평가방법 그리고 관련조직 등에 대해 연구한다. 반면, 전문직으로서 성인교육은 특정 집단이나 조직의 변화를 주도하는 것이다. 그 변화과정을 구체적으로 묘사한 것이 바로 프로그램이다. 이렇게 볼 때 성인교육은 프로그램에 대한 이론적 연구와 현장에서의 실천을 위한 청사진으로서의 프로그램 개발이다. 다시 말하자면, 프로그램 개발은 성인교육의 한 영역인 동시에 성인교육의 실천 자체를 대변한다.

프로그램 개발은 과학이자 동시에 특수한 기술이다. 프로그램은 그것을 개발하기 위해 특수한 기술이 요구된다는 점에서 기술이고, 그 내용이 이론적으로 정리되어 있다는 점에서 과학이다. 아이스너(Eisner, 1991)는 프로그램 개발을 질적인 탐구로 언급했다. 그는 프로그램을 여러 사람들과의 접촉을 통해 깊이있는 탐색과정에서 발견되는 것으로 파악했다. 그리고 이러한 프로그램 개발과정은 마치 질적 연구방법을 활용하는 것과 같으므로 양적인 것 이상의 것으로 정의했다.

성인교육 프로그램 개발에 대한 논의는 일반적으로 규범적인 것과 기술적인 것으로 크게 나누어진다(Sork & Caffarella, 1989). 기술적인 측면에 초점을 두는 연구들은 실제적으로 성인교육 프로그램이 계획, 실행되는 과정을 연구하고, 규범적인 측면에 초점을 두는 문헌은 이상적인 관점으로 성인교육 프로그램의 계획이 어떻게 이루어져야 할 것인가에 대해 논의한다. 프로그램 개발은 학자에 따라서도 다양한 견해를 보이고 있고, 자세한 내용은 제2장에서 논의되고 있다.

2. 프로그램 정의

'프로그램'은 성인교육에서 흔히 사용되는 용어이다. 성인교육의 정의가 다양하듯 프로그램의 관점도 각양각색이다. 토마스(Thomas, 1964)에 따르면 프로그램만큼 모호하고 광범위하게 널리 사용되는 용어도 없다. 프로그램의 정의는 그것을 사용하는 사람들의 수만큼이나 다양하다. 예컨대 프로그램은 1회의 모임, 단 5분의 안내방송으로부터 3년에 걸친 교육에 이르기까지 다른 형태를 보인다.

프로그램은 거시적 관점과 미시적 관점에서 논의된다. 거시적 관점에서 프로그램은 조직에서 제공하는 모든 형태의 학습활동을 말하는 종합 프로그램이다. 미시적 관점에서 프로그램은 특정 내용을 학습하기 위한 각각의 개별 학습과정의 설계이다. 평생교육사가 프로그램 용어를 사용할 때 어느 관점에서의 프로그램인가에 대한 상호간의 동의가 필요하다. 그렇지 않은 경우, 프로그램에 관한 의사소통의 어려움을 가져올 수 있기 때문이다.

1) 광의의 프로그램

프로그램은 넓은 의미에서 인간의 모든 학습활동을 지칭한다. 학습은 단지 학교교실이라는 정해진 장소에 한정해서 행해지는 것이 아니다. 학습주체가 존재하는 곳이면 어디서든 이루어진다. 학습이 수행되는 지침이나 청사진이 프로그램이다. 이런 의미에서 프로그램은 인간의 모든 학습활동을 포괄한다.

프로그램은 학습이 일어나는 곳이면 어디에서든 필요하다. 학습은 학교뿐만 아니라 가정, 직장, 교회, 지역사회 등 다양한 곳에서 요구된다. 학습의 형태도 지역사회발전, 전문인력개발, 직업교육, 상담서비스 등 다양하다. 이들 학습 모두가 프로그램 형태로 이루어지고 있다. 이런 의미에서 프로그램은 모든 학습체제를 포괄하고 있다. 넓은 의미에서 프로그램은 인간의 전체 학습활동을 대변하는 많은 다양한 사고와 관념, 실제를 의미한다.

2) 협의의 프로그램

프로그램은 목적에 따라, 혹은 정의하는 학자에 따라 서로 다른 의미를 갖는다. 프로그램이 서로 다른 수준에서 다른 의미로 사용되는 것은 우리의 일상생활에서 쉽게 발견된다. 예를 들면, 관광회사 팜플렛의 선전문구에서 볼 수 있는 '노인 모시기 프로그램'과 어학원의 '영어회화 프로그램', 또는 기업의 '판매 서비스 프로그램' 등이 그것이다. 이때 프로그램은 각기 그 상황에 따라 다른 의미를 갖고 있다. '노인 모시기 프로그램'은 외국어를 못하는 노인이 외국에 있는 가족을 방문하고자 할 때, 가족들이 있는 곳까지 그 노인을 무사히 인도하는 서비스를 의미한다. '영어회화 프로그램'은 영어강좌, 즉 코스를 뜻한다. '판매 서비스 프로그램'은 그 회사의 상품판매전략을 의미한다. 이처럼 '프로그램'은 서로 다른 차원에서 다른 의미를 갖고 사용된다. 그러므로 프로그램이란 용어는 사용하는 당사자간에 명확한 의미의 합의가 이루어지지 않을 때 혼란을 가져오기도 한다(Brookfield, 1986).

프로그램은 학자들에 따라 다양하게 정의된다. 버너(Verner, 1964)는 프로그램이란 "정해진 기간에 특정한 학습목적을 달성하도록 고안된 학습경험"이라고 정의했다. 보일(Boyle, 1981)은 "다양한 기관들의 모든 활동을 총칭하는 것"으로 프로그램을 정의했다. 코왈스키(Kowalski, 1988)는 프로그램을 "조직적, 의도적인 학습활동의 설계이며, 환경, 조직, 프로그램, 학습자간의 상호작용"이라고 정의했다.

프로그램에 대한 여러 학자들의 정의는 서로 다른 것처럼 보이지만, 상호 공통적인 요소를 가지고 있다. 버너는 1회의 수업에서부터 전체 지역사회를 포괄하는 교육활동에 이르기까지 적용될 수 있는 프로그램의 유연성을, 보일은 프로그램이 기본적으로 조직에서 요구되는 것임을, 코왈스키는 프로그램이 다양한 요소를 고려해야 함을 강조했다. 이들의 정의에서 드러나듯, 프로그램은 행동과정, 교육과정, 코스 혹은 목적 등의 용어를 공통적으로 포함하고 있다.

쉬로이더(Schroeder, 1970)의 정의는 프로그램에 대한 학자들의 다른 견해를 포괄하고 있다. 그는 프로그램을 다음과 같이 정의했다.

첫째, 성인들이 지역사회에서 이용할 수 있는 모든 교육적 활동,

둘째, 조직이나 기관의 성인교육을 위한 모든 노력,

셋째, 특정한 집단을 위해 설계된 교육적 활동,

넷째, 이러한 활동들을 서로 관련시키려는 사회적 활동 등이다. 결국 쉬로이더는 프로그램이 조직과의 관계에서 실행되는 학습활동임을 강조하고 있다. 코왈스키나 보일도 이와 유사한 입장이다.

3) 프로그램과 커리큘럼

프로그램(Program)은 커리큘럼(Curriculum)과 자주 혼동되는 용어이다. 커리큘럼은 특정한 교육목표를 수행하기 위해 구조화된 학습기회로 정의된다. 일반적으로 학교 등의 공식교육조직에서 사용된다. 존슨(Johnson)에 따르면 "커리큘럼은 의도된 학습결과의 구조화된 연계"이다. 커리큘럼은 공교육제도권 내의 학습활동을 위한 계획을 의미하는 반면, 프로그램은 제도권 외의 모든 학습활동까지를 포함하는 광범위한 의미이다. 커리큘럼 개발은 프로그램 계획의 하위과정 중의 하나로, 단지 학습경험의 선정과 관련된 부분을 지칭한다. 반면에 프로그램은 커리큘럼보다 훨씬 광범위한 개념으로 학습활동 수행을 위한 예산, 홍보, 평가 등의 관리과정까지 포함하고 있다.

프로그램과 커리큘럼의 차이점은 니에미와 나글(Niemi & Nagle, 1977)에 의해 논의되었다. 커리큘럼은 교과목에 관심을 두고, 학습결과가 점수로 평가되어 학점으로 취득되며, 교육과정 설계가 전문가에 의해 이루어짐으로써 학습자의 참여가 배제된다. 그러나 프로그램은 학습자의 요구와 문제를 중심으로 전체 교육과정 설계에 학습자의 참여가 중시되고, 학습자의 경험을 학습활동에 최대한 활용하며, 학습자의 요구에 즉각 부응한다. 니에미와 나글은 프로그램과 커리큘럼의 특성을 다음 <표 1-1>과 같이 요약하고 있다.

<표 1-1> 프로그램과 커리큘럼의 비교

	커리큘럼	프로그램
주요관심	교과목	개인의 요구와 문제
학점인정	학점화	비학점화
설 계 자	엄선된 전문가와 자문가	학습자와 성인교육자
주 제	전문가에 의해 판단된 지식, 기술, 태도, 가치 등	학습자의 요구나 문제해결에 도움이 되는 것
초 점	내용중심	문제중심
장 점	학습목표가 명백하여 학습방향을 제시하며, 학습내용이 체계적으로 조직화되어 계열성을 지닌다.	학습자의 경험을 최대한 이용하며, 학습자의 요구에 즉각 부응한다.

출처 Niemi, J. A., & Nagle, J. M.(1977). Learners, agencies, and program development in adult and continuing education. In P. D. Langerman, & D. H. Smith(Eds.), *Managing adult and continuing education programs and staffs*. Washington DC: National Association for Public Continuing and Adult Education.

니에미와 나글은 커리큘럼과 프로그램을 구분하면서 전자는 학교교육에, 후자는 성인교육에 적합한 개념으로 언급했다. 커리큘럼은 영어, 수학, 과학 등 교과목에 초점을 두는 반면, 프로그램은 다양한 문제와 학습활동에 초점을 두고 있다.

프로그램은 궁극적으로 학습활동을 통한 변화를 유도한다. 프로그램의 종류는 매우 다양하다. 예를 들면 가족폭력, 아동학대, 이혼, 10대 청소년의 임신, 알코올중독, 약물복용 등의 문제를 해결하고 방지하기 위한 활동이 일종의 프로그램이다. 다른 예로 중소기업의 경영자를 위한 상담과 경영지원, 재정분석, 시장점유성과 가능성 연구, 현금유통에 대한 강좌와 자료제공, 생활보호자를 위한 사회보장제도 안내, 개정된 이혼법 소개, 각종 법률상담, 벤처창업희망자를 위한 첨단산업 분야의 소개, 농민들의 컴퓨터교육 등이 바로 프로그램의 일례들이다. 이들 활동은 문제해결을 위한 각종 학습활동과 홍보를 통해 당사자들의 문제나 요구를 해결하고 있다.

3. 프로그램 기능과 조직

프로그램은 많은 학습활동을 총칭하는 것으로, 대부분의 프로그램은 조직에 의해 제공되고 있다. 따라서 프로그램과 조직과의 관계에 대한 논의가 필요하다.

프로그램의 기능은 프로그램을 개발한 조직과 그 실천현장에 따라 다르다. 현장과 고객의 요구, 그것을 제공하는 조직의 요구가 반영된다. 개인학습자는 프로그램의 구매자로 참여하고, 조직은 프로그램을 제공, 판매 관리한다. 따라서 프로그램의 기능은 구매자로서의 참여자와 제공자로서의 조직에 의해 결정된다.

1) 프로그램의 기능

모든 성인학습활동은 프로그램 형태로 실시된다. 프로그램은 교육활동의 목적에 따라 각각 다른 형태로 개발되므로 프로그램의 기능 또한 달라진다. 프로그램의 기능은 참여자의 특성과 제공기관의 성격에 따라 다양하게 논의된다. 프로그램의 근본목적은 변화에 내응하기 위한 것이나. 이 때 변화는 개인과 조직, 지역사회 혹은 국가적 수준에서의 변화를 의미하고, 변화의 내용은 개인의 성장과 현실문제의 해결, 미래 직업준비, 조직의 목적달성, 지역사회와 사회적 문제의 해결 등이다. 프로그램의 기능은 개인의 성장과 발전, 현실문제해결, 미래욕구충족, 조직과 사회의 문제해결 등이다(<표 1-2> 참조).

프로그램은 한 개 이상의 목적을 공유하고 있는 경우가 대부분이다. 예를 들면 조직의 목적수행을 위해 국제화교육을 회사에서 실시하는 경우, 참여하는 개인을 성장시키고 현재 직업적 성장도 돕는다. 이렇게 프로그램은 대부분 하나 이상의 목적을 공유하고 있기 때문에 그 기능도 역시 다양하다.

<표 1-2> 프로그램의 기능과 예

프로그램의 기능	프로그램의 예
개인의 성장 및 개발 격려	-조선 선비의 발자취(역사) -윈도우 98 사용법 -에어로빅
발달단계 혹은 현실 문제해결	-부모교육 -조기퇴직자 -죽음 준비교육
현직 혹은 미래의 직업적 성장	-신입사원 연수 프로그램 -인턴사원 실습
조직의 목적수행	-ISD 1000 교육 -국제화교육
사회적 문제의 고찰	-환경살리기 프로그램 -에이즈 예방교육

출처 Caffarella(1994). *Planning programs for adult learners.* p.2를 보완함.

2) 프로그램과 조직

프로그램은 그 기능상 조직과 불가분의 관계에 있다. 프로그램은 조직을 통해 개발되고 제공되기 때문에 이미 하나의 조직을 전제하고 개발된다. 프로그램과 조직의 관계는 분, 쉬로이더, 코왈스키, 스트로써와 클러스(Strother & Klus, 1982) 등에 의해 강조되었다. 프로그램은 조직의 모든 활동을 포함하고, 조직은 다양한 목적을 갖고 있다. 학습은 그 목적을 수행하기 위해 행해진다. 그리고 그 학습활동은 프로그램으로 드러난다. 물론 당초 의도를 고려할 때 모든 조직의 프로그램을 학습활동으로 정의하기는 어렵다. 조직의 활동들 중 어떤 것은 교육적이지만, 다른 부분은 조직이나 기관을 유지시킬 목적이 더 강하기 때문이다. 조직이 제공하는 프로그램은 교육적 목적과 체제유지적 목적으로 양분된다(그림 1-1참조).

일반적으로 교육을 주목적으로 하는 조직은 외부사람들을 위해 교육 프로그램을 제공한다. 이는 단순한 워크숍이나 방송강좌일 수도 있고, 커리큘럼이나 코스처럼 체계적인 학습활동일 수도 있다. 그러나 대부분의 조직은 교육을 일차적 목적으로 하지 않는다. 교육이 조직의 일차 목적이 아닌 경우, 교육은 조직의 목적 달성을 위한 수단이다. 조직은 구성원들을 대상으로 조직발전을 목적으로 자체 프로그램을 제공한다. 조직유지발전을 위한 교육활동은 조직을 홍보하고, 사회적으로 발전시킬 수 있는 기반을 마련하며, 행정적인 관리나 지도력을 증진시키는 데 관심이 있다.

<그림 1-1> 조직과 프로그램의 목적

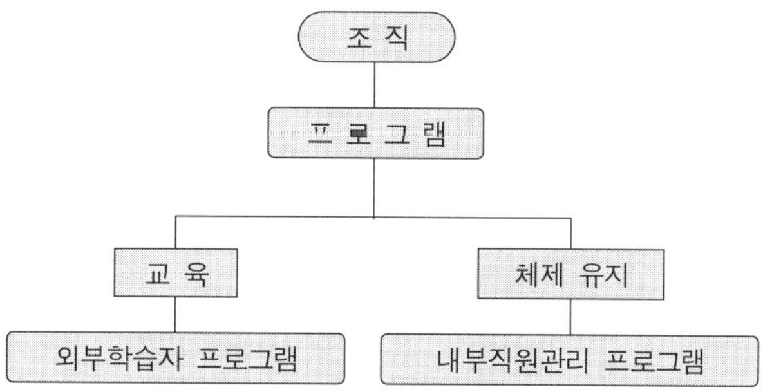

출처 Boyle, P.(1981). *Planning Better Programs.*

조직과 프로그램에 대한 논의는 조직 내 프로그램의 논의수준에 따라 달라진다. 조직의 상층부 혹은 하층부에 의해 논의되는 프로그램의 개념은 다르다. 조직의 최고경영자(CEO : Chief Executive Officer) 수준에서 논의되는 프로그램은 조직의 모든 학습활동을 총칭한다. 그러나 조직의 하층부, 다시 말해 강사나 훈련담당자들에 의해 논의되는 프로그램은 코스나 과정을 의미한다. 프로그램은 조직의 어느 계층에서 논의되는가에 따라 이처럼 다른 개념으로 사용되고, 그에 따라 다른 기능을 수행하게 된다.

이러한 조직 내의 프로그램 활동에 관련된 사람들은 조직의 상위, 중간, 하위 계층에서 모두에 속해 있다(Rivera, Patino, & Brockett, 1982). 상위계층의 최고관리자는 종합 프로그램에 관심을 가지고 고객의 욕구를 실현시키고, 조직의 목적에 일치하는 프로그램을 계획하며, 프로그램의 일반정책을 확립하는 역할을 한다. 중간과 하위계층의 담당자는 개별 프로그램에 초점을 두고 있다. 중간계층의 프로그램 관련자는 특정 프로그램의 계획과 관리의 책임을 지고 있다. 일선현장의 프로그램 관계자는 프로그램을 직접 학습자에게 전달하는 강사의 역할을 담당한다.

조직과의 관계에서 프로그램은 종합 프로그램과 개별 프로그램으로 구분되어 사용된다. 거시적 수준의 프로그램 논의는 소규모 프로그램보다 훨씬 복잡하고 어려우며, 수많은 투입이 요구되는 반면, 미시적 수준의 프로그램은 더 세부적인 것으로 활동을 구체화, 협소화시키고 있다. 그러므로 미시적 수준의 특정한 코스를 결정하는 것은 종합적 프로그램의 요구를 파악하는 것보다 쉽고 단순하다.

예를 들면, 노인교육원은 퇴직 후의 노인문제를 줄이기 위해 다양한 프로그램을 제공하고 있다. 이 경우 퇴직전 노인을 위한 노화에 대한 예비지식 코스로부터 재정, 건강, 인간관계, 죽음에 대한 교육 등에 이르기까지 다양한 코스를 총괄하여 종합 프로그램으로 지칭한다. 즉, 노인교육원에서 제공되는 모든 프로그램이 노인교육을 위한 거시적 관점의 프로그램이며, 이 때 각각의 코스는 개별 프로그램이다. 개별 프로그램은 그 나름대로 교육목표와 기능, 실행, 평가까지의 전 과정을 포함하고 있다. 즉, 개별 프로그램은 종합 프로그램에서 분리될 수 있는 소규모 프로그램으로, 예컨대 '죽음에 대한 교육'이 노인교육원의 개별 프로그램이며 미시적 계획을 대표한다.

조직 내에서 프로그램 관련활동을 하는 경우, 먼저 자신이 설계할 프로그램이 거시적·종합적 수준인지, 아니면 미시적·개별적 수준인지를 판단한 후 프로그램을 계획하는 것이 요구된다. 우리가 사용하는 '프로그램'이라는 용어는 매우 다양한 수준으로 언급되므로 이를 명료화해야 한다. 버너(1964)는 프로그램 수준을 세 가지로 언급한다. 먼저 가장 미시적 수준의 프로그램은 개인의 교육활동을 설계하는 것으로 자기주도학습의 설계나 워크숍, 세미나 등이 그 형태이다. 중간 수준의 프로그램은 교회나 YMCA, 공장 등 한 조직에서 제공되는 통합적 교육활동을 지칭하며, 거시적 수준의 프로그램이란 지역사회에서 성인들에게 제공되는 모든 형태의 교육기회를 총칭하는 것이다. 대부분의 학자들에 의해 제시된 프로그램 모형들은 이런 다양한 수준의 프로그램 중 어느 한 수준에 초점을 두고 있다.

4. 프로그램 계획

인류의 역사에서 계획(planning)이라는 용어만큼 오래된 개념도 없을 것이다. 계획이 인간의 요구를 충족시키기 위해 인간의 행동을 일관성 있게 배열하는 것이라고 볼 때, 그것은 인간행동에 대한 사고와 그 기원을 같이한다. 역사적 기록을 살펴보면, 고대 왕이나 부족장 등의 역할도 결국 계획이었다. 계획은 목표의 효과적인 실행을 위해 필수적이다.

1) 정 의

'계획'은 행위나 절차의 의도적인 방법을 지칭하는 것으로, 무엇인가를 행하기 위한 방법과 절차를 구체적으로 묘사하는 것이다. 안토니(Anthony, 1965)는 계획을 단순히 "무엇인가 하기 위한 결정"이라고 정의한 반면, 쿤츠(Koontz, 1964)는 계획을 "특정 목표를 수행하기 위해 고안된 행위의 과정에 대한 의식적인 선택"으로 정의했다. 좀더 구체적으로, 베르니에르(Bernier, 1968)는 계획을 "바람직하게 여겨지는 목표를 수행하는 데 요구되는 인적, 물적 자원과 재원, 시간 등의 기초자원을 관리하는 기술"이라고 언급했다.

이들 정의는 공통적으로 "계획이란 특정한 행동을 목표로 미래의 가능성을 평가하고 예측하는 연속적 과정"으로 보고 있다. 이들이 제시하는 프로그램계획은 다음과 같은 몇 가지 원리를 포함한다.

첫째, 계획은 특정한 목표를 달성하기 위해 의도적으로 고안된 행동을 포함하고 있다.

둘째, 계획은 체제적 접근법을 포함하고 있다.

셋째, 계획에는 많은 사람들이 참여하고 있다.

넷째, 계획은 협동을 요구한다.

다섯째, 계획은 불확실성과 모호성을 포함하고 있다. 따라서 계획은 불확실성을 모든 이들에게 명료하게 밝히고 중요치 않은 것은 제거하고자 한다.

마지막으로, 계획은 미래를 바라보는 한 과정, 즉 미래에 무엇을 원하고 어떻게 실현할 것인가를 보여주는 과정이다.

계획의 기본요소는 목표설정, 요구분석, 자원파악, 목표의 우선순위 결정, 대안선택, 실행, 평가, 변화된 결과파악 등이며, 이러한 기본개념들을 하나씩 구체적으로 다루는 것이 바로 프로그램의 개발절차이다. 분(1985)은 프로그램 계획을 지식, 기술, 태도의 변화를 유도하는 의사결정과정이며, 성인교육기관과 학습자의 교육요구를 진단, 분석하는 협동적인 노력으로 파악한다. 프로그램 개발은 계획, 설계, 실행, 평가 등이 상호 관련되어 있는 체제이다. 프로그램 계획은

첫째, 미래지향적인 활동이며,

둘째, 조직의 효과성을 높여주고,

셋째, 연속적이거나 단계적이며,

넷째, 계획에 의해 영향을 받는 모든 조직과 사람들을 포함하므로 협동적이고,

다섯째, 계획활동은 수동적이기보다는 적극적이다.

프로그램 개발은 서비스를 창조, 전달하는 것이다(Edginton, Compton, & Hanson, 1980). 개인 혹은 집단, 지역사회에 어떤 서비스를 제공하고자 할 때 그 실시는 국가, 지방정부, 사조직 등 어떤 기관이든 간에 프로그램을 통해서 가능하다. 다시 말해서 프로그램은 누구에게 어떤 서비스를 어떻게 전달할 것인가 하는 과정의 청사진이다.

계획이란 프로그램을 만들어내는 형식적인 모든 절차를 통칭하는 말이다. 프로그램 계획은 프로그램 개발과 동일한 의미로 혼용되기도 한다(Boone 1985, Boyle 1981). 그러나 리버라(Rivera, 1994), 파티노와 브록킷(Patino, & Brockett, 1982)은 두 용어를 구분한다. 프로그램 계획은 프로그램 개발의 시작단계이고, 프로그램 개발은 계획, 실행, 관리 등을 포함하는 광의의 개념으로 구분한다. 본 서는 프로그램 계획과 프로그램 개발을 혼용해서 사용한다.

2) 특성과 이점

성인교육자는 프로그램 계획의 핵심적인 기능을 한다. 시머리(Simerly, 1987)는 성인교육자의 역할을 중심으로 프로그램 계획의 특성을 다음과 같이 제시했다.

첫째, 계획이란 모든 의사결정의 과정으로 성인교육자는 조직의 미래에 영향을 미치는 영향들의 대안선택과정의 인과관계에 관심을 둔다.

둘째, 계획은 하나의 과정이며, 조직의 총체적인 목표를 달성하는 수단으로서 조직의 목표와 임무에 관한 합의를 이루어내는 과정이다.

셋째, 계획은 조직의 모든 일상적인 활동지침을 제공하는 포괄적인 사고과정으로 조직을 지도하는 철학이다.

넷째, 계획은 미래를 준비하기 위해 디자인된 구조적인 방법으로, 형식적이고 서면화된 계획이다.

계획은 특정 행위를 지향하는 전략으로, 현실성 여부를 계속 진단하여 수정하고, 전체적이고 포괄적인 목표를 진술하여야 한다. 계획의 실행을 위해 하위의 실행목표들이 구체적으로 설정되어야 하며, 효과적인 평가체제를 갖추어야 한다. 계획단계에 가능한 한 많은 사람들을 참여시키며, 이들의 다양하고 복합적인 동기를 고려하여 현실적으로 가능한 것과 그들의 요구에 균형을 취하도록 계획하여야 한다.

프로그램 계획이 갖는 이점은 무엇인가? 프로그램 계획은 조직에서 실시하게 될 성인교육이 실제로 실행되지 않은 상태에서 실행과정과 실행 후의 상황 등에 대해 미리 예측하여 볼 수 있게 한다. 구체적으로 프로그램계획의 이점은

첫째, 미래에 대한 청사진을 제공한다. 즉, 프로그램 계획은 누구에게 어떤 서비스를 어떻게 제공해야 하는가를 보여준다. 프로그램이 실행되는 과정과 실행 후의 결과에 대한 총체적인 지도를 보여주는 것이다. 마치 우리가 집을 짓기 위해 사전에 설계도면을 만드는 것과 같은 작업이다.

둘째, 프로그램 계획은 실시될 성인교육이 그 모(母)기관의 전체 목적과 상반되지 않도록 점검해준다. 평생교육사는 프로그램을 통해 교육을 실시하고 있다. 그러나 의도치 않게 프로그램의 학습활동은 조직의 본래 이념과 상반되는 경우

가 있다. 이런 경우, 개발된 프로그램은 실행될 수 없는 죽은 프로그램이 되는 것이다. 프로그램 개발자가 프로그램을 개발하는 작업은 마치 하나의 예술작품을 만드는 것에 비유될 수 있다. 온갖 노력을 기울인 작품이 프로그램으로 탄생되고, 그 프로그램의 실행 여부가 조직에 의해 검토되며, 조직의 목적이나 이념에 위배되는 경우 그 작품은 사장된다. 프로그램 계획은 그 과정에 개발자로 하여금 새로 개발되는 프로그램이 실시기관 혹은 그 상위기관의 목표에 부합되는가를 검토할 수 있는 기회를 제공해준다.

셋째, 프로그램 계획은 성인교육기관의 교육기능과 다른 기능 사이에서 야기되는 잠재적 갈등을 완화시켜준다. 프로그램 개발자는 계획과정에 조직의 기능을 고려하고, 실시될 교육으로 인한 갈등을 사전에 예측할 기회를 제공한다. 또한 프로그램 개발자는 프로그램 계획과정에 조직의 자원을 유용할 수 있는가를 미리 고려함으로써 야기될 만한 갈등을 사전에 관리할 수 있는 기회가 제공된다.

넷째, 프로그램 계획은 교육을 제공할 기관의 관리자들에게 의사결정의 지침을 제공해준다. 프로그램은 그것의 실행에 각종 자원을 필요로 하고, 그 과정에 다양한 사람들이 관련된 활동을 필요로 하게 된다. 프로그램을 실행하게 될 조직의 관리자는 이와 관련된 의사결정을 하게 된다. 조직의 관리자는 효과적인 의사결정을 위해 자원을 사전에 검토하고, 고려해야 할 사항들을 미리 점검해 볼 수 있는 기회가 제공된다.

다섯째, 프로그램계획은 프로그램 개발에 포함되어야 할 중요한 요소를 규명하게 한다. 프로그램은 교육활동을 하기 위해 필요한 모든 자원과 과정들이 시간적으로 배열되는 것이다. 프로그램 계획은 그 프로그램이 실행될 과정을 미리 계획함으로써 교육을 실행할 때 고려해야 할 다양한 요소들을 미리 규명할 수 있는 기회를 제공한다. 그리하여 교육이 실행될 때 중요한 요소를 간과할 가능성을 줄여준다.

여섯째, 프로그램 계획은 교육프로그램에 관련된 모든 요구를 적절히 반영할 수 있게 한다. 프로그램이 계획되는 과정에 교육에 참여하게 될 학습자, 운영하게 될 조직, 교수자 등의 다양한 사람들의 요구나 바램이 고려될 가능성이 높아진다.

그리고 프로그램은 이들의 요구를 충족하도록 실행된다.

현장에서 프로그램을 무조건 계획한다고 해서 이상에서 언급된 프로그램 계획의 장점이 자동적으로 실현되는 것은 아니다. 프로그램 계획이 본래의 이점을 사용할 수 있도록 하기 위해서는 다음의 몇 가지 요소를 미리 가정하고 그 결과를 예측하여 프로그램 계획에 반영해야 한다(Finch & McGough, 1982). 효과적인 프로그램 계획을 위해서는

첫째, 프로그램 실행에 필요한 모든 시설과 장비

둘째, 프로그램에 필요한 장소, 공간

셋째, 프로그램 참여가 예상되는 학생수와 강사수

넷째, 기관의 프로그램을 위한 예산배분, 재성상황

다섯째, 프로그램 실시장소를 중심으로 한 교통망

여섯째, 조직 관리자의 프로그램에 대한 기대

일곱째, 프로그램에 대한 지역사회의 기대

여덟째, 프로그램이 개설될 지역사회의 인구변동 고려

아홉째, 프로그램 제공기관과 상위기관의 관리철학에 대한 이해

열째, 프로그램 운영의 경상비

마지막으로, 제공하려는 프로그램에 대한 정부의 규제나 요구사항 등을 사전에 고려해야 한다.

이상의 모든 요건들을 고려하여 성공적인 프로그램을 계획하기 위해서는

첫째, 시기적으로 적절한 주제를 선정할 것

둘째, 시대적 변화에 대한 연관성있는 내용을 선정할 것

셋째, 교수자가 숙련되어 있을 것

넷째, 학습설계가 체계적으로 이루어져 있을 것

다섯째, 교수자가 학습자에 대해 폭넓게 이해하고 있을

여섯째, 일상생활 중심적 내용일 것

일곱째, 조직과 환경으로부터 지원을 받을 것

여덟째, 학습자의 요구를 실현하는 것이어야 한다.

제 2 장 프로그램 개발이론

이 장의 목표

1. 다양한 프로그램 개발이론을 섭렵한다.
   1) 학자들의 프로그램에 대한 정의
   2) 개별 학자들이 제시한 프로그램 개발모델의 특성 파악
   3) 학자들의 이론간 공통점과 차이점 분석

2. 세 가지 프로그램 개발모델을 파악한다.
   1) 고전적 프로그램 개발모델의 특성
   2) 상호작용 프로그램 개발모델의 특성
   3) 정치적 프로그램 개발모델의 특성
   4) 세 가지 모델의 비교

3. 다양한 학자들의 프로그램 개발이론의 장단점을 비교한다.

4. 학습자 자신에게 적합한 프로그램 개발이론을 선정하고, 그 이유를 제시한다.

조별작업을 위한 가이드

1. 개별 학습자들은 가장 동의하는 프로그램 개발모델을 선정하고,
2. 자신의 선호모델에 따라 조를 편성하여,
3. 자신의 선호모델이 갖는 강점과 제한점을 논의한다.
4. 그 논의를 기초로 자신들의 선호모델이 어떤 학습에 적절한 것인지 그 형태를 규명하고,
5. 다른 모델과의 차이를 분석한다.
6. 각 조는 자신들의 선호모델의 강점과 특성 및 유용한 프로그램 개발영역을 발표하고,
7. 그에 대한 다른 조들의 비판의견을 듣는다.
8. 교수자는 각각의 모델에 대한 장단점을 종합하고, 학습자들이 선호하는 프로그램 개발과정을 숙지하게 한다.

프로그램 개발은 성인교육자들의 일상적인 업무이다. 성인교육자들이 현장에서 프로그램을 처음 개발할 때 부딪치는 어려움은 이론적 지식의 부족이다(Caffarella, 1994).

클레맨트와 월커(Clement & Walker, 1978)는 1976년 프로그램 전문가 2,790명을 대상으로 프로그램 개발자로서 겪는 가장 큰 어려움을 조사했다. 프로그램 개발에 관한 개발자 자신의 전문지식 부족이 가장 많이 지적되었다. 전문가로서 새로운 지식과 정보에 대해 알지 못하며, 이로 인해 학습자들에게 프로그램에 대한 확신을 줄 수 없음을 지적했다. 결국 프로그램 개발에 대한 이론적 지식을 섭렵하는 것은 성공적인 프로그램 개발을 위한 선행작업으로 드러났다.

본 장은 프로그램 개발에 참고가 되도록 다양한 프로그램 개발모델을 소개한다. 필자는 프로그램 개발과정의 강조점을 준거로 프로그램 개발모델을 고전적 이론, 상호작용이론, 정치적 이론으로 구분한다. 고전적 이론은 프로그램 개발의 기술적 절차를 강조한다.

상호작용이론은 프로그램 개발과정에 개입되는 다양한 요소들의 유동적 상호작용을 중시한다. 마지막으로 정치적 이론은 프로그램 개발과정에 개입되는 인적 요소들간의 파워와 협상과정에 초점을 두고 있다.

1. 고전적 이론

고전적 이론은 프로그램 개발을 기술적 과정으로 간주한다. 프로그램 개발이 순서적으로 거치게 될 절차에 관한 기술적 지식을 제시하는 이론들이 포함된다. 홀(Houle)의 모델은 프로그램 개발의 과학적 절차를 논한 최초의 것이다. 그러나 사실상 홀의 모델은 타일러(Tyler)의 교육과정 형성이론의 영향을 받았다(Cervero & Wilson, 1996).

타일러의 교육과정 개발이론은 많은 프로그램 개발모형들을 탄생시키는데 영향을 미쳤다. 고전적 이론은 기본적으로 타일러의 이론틀을 벗어나지 못하고 있다(Sork & Busky, 1986).

고전적 관점을 취하는 프로그램 개발이론들은 성인교육 프로그램이 학교의 교육과정과 달라야 한다고 전제하고 교육목적, 교육경험, 교수방법, 평가 등을 포함하여 구체적인 절차를 제시하고 있다. 분(Boone), 보일(Boyle), 놀스(Knowles) 등의 이론이 그것이다.

1) 분의 모델

분(Boone)의 프로그램 개발모델은 조직의 목적, 고객의 요구분석, 평가를 실제처럼 명료화하는 것을 중시한다. 그는 프로그램 개발자로서 성인교육자의 영향력을 가정했다. 성인교육자가 학습자들의 교육요구를 정확하게 명시하고 평가, 분석하기 위해 동료나 지도자들과 효과적으로 상호작용할 것을 강조했다. 이 과정에 조직의 상호작용 촉진기능이 요구된다.

조직은 프로그램에 필요한 자원을 지원하고 프로그램 실행을 위한 사회문화적 환경을 조성한다. 성인교육자는 이 과정에 조직의 신념, 철학, 기능, 구조, 과정의 역동성에 영향을 받는다. 분은 프로그램 개발의 과정을 3단계로 구분하였다. 프로그램의 계획, 실행, 평가 그것이다. 프로그램의 실행과정은 다시 실행활동계획과 활동전략으로 세분하였다.

첫단계는 프로그램 계획의 과정이다. 프로그램 계획은 성인교육자들이 초점을 두고 있는 행동변화를 위한 주요계획 또는 장기간의 활동설명서이다. 프로그램 계획은

① 거시적 욕구의 진술

② 거시적 욕구에 따른 미시적 목표진술

③ 목표성취를 위한 일반적 교육전략의 세분화

④ 프로그램 계획의 거시적 산출결과의 세분화 등으로 구성된다.

두 번째, 프로그램 실행과정은 다시 활동계획과 활동전략으로 세분된다. 활동계획은 세분화된 교수계획으로, 프로그램 계획에서 진술한 장기목표달성과 학습자의 욕구실현을 위해 성인교육자의 행동방향을 제시한다.

활동전략은 프로그램 계획을 실행하는 데 관계되는 시장조사, 인적·물적 자원의 획득, 개발 및 사용, 교육활동 진행의 조정, 교육과 학습자 강화, 최대의 효과를 얻기 위한 교수-학습활동의 피드백 등이다. 계획과정과 실행과정은 참여자의 요구를 충족시키려는 조직적 차원의 노력이다.

마지막 단계는 프로그램 평가와 책무성이다. 평가와 책무성은

① 프로그램 결과의 조사 및 측정

② 프로그램 투입사정

③ 학습자와 지도자, 기관, 재정자원, 교수진의 책무성과 기관회복, 프로그램 수정을 위한 평가결과의 사용 등으로 구성된다.

프로그램 평가는 학습자가 습득한 지식과 기술, 변화된 태도 등을 통해 목표달성 정도를 조사한다. 프로그램 결과는 가시적이고 측정가능한 것일 수도 있고 단지 추론할 수밖에 없는 것일 수도 있다. 프로그램 개발자는 프로그램 실행결과를 측정함으로써 프로그램 투입과 결과에 대한 이해를 증진시킬 수 있다.

프로그램 투입요소들이 프로그램의 결과에 따라 실패와 성공으로 명료화될 수 있다면, 프로그램 개발자들은 보다 나은 결과를 가져오기 위해 프로그램의 투입요소를 수정하게 된다.

2) 보일의 모델

보일(Boyle)은 프로그램 개발을 지역사회 및 환경과의 상호작용에 초점을 두고 기술적인 과정으로 제시한다. 프로그램은 먼저 성인교육자가 프로그램 개발에 대한 자신의 철학을 갖는 것으로 시작하여 다음과 같은 과정을 거친다.

프로그램 개발에 대한 철학적 기반설정 프로그램 개발절차와 실행은 프로그램 개발자의 인간적인 믿음으로부터 영향을 받으므로 프로그램 개발에 대한 철학을 갖는 것이 중요하다.

학습자와 지역사회 문제에 대한 상황분석과 요구분석 프로그램의 목적은 학습자가 어떤 것을 성취할 수 있도록 도와주는 것이므로 요구에 대한 정의는 프로그램 개발의 출발점이 된다. 프로그램 개발은 매우 애매한 상황에서 시작되며 구체적인 요구가 드러나지 않을 수도 있다. 요구진단을 통해 기술된 요구라 할지라도 그것이 진정한 요구가 아닐 수도 있다. 그러므로 성인교육자는 프로그램 개발을 시도하기 전에 해당 문제환경의 상황분석을 통해 환경에 대한 전체적인 이해를 높여야 한다.

이와 더불어, 상황분석에는 누가 참여할 것인가? 그들의 역할과 책임은 무엇인가? 참여한 사람들이 어떻게 조직되어야 하는가? 그리고 그 결과에 영향을 받을 고객과 지역사회가 어떻게 연구되고 분석되어야 하는가? 등에 대해서도 결정해야 한다.

잠재적인 고객에 대한 분석과 참여 프로그램의 참여가 예상되는 잠재적 고객들은 서로 다양한 교육적, 사회경세적 배경과 윤리의식 그리고 직업적 경험들을 가지고 있다. 프로그램 개발자는 이러한 차이를 이해하고 이를 프로그램에 반영해야 한다.

프로그램 목표설정을 위한 정보파악과 제한점 인식 성인교육자는 프로그램의 목적을 설정할 때 다양한 자료를 분석하고, 프로그램 개발과정에 합리적인 의사결정의 준거가 될 수 있도록 우선순위를 설정해야 한다. 그리고 기관과 개인의 한계점을 미리 파악하여 조직의 목적과 의사결정자, 행정가 또는 프로그램 개발자간의 갈등으로 인해 이상적인 프로그램 개발을 저해할 수 있음을 인식해야 한다.

학습경험의 조직 학습자가 학습과정에 참여해야 구체적인 학습활동이 시작되므로 프로그램 개발자는 학습자가 참여할 수 있도록 학습경험을 선정하고 조직해야 한다. 학습자의 참여활동은 관찰, 듣기, 쓰기, 질문과 토론 등 다양한 방식으로 조직되어야 한다.

교수방법, 기술선정 및 교수설계 확인 교수설계는 최상의 방법이 없기 때문에 프로그램 개발자가 개인적인 태도나 능력, 각각의 프로그램 상황에 따라 결정하게 된다. 교수설계 결정과정에서 유용한 준거가 되는 요소는 첫째, 학습목표 둘째, 학습자의 관심과 특성 셋째, 학습자의 경험 넷째, 필요한 장비나 자원의 이용가능성 다섯째, 프로그램 개발자의 관심과 능력 등이다. 이 가운데 가장 중요한 것은 학습자가 무엇을 경험하고 있는가에 대해 생각하는 것이다.

효과적인 홍보 성공적인 홍보를 위해서는 홍보의 목적, 대상, 매체특성, 필요조건, 최종시한을 파악하고 많은 의사소통 통로와 기술을 사용하는 것이 효과적이다.

프로그램에 필요한 자원획득 프로그램을 실시하는 데 필요한 시설설비 및 인적자원을 선정하는 것이 필요하다.

프로그램 평가 프로그램 개발자는 프로그램 평가를 위한 기준을 선정하고, 조직의 요구를 충족시키도록 해야 한다. 프로그램 평가는 프로그램의 가치를 판단하는 과정으로 보여질 수도 있으며, 판단은 프로그램의 현재상태와 이상적인 상태를 비교하는 것이다.

평가는 첫째, 표준이나 준거설정 둘째, 준거에 대한 증거수집 셋째, 어떤 비교를 드러낼 것인가에 대한 판단 및 결정의 과정이다. 예를 들면, 효과성(충분한 자료를 얻었는가? 목적을 달성했는가? 부정적 효과를 피했는가?), 적합성(제공된 학습경험들은 학습자들에게 적절한가?), 참여도(목표의 몇 %를 달성했는가? 얼마나 많은 사람이 참여했는가?) 등이 평가기준이 된다.

의사결정자에게 프로그램의 가치전달 이렇게 개발된 프로그램의 실행은 결국 의사결정자에 의해 결정되므로, 프로그램 개발자는 의사결정에 참여하는 사람들이 프로그램의 가치와 한계를 분명히 알 수 있도록 전달하는 것이 중요하다. 이를 위해 프로그램 개발자는 적절한 프로그램 내용과 의사소통이 필요한 개인이나 집단에 대한 활용계획을 개발할 필요가 있다.

보일의 모델 역시 분과 같이 프로그램을 계획, 실행, 평가의 세 가지 과정으로 구분할 수 있다. 그가 제시한 모델은 다음 <표 2-1>과 같이 세 가지 과정에 포함된다.

<표 2-1> 보일의 프로그램 개발모델

과 정	세 부 활 동
계 획	- 프로그램 개발에 대한 철학적 기초확립 - 학습자나 지역사회의 요구 및 문제 상황분석 - 프로그램의 잠재적 학습자의 참여 - 잠재고객의 지적, 사회적 발달수준 검토 - 프로그램 목표설정을 위한 자료분석 - 기관 혹은 개인의 학습 제약요소 파악 - 프로그램 우선순위 설정기준 마련 - 계획된 프로그램의 정착성 및 유연성 분석 - 공식/비공식 권력상황의 지지와 합법화
실 행	- 학습경험의 선택 및 조직 - 교수설계 - 효과적인 홍보방법 활용 - 프로그램 실행에 필요한 자원획득교수설계
평 가	- 프로그램의 결과 및 효과성 결정 - 프로그램의 가치보고

보일은 위에 논의된 프로그램 개발과정은 역동성에 따라 변화할 수 있음을 언급했다. 보일은 프로그램을 발생목적에 따라 개발형, 기관형, 정보형의 세 가지로 분류하였다. 개발형은 프로그램이 어떤 문제를 해결하기 위해 특정한 상황에서 개발된 것이고, 기관형은 프로그램이 어떤 기관에 의해 학습자들에게 일방적으로 제시된 것으로 프로그램 개발과정에 학습자의 참여가 없다. 정보형은 특정한 정보전달을 목적으로 만들어진 프로그램으로, 예를 들면, 마약 혹은 AIDS 등의

계몽을 위한 정보를 홍보하는 것 등이다. 프로그램 개발에 대한 보일의 접근은 다른 이론가들의 모델에 자신의 의견을 덧붙이지 않고 독자적인 모델을 제시했다는 점이 특징이다.

이상에서 논의된 고전적 이론들은 모든 교육적 상황에 적용될 수 있는 프로그램 개발원칙을 제시한다. 그러나 실제로 프로그램 실행은 각기 다른 상황에서 발생하기 때문에 획일적인 프로그램 개발과정을 적용하는 데는 문제가 있다. 따라서 고전적 견해는 각 프로그램 환경의 차이점을 고려하지 않고, 프로그램 개발에 있어 이를 개발하는 개발자에 의해 영향받을 수 있는 인적 요소를 무시하고 있다는 비판을 받는다.

프로그램 개발은 정적인 활동이 아니라 끊임없는 변화를 내포하는 동적인 활동으로, 프로그램 개발자의 개인적인 가치나 윤리 혹은 요구가 프로그램에 영향을 미칠 수 있음을 미처 고려하지 못했다(Brookfield, 1986). 또한 조직의 환경에 따른 영향을 간과했다(Sork & Caffarella, 1989). 고전적 이론이 현실에서 프로그램이 어떻게 개발되는가 하는 실천적 측면을 무시한 채 원리만을 제시하는 것에 대해 프로그램 개발자에 의해 자연스럽게 영향을 받는, 이른바 과정에 초점을 두는 프로그램 이론이 탄생하게 되었다.

2. 상호작용이론

상호작용이론은 고전이론과 달리 프로그램을 개발하는 절차나 순서를 강조하지 않는다. 프로그램 개발은 단계적·직선적인 과정이 아니라 여러 요소들간의 상호작용의 산물로 규정한다. 프로그램 개발자는 표준화된 순서대로 수행해 나가는 것이 아니라, 여러 가지 요소들을 동시에 수행한다. 상호작용이론은 프로그램 개발이 독자적인 직선적 과정이 아니라 프로그램 개발자에 의한 자연스런 과정으로 개발되는 점에 초점을 두고 있다.

상호작용이론은 실제로 '프로그램 개발자가 무엇을 하는가?'라는 질문에 초점을 두고 있다. 그러므로 이들은 어느 상황에든 적용될 수 있는 표준화된 프로그램 개발절차를 논의하지 않고, 구체적인 상황에서 프로그램 개발자가 어떤 판단을 하는가를 중시한다. 프로그램을 개발자의 직관과 가치 혹은 윤리의 결과로 보고, 서로 경쟁적인 대안간의 취사선택과정으로 가정한다.

상호작용이론은 프로그램 개발자의 특정 상황에서의 판단능력과 그 판단을 정당화시킬 수 있는 능력함양을 중시한다. 브룩필드(Brookfield), 녹스(Knox), 홀(Houle), 페닝톤과 그린(Pennington & Green), 카파렐라(Caffarella) 등의 이론이 그것이다.

1) 홀의 모델

홀(Houle)은 학습설계를 위한 자신의 가정을 기초로 성인학습형태를 구분했다. 프로그램은 성인학습을 실행하는 전략적 도구로, 학습요소간의 상호작용에 의해 이루어진다. 그는 학습수행을 위한 학습요소들간의 상호작용을 강조했다. 그가 제시한 학습에 대한 가정은 다음과 같다.

첫째, 학습은 특수한 상황에서 발생되고, 그 상황으로부터 영향받는다.

둘째, 교육적인 활동의 계획 또는 분석은 인간경험을 바탕으로 해야 한다.

셋째, 교육은 실천적 학문이다.

넷째, 교육은 상호 협동적인 것이다.

다섯째, 교육활동을 계획, 분석할 때는 복잡한 현실을 관념화하는 기간이 필요하다.

여섯째, 교육활동의 계획, 분석은 교육자, 학습자, 분석가 및 이들의 협력으로 행해진다.

일곱째, 교육의 설계는 상호작용하는 요소의 복합체로 이해될 수 있다.

홀은 이러한 가정을 기초로 개인이나 기관 혹은 대중들을 대상으로 모두 사용할 수 있는 역동성을 지닌 프로그램 모델을 제시했다. 그는 교육의 형태를 11가지로 구분하고, 성인교육자는 프로그램 계획에 앞서 학습형태를 먼저 설정한 뒤 의사결정과정인 프로그램 계획을 수행하도록 권하고 있다. 성인학습의 형태는 <표 2-2>에서 보는 바와 같이 대상에 따라 개인, 집단, 기관, 대중으로 구분된다.

<표 2-2> 성인학습의 형태

구분	내용
개인중심	- 학습자 개인의 프로그램 - 타인이나 그룹에 의해 기획
그룹중심	- 그룹이 프로그램 계획 - 그룹과 교사가 공동 계획 - 자문위원회가 프로그램 계획 - 2-3개 그룹이 공동계획
기관중심	- 새 기관에서 계획 - 기존기관에서 새 형식의 프로그램 계획 - 기존기관에서 기존형태의 프로그램 계획 - 2-3개 기관이 공동계획
대중중심	- 개인, 집단, 기관이 계획

출처 Houle, C.(1972). *The design of education*. p.44.

학습형태가 결정된 후, 프로그램의 계획과정은 학습자와 프로그램 관리자 혹은 진행자 모두의 입장을 고려하여 제시되어야 한다.

홀의 모델에서 특이한 점은 학습자의 삶의 경험을 중요한 학습과정으로 고려한 점이다. 특히 다섯 번째 설계단계는 학습을 학습자 개인의 폭넓은 삶의 양식 속으로 끼워 넣음으로써 학습활동과 학습자의 삶의 개별영역을 세부적으로 연결시켜주고 있다. 다음 <그림 2-1>은 홀이 제시하는 프로그램 개발과정이다.

<그림 2-1> 홀(Houle)의 프로그램 개발과정

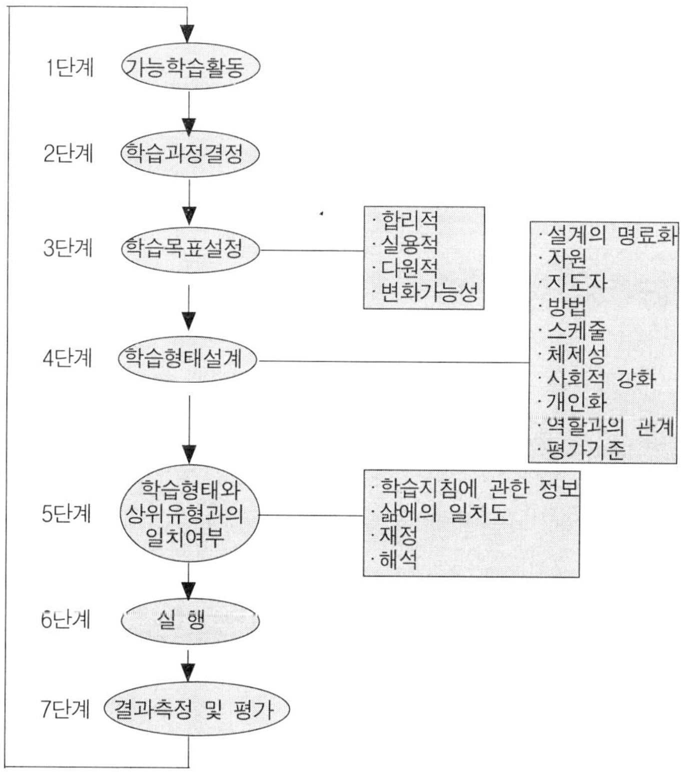

출처 Houle, C.(1972). The design of education. p.47.

2) 페닝톤과 그린의 모델

보일과 분의 모델이 이론적인 프로그램 개발원리를 제시한 반면, 페닝톤과 그린(Pennington & Green)은 현장에서 프로그램이 개발되는 과정을 분석하여 모델을 제시했다. 그들의 모델은 프로그램을 개발할 때 프로그램 개발자의 영향력을 가정하고 있다. 프로그램 개발자들이 실제로 어떤 과정을 거쳐 프로그램을 개발하는가를 분석하여 다음과 같은 모델을 구성했다.

프로그램 환경과 대상자분석 프로그램 환경은 내적, 외적 요인으로 나누어 분석된다. 내적 요인은 첫째, 성인교육 프로그램을 제고하게 될 조직의 역사와 전통, 둘째, 의사전달 통로와 권위의 구조, 셋째, 조직의 목표, 넷째, 이용 가능한 자원의 한계, 다섯째, 실행절차에 관한 기준, 여섯째, 누구를 위한 프로그램인지, 어떤 요소를 충족시키기 위한 것인지에 대한 철학적인 제약 등이 성인교육 프로그램의 내적 고객환경으로 분류된다. 외적 요인으로서는 첫째, 유사한 종류의 프로그램을 제공하는 조직들과의 관계(경쟁적이냐 협동적이냐 하는 문제) 둘째, 타 조직에서도 나타나는 동일한 요구가 좀더 많은 이점을 가지고 제공되고 있는가 하는 점 셋째, 지역사회의 여러 영향력 있는 세력들의 조직에 대한 태도 등이다. 이러한 내적, 외적 요인들이 성인교육 프로그램 계획의 기초정보를 제공한다. 프로그램 환경분석이 끝나면, 대상자에 대한 고객분석을 실시한다. 고객분석이란 프로그램에 참여할 수 있는 모든 잠재고객에 대한 정보수집을 의미한다. 즉, 프로그램 대상자들의 사회경제적 지위, 나이, 교육수준, 문화적 배경, 사회활동의 참여 그리고 성인교육 프로그램의 참여경험 등을 들 수 있다.

요구분석 요구분석은 프로그램 계획과정 중 가장 과학적인 기법이 요구되는 과정이다. 요구란 사실상 프로그램 참여자, 계획자, 제공자 등 각각의 입장에 따라 매우 다양하게 제시되고 있으므로, 이들의 요구를 모두 수용할 수 있도록 요구를 결정한다는 것은 매우 복잡한 과정이 된다. 관찰, 설문지 조사 혹은 개인의 요구진술 등의 방법을 사용하여 일단 가시화된 요구들을 프로그램 편성에 모두 반영한다는 것은 어려운 일이므로 이 과정에서 요구진단자는 우선성을 설정하여야 한다. 그리고 설정된 기준에 따라 요구들의 우선순위가 결정되면 이것을 프로그램 목표설정에 그대로 반영한다.

프로그램 목표설정 프로그램의 목표진술이 어느 정도로 구체화되어야 할 것인가에 대한 견해가 없는 경우라도, 프로그램의 실행 및 평가의 지침을 제공하기 위해서는 개략적이나마 프로그램의 목표가 진술되어야 한다. 프로그램의 목표는 넓은 의미에서 성인교육 프로그램의 진반적인 결과에 관한 진술이며, 좁은 의미로는 각각 수업의 결과에 대한 윤곽을 제시하는 것이다. 프로그램 참여자들의 학습에 초점을 두는 교육적 목표는 교육기능의 향상과 유지이며, 후에 프로그램 평가의 기준이 되고, 이를 실행하도록 동기를 제공하기도 한다.

수업계획 작성 수업계획은 수업목표의 설정, 교육내용의 결정, 수업자료 결정 및 평가절차의 결정으로 이루어지며, 이 과정은 상호 연관되어 있다. 따라서 성인교육 담당자는 수업목표와 교육내용, 자료, 평가 등이 일관성을 갖도록 계획해야 한다.

관리계획 작성 프로그램의 홍보 및 재정에 관한 계획이 아무리 잘 짜여졌다고 할지라도, 홍보나 재정을 포함한 관리계획이 소홀하면 프로그램의 성공적인 실행결과는 기대하기 어렵다. 따라서 프로그램 개발자는 프로그램의 비용산출과 재정충당 방법 및 광고에 대한 계획을 치밀하게 작성하여야 한다.

평가계획 작성 프로그램의 마지막 단계로서 평가는 학습자들의 프로그램에 대한 반응, 학습내용이 참여자들의 생활에 구체적으로 미친 영향, 성인교육 프로그램의 정책과 실행절차 및 지역사회와 조직에 끼친 영향에 관심을 두고 행해져야 한다.

3) 카파렐라의 모델

카파렐라(Caffarella)는 프로그램 개발과정에서 개발자의 상황에 따른 유연한 대처능력을 강조했다. 프로그램 개발자는 고정된 개발모델을 갖고 있기보다는 프로그램 개발에 관한 몇 가지 원리를 가지고 상황에 따라 다른 과정을 거쳐 프로그램이 개발되어야 함을 강조했다. 카파렐라가 주장하는 프로그램 개발은 첫째, 프로그램 기획과정의 기초확립 둘째, 프로그램 아이디어 파악 셋째, 프로그램 아이디어 정리 및 우선순위 설정 넷째, 프로그램 목표개발 다섯째 학습준비 여섯째, 평가계획 수립 일곱째, 수업형태 스케줄, 직원의 욕구결정 여덟째, 예산 및 마케팅 계획준비 아홉째, 수업계획 고안 열째, 시설 및 현장점검, 마지막으로, 프로그램 가치에 대한 의견교환 등의 과정을 통해 이루어진다.

3. 정치적 이론

정치적 이론은 프로그램 개발과정에 개입되는 권력작용에 초점을 두고 있다. 서베로와 윌쉰의 협상모델과 프레이리의 해방교육모델이 그것이다. 협상모델은 프로그램 개발을 사회적 활동으로 본다. 프로그램이 개발되는 것은 이해당사자인 개인과 조직이 학습활동을 통한 상호이익을 추구하기 위해 일상적인 협상을 벌이는 과정이다. 그래서 완성된 프로그램은 다양한 사람과 조직의 이익들이 대변되어 있는 청사진인 것이다.

협상모델은 서베로와 윌슨에 의해 개발되었으며, 다양한 사람들의 이익이 각축을 벌이는 장소로서, 민주적 기획과정을 그 이념으로 한다. 프레이리의 모델은 계층과 사회적 압력으로부터의 해방에 초점을 둔 문활교육의 모델이다. 그는 문활교육을 통해 문활과 함께 세상을 읽고 자신의 해석관점을 가짐으로써 해방적 삶을 영위하도로 강조했다.

1) 서베로와 윌슨의 모델

서베로와 윌슨(Cervero & Wilson)은 프로그램이 어떤 조직을 가정하고 개발되는 점을 강조했다. 프로그램이 단순히 절차에 의해 개발되는 것이 아니라, 조직의 역동적 특성을 고려한 예측불허의 다양한 변인들간의 상호작용임에 유의했다. 특히 성인교육에서 프로그램은 개인 혹은 조직의 이익을 반영하는 정치적 과정으로 개인 혹은 조직의 이익을 협상, 타협한 결과로 권력에 영향을 받음을 발견했다.

프로그램은 조직 내 권력에 의해 영향받으므로 프로그램 개발은 개인, 조직,

관련자들의 교육적 요구와 이익의 계속적인 협상과정이며 협동과정이다. 서베로와 윌슨은 지금까지 프로그램 개발을 하나의 기술적인 과정으로 언급했던 많은 학자들이 '프로그램 개발은 정치적인 파워게임의 소산물'이라는 지극히 당연한 사실을 간과했음을 비판한다. 물론, 사회적 활동으로서의 접근법이 과학적 접근법을 전적으로 무시한 것은 아니다.

이들은 프로그램 개발자가 프로그램 개발에 필요한 기술적인 지식을 소유할 뿐만 아니라 프로그램을 하나의 협상과 타협과정으로 인식할 때 원하는 프로그램을 조직 내 정치적 상황에서 실행할 수 있다는 전제 아래 사회적 활동을 강조한다. 그리고 프로그램 개발은 정치적인 활동으로 프로그램 개발자의 윤리나 신념이 크게 영향을 미치므로 프로그램 개발자의 책임감이 구체적으로 논의되어야 한다. 성인들을 위한 교육에 책임감있게 대응하기 위해서는 프로그램 개발에 관한 기술적인 지식이나 법과 함께 정치적 지식과 윤리적 비전을 가질 것이 요구된다.

2) 프레이리의 모델

프로그램 개발을 정치적 비판관점으로 분석하는 것은 프레이리(Freire)의 문활교육을 위한 프로그램 모델이다. 프레이리의 프로그램 개발모델은 문자습득을 통한 인간해방에 초점을 두고 개발되었다. 프레이리는 다른 학자들과 다른 프로그램 개발배경과 가치, 방법론으로 문활교육에 접근했다. 그는 빈민들에게 문활교육을 통한 '자유와 인간해방'에 초점을 두고 정치적인 개발모델을 제시했다. 프로그램은 학습자들에게 정치적 파워의 영향력을 인식시키고 그들의 무의식적 지배를 일깨우기 위해 개발되었다(3장의 프레이리 문활교육 모형참조).

4. 열린 프로그램 개발

프로그램 개발이론은 이상에서 논의되었던 고전적 이론, 상호작용이론, 정치적

이론의 세 가지 관점 중 어느 하나로 분류하는 것은 사실상 어렵다. 프로그램이 발생하는 특정 상황에서 프로그램 개발자가 프로그램 개발모델을 사용할 때 어느 면에 초점을 두느냐 혹은 어떤 면을 강조하고 해석하느냐에 따라 개별 이론은 서로 다른 이론적 틀에 속하기도 한다. 따라서 어떤 이론을 하나의 범주로 구분하는 것은 프로그램 개발의 실제에서 무의미한 일일 수도 있다. 그럼에도 불구하고 프로그램 개발이론의 분류는 학습자들의 프로그램 개발에 대한 이해를 넓히는 데 도움이 될 수 있다.

프로그램 개발은 인적·물적 자원과 상황에 따라 다른 형태를 보이므로 정형화된 프로그램 개발이론을 제시한다는 것은 어려울 뿐만 아니라 가치없는 일이다. 그렇다고 프로그램 개발이론이나 모델의 무용론을 주장하는 것은 아니다. 오히려 프로그램은 모든 여건, 환경, 학습상황에 따라 다양하게 나타나므로 프로그램 개발자는 하나의 이론에 얽매이지 말고, 프로그램 운영기관을 중심으로 주변의 모든 상황을 고려하여 현실에 가장 적합한 프로그램을 개발할 수 있도록 이론적 지식을 습득하는 데 노력해야 함을 의미한다.

프로그램 개발은 밀실에서 이루어지는 작업이 아니다. 프로그램은 한 사람에 의해 실행되거나 한 사람만의 이익을 실현하기 위해 개발되지는 않는다. 대부분 프로그램이 개발되는 상황은 그것을 실행할 조직, 참여할 개인 학습자, 주변환경에 대한 요인들과 함께 상호작용을 통해 새롭게 형성될 각종 영향력과 이권 등에 대한 충분한 고려가 있게 된다. 그로 인해 프로그램이 실현되는 과정에 관계된 모든 요소들, 예컨대 조직과 참여자, 조직의 자원, 주변환경 등과의 상호작용이 모두 반영되는 이른바 열린 환경에서 개발된다. 한 마디로 프로그램 개발은 잠재적 참여집단과 프로그램 실행을 지원하게 될 각종 인적, 물적, 재정적 자원들의 상호교류의 설계도이다. 이들 자원의 상호교류는 그것의 흐름을 모두에게 개방한 환경에서 이루어질 때 가장 효과적이다.

프로그램 개발은 많은 요인들의 개입에 의해 이뤄지는 것으로, 그 과정이 개방되어 있을 때 효과적이다. 닫힌 조직에서 프로그램 개발은 학습자들의 진정한 요구와 문제해결을 위한 상황분석이 어렵다. 참여자들의 의사가 반영되지 않는 닫

힌 조직에서의 프로그램 개발은 결국 조직의 구조에 의해 인위적으로 설정된 시나리오에 불과할 경우도 있다. 실제 조직이 프로그램을 개발하려는 접촉점은 뭔가를 해결하거나 충족시키려는 노력에서 출발한다. 다시 말하면, 환경으로부터의 '도전에 대한 응전'인 것이다. 그러므로 프로그램 개발이 효율적이려면 기본적으로 열린 조직이 전제되어야 한다.

프로그램이 참여자들의 요구를 실현하는 교육적 전략이라는 점을 감안하면, 참여자들의 모든 요구와 바램이 반영될 수 있도록 그 통로는 열려 있어야 한다. 열린 조직의 효율적인 프로그램은 프로그램에 대한 요구 증가, 참여자의 만족도, 신뢰감 증진, 학습자의 적극적 참여, 재정적 지원, 장기적인 학습효과 등을 특징으로 한다(Dunlop, Lewis & Sork, 1990).

프로그램 개발이론은 각각의 이론들이 개발된 상황과 배경에 따라 다른 쓰임새를 갖고 있다. 프로그램 이론가들은 각각의 특성을 중심으로 프로그램 개발이론을 분류하려고 시도했다.

서베로와 윌슨(Cevero & Wilson, 1994)은 프로그램 개발을 기술적인 과정으로 보는 고전적 관점과, 프로그램 개발자의 재량권에 속하는 일상적인 활동으로 보는 자연주의적 관점, 사회적 불평등과 연관된 정치적 이데올로기 활동으로 이해하는 비판적 관점과, 이들 세 견해의 비판을 통해 프로그램 개발자의 재량권과 구조적 제한점을 통합하고자 하는 정치적, 사회적 활동으로 보는 관점 등으로 분류하고 있다. 그러나 서베로와 윌슨의 분류는 프로그램 개발이론을 구분하는 분석기준을 제시하고 있지 않다. 이 책에서는 프로그램 개발이론에서 가장 중시되는 개념을 중심으로 세 가지 기준을 제시하였다. 고전적 이론과 정치적 이론, 상호작용이론이 그것이다.

고전적 이론에 속하는 모델개발자는 프로그램 개발과정의 순서에 따른 절차를 중시한다. 이들은 프로그램 개발을 기술적 과정으로 간주하고, 그 과정을 단계별로 제시하는 것이 특징적이다. 반면 상호작용이론은 유연성과 독자성을 강조한다. 프로그램 개발은 독자적으로 이뤄지지 않고, 프로그램 개발에 관련된 제반 요소들이 융통성있게 상호작용하는 것으로 본다. 마지막으로 정치적 이론은 프로그램 개발과정에 작용하는 각종 정치적 속성을 중시한다. 권력, 협상, 비판능력, 의식 등이 그 개념이다. 이들은 프로그램 개발을 권력과 이익이 협상하는 과정으로 가정하고, 원하는 프로그램을 산출하기 위한 프로그램 개발자의 협상능력과 파워에 초점을 두고 있다.

제 3 장 프로그램 유형과 개발자

이 장의 목표

1. 프로그램 목적에 따라 다른 모델을 사용할 수 있게 한다.

1) 직업교육에 관한 모델
2) 문활교육의 모델
3) 지역주민교육 모델
4) 보편적 모델

2. 성인교육자의 철학과 가치, 신념에 따라 다른 모델이 사용됨을 이해한다.

1) 프로그램 개발자의 철학
2) 프로그램 개발자의 역할
3) 프로그램 개발자의 가치/신념
4) 프로그램 개발자의 역할결정요인

조별작업을 위한 가이드

1. 개별 학습자들이 생각하는 프로그램 개발자의 역할을 적게 한다.
2. 5-6명의 학습자들이 프로그램 개발자의 역할을 발표하게 한다.
3. 학습자들은 자신의 견해와 유사한 조에 편입되게 한다.
4. 편성된 각 조는 프로그램 개발자의 역할이 왜 중요한지 논의하고 그 역할을 기초로 프로그램 개발시 중요하게 고려되어야 할 것을 논의한다.
5. 논의의 내용을 조별로 발표한다.
6. 각 조는 다시 목적에 따라 분류된 프로그램 모델을 각 영역에 사용함으로써 얻는 장단점을 논의하고,
7. 보편적 모델이 갖는 한계점을 지적한다.

1. 프로그램의 유형

홀(1972), 놀스(1980), 보일(1981), 분(1985), 서베로(1988), 카페렐라(1998)의 모델은 그 쓰임새와 개발주체, 학습활동의 목적에 따라 다른 특징을 지닌다. 프로그램 개발모델은 내용, 목적 또는 실시주체에 따라 분류되며, 각 모델은 프로그램 목표, 학습과정설계, 필요한 자원확보와 프로그램 개발자의 역할을 함축하고 있다.

3장에 제시된 프로그램 모델은 그 활용성을 증진시키기 위해 그 특성에 따라 분류되었다.

1) 개발주체에 따른 분류

프로그램은 누구에 의해 개발되었는가? 프로그램은 그것을 만들도록 결정하는 전권자(Stakeholder)가 누구인가에 따라 달라진다. 파머(Farmer)와 블레니(Blaney)는 성인학습형태를 기초로 프로그램 개발주체를 구분했다. 내용중심, 학습자중심, 문제중심의 프로그램이 그것이다(Niemi & Nagle, 1977).

첫째, 내용중심의 성인교육은 조직에 의해 프로그램이 개발된다. 내용형은 특정한 내용의 습득과 전달을 목적으로 하는 프로그램이다. 예를 들면 특수한 직업기술훈련이나 컴퓨터교육 등이 포함된다.

둘째, 학습자중심의 성인교육은 학습자 개인에 의해 프로그램이 개발된다. 학습자의 능력과 기능을 바탕으로 하는 프로그램이다. 그 목적은 학습자의 개별적인 능력함양을 위한 것으로 학습자가 직접 자신의 요구를 파악하고 프로그램을 개발하는 경우이다. 이런 유형의 프로그램은 주로 예술분야나 장인을 기르는 데 활용된다.

마지막으로 문제중심의 성인교육은 특정한 문제를 해결하기 위해 조직과 개인이 협력하여 개발된 프로그램이다. 예컨대 퇴직 후 발생하게 될 노인문제를 해결하기 위한 퇴직준비교육이나 자녀문제를 해결하기 위한 부모교육 등이 그 예이다.

블래니는 파머의 프로그램의 형태를 기초로 교육내용 형성과정을 체계적으로 분석하여 프로그램을 분류했다. 프로그램 내용은 그 목적과 방법, 학습자와 교수자의 역할을 공통적으로 포함하고 있고, 그 형성과정에 따라 다른 형태로 구분되었다. 기관에 의해 개발되었는가, 개인에 의한 것인가, 또는 양자가 공동으로 개발한 것인가에 따라 다른 형태로 구분된다. 프로그램은 그 형성과정과 개발주체에 의해 구분된다. 내용중심의 프로그램의 교육과정은 기관에 의해 형성되고, 학습자중심의 프로그램은 개인에 의해 교육과정이 형성되고, 문제중심의 프로그램은 개인과 조직에 의해 공동으로 형성된다.

2) 개발목적에 따른 분류

보일은 프로그램의 개발목적에 따라 그 유형을 세 가지로 구분했다. 프로그램이 개발될 당시 그 목적이 정보를 제시하기 위한 것인가(정보형), 조직에 의해 제도적으로 만들어졌는가(제도형), 혹은 어떤 문제를 해결하기 위해 개발된 것인가(개발형)에 따라 분류했다.

정보형 프로그램은 특정한 대상에게 필요한 새로운 정보를 제공할 목적으로 개발된 것이다. 정보형 프로그램은 단순한 정보전달이 목적이므로 평가가 없는 것이 특징이다. 예를 들면 에너지절약, 에이즈퇴치, 각종 질병예방안내, 신용카드사용권장 등의 국가적인 프로그램이 그 예이다. 정보형 프로그램은 새로운 연구나 규제에 대한 정보를 널리 파급시키기 위해 개발된 프로그램으로 학습된 내용은 즉시 사용되는 것이 특징이다.

제도형 프로그램은 교육참여를 제도화하는 데 그 목적이 있다. 대부분 전일제로 실시되는 전문교육이 포함된다. 학교나 특정한 기관에 의해 실시되는 각종 교육프로그램이 그 예이다. 회계사, 간호사, 변호사, 약사, 의사 등 전문직종 종사자들의 재교육을 위해 개발된 프로그램들이 속한다. 제도형 프로그램은 대부분 지식과 기술습득을 목적으로 기관에 의해 독자적으로 제공되므로, 학습자의 역할은 수동적이고 그 내용도 지식전달에 초점을 둔다.

개발형 프로그램은 문제의 해결을 위해 개발된 프로그램이다. 프로그램은 문제를 해결하는 정보가 없는 상황에서 요구조사부터 시작하여 개발된다. 예를 들면, 노인들의 인력활용을 위한 지역사회 자원봉사자 교육이나 여성들의 성 평등에 관한 태도를 바꾸기 위한 교육 혹은 사회적, 경제적 여건을 해결하거나 변화시킬 목적으로 만들어진 각종 프로그램들이 이에 속한다. 개발형 프로그램은 그 목적이 개인이나 집단 혹은 사회문제를 해결하기 위한 것이므로, 이들의 요구나 문제가 프로그램 목표로 전환되고 프로그램 전과정에 학습자의 참여가 중시된다.

정보형, 제도형, 개발형 프로그램의 특징을 비교, 분석하면 <표 3-1>과 같다.

<표 3-1> 프로그램 유형비교 분석

	정 보 형	제 도 형	개 발 형
목 적	정보 교환	개인능력, 기술, 지식의 성장 및 개선	개인, 집단, 지역사회의 문제해결
목표형성	새로운 연구결과나 법규제로부터 가능한 정보 도출	교과서나 기존 지식에 기초하여 교수자가 형성	고객의 요구나 문제에 기초하여 형성
학습내용	즉시 사용할 수 있는 학습내용 전환	학습내용 자체가 목적 달성으로 간주	문제해결을 위한 수단으로 습득
참여도	정보 수령자로 참여	학습내용 습득에만 참여	프로그램 기획전 과정에 학습자의 참여
프로그램 개발자 역할	정보제공자	교수과정을 통한 지식의 전달	요구조사, 평가, 프로그램 진행, 결과보고
평가기준	정보제공자 수	학습내용 습득 정도	문제해결의 질

출처 Boyle, P.(1982). Planning better programs. p. 7

보일이 제시한 프로그램의 세 가지 유형은 목적, 목표형성, 학습내용, 참여도, 프로그램 개발자의 역할, 평가기준을 기초로 요약되었다. 예를 들면, 어떤 지역사회가 노인문제에 관심이 있다고 할 경우, 정보형 프로그램은 노인들이 알아두면 편리한 여러 가지 사회보장법률이나 건강관리에 관한 정보를 제공하는 것이 목표가 될 수 있다. 제도형 프로그램은 지식이나 교과서에 기초해 성인병과 식이요법에 관한 지식, 또는 노인의 사회보장규정에 관한 지식습득이 목표가 될 수 있다. 개발형 프로그램은 노인들의 자아상실감 문제를 해결하기 위한 집단 레크리에이션이나 자원봉사 프로그램 등이 포함된다.

3) 프로그램 용도에 따른 분류

프로그램은 어느 상황에서 쓰일 것을 전제로 개발되는 활동이므로, 각각의 쓰임새에 따라 분류할 수 있다. 프로그램의 쓰임새와 교육내용을 중심으로 직업교육, 문활교육, 지역사회교육 등으로 구분할 수 있다.

(1) 직업교육

성인교육 프로그램들은 조직의 효율성 극대화, 즉 이윤추구를 목적으로 피고용자들을 재교육시키거나, 취업 및 전업을 목적으로 한다. 조직의 효율성 극대화를 목적으로 하는 경우 자주 이용되는 프로그램 개발모델은 나들러(Nadler)의 '특정활동모델(Critical Events Model: CEM)'과 블랑크(Blank)의 '기초능력모델(Competency Based Model: CBM)'을 들 수 있다. 나들러의 모델은 조직 내 교육을 위해 주로 사용되며, 블랑크의 모델은 주로 취업준비를 위한 프로그램에 많이 사용된다.

CEM모델 나들러(Nadler)의 모델은 특정 기업의 사원교육에 주로 사용되며, 조직 내·외부의 변화에 유연하게 반응하는 모델로 다음의 8가지 과정을 연속선상으로 제시하고 있다.

CEM모델은 교육이 조직의 일차적 목표가 아닌 조직에서 주로 사용되며, 이때 교육훈련은 조직의 일차적 목표, 즉 이윤향상을 위한 간접수단이 되거나, 서비스향상을 위한 이차적이고 간접적인 역할을 맡는다. 이러한 조직에서의 교육은 주로 환경의 변화, 예를 들면 새로운 컴퓨터 도입, 자동화 시스템 도입 혹은 서비스 개선이나 품질향상 등의 필요에 의해 사용된다.

<그림 3-1> 특정활동모델(CEM)

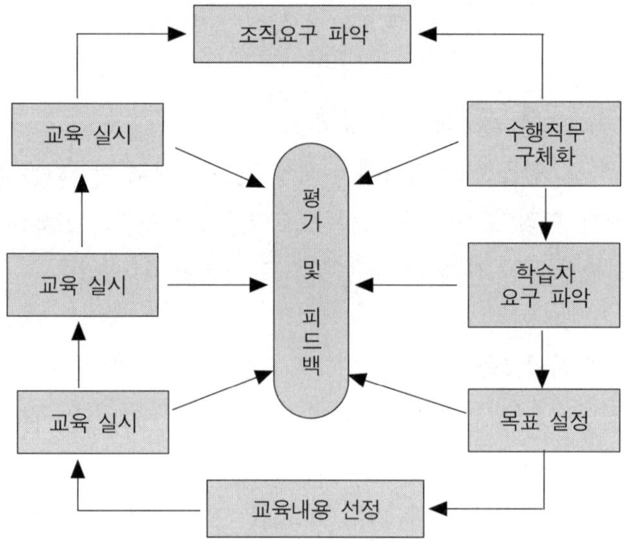

출처 Nader(1982) Designing Training Program. p.12

나들러의 CEM은 먼저 조직의 요구분석으로부터 시작하여 직무구체화로 진행된다. 조직 내에는 많은 직무가 있고 이들 직무간에는 상호 연관되어 있으므로 각 직무에 따른 업무를 서로의 동의하에 구체화시키는 중요한 작업이 필요하다. 이를 위해 관련직원들간에 직무관련정보를 주고받아 업무를 표준화시키고, 그 결과로 업무분석표를 작성한다. 동료나 관리자, 감독자, 전문가의 분석과 업무일지로부터 얻어진 정보를 분석함으로써 직무를 분석할 수 있다. 직무분석 결과는 평가되고 피드백되어 학습자의 요구를 진단할 때 사용된다. 요구진단은 개인에 초점을 두고, 개인의 업무수행능력과 업무분석표에 제시된 직무간의 차이를 발견하는 것이다. 나들러의 CEM모형에서 조직의 요구진단과 직무분석이 결여되면 개인의 요구사정은 이루어질 수 없게 된다. 학습자의 요구분석은 실제 직업에 종사하고 있는 개인들의 요구이므로, 잠재적 학습자를 관찰하거나 혹은 질문지를 사용하여 요구에 관한 정보를 얻기도 하고, 감독자의 관찰이나 판단, 생산량이나 생산기록을 통해 정보자료를 얻기도 한다. 나들러에 따르면 이때 요구는

요구(N) = 개인의 표준 직무수행(P) - 잠재적 학습자의 최근 지식(KD)

으로 가정하여 성인교육자는 P와 KD를 비교한 결과를 매우 상세하게 기록함으로써 학습자 자신의 요구를 파악할 수 있다.

조직의 요구와 학습자의 요구, 직무분석결과 등을 기초로 프로그램의 목표가 결정된다. 목표는 훈련프로그램과 관련된 조직의 일반목표와 학습목표를 언급하며, 목표행동과 조건, 기준 등이 명확히 기술되어야 한다. 훈련내용과 학습자의 특성을 고려하여 교육과정과 교수법을 선정하고 자료를 수집하여 훈련을 실시한다. 이런 각각의 과정은 각 단계별 평가를 수반하고 그 결과는 피드백된다. 나들러의 CEM은 특히 각 단계마다 평가와 피드백이 수반되어 변화에 민감하므로 프로그램 개발자는 각각의 상황에 이를 변형시켜 사용할 것을 강조한다.

일반직업훈련모델 나들러의 CEM모형이 조직을 기본단위로 한 조직 내 훈련을 위한 모델인 반면, 블랑크(Blank)의 CBM모형은 직업을 얻기 위한 수단으로서의 교육을 일차 목표로 하는 다양한 조직에 적용될 수 있고, 특히 직업훈련소에서 많이 사용되는 모델이다. 블랑크는 인간이란 양질의 교육과 충분한 시간이 주어지면 모든 지식을 습득할 수 있는 능력을 갖춘 존재로 가정하고, 일반적인 훈련프로그램 개발을 위해 다음의 12가지 과제를 제시하였다(그림 3-2 참조).

블랑크의 일반직업훈련모델은 직업에 대한 구체적인 묘사로부터 시작된다. 즉 구직자들이 원하는 직업과 고용가능성 그리고 직업에서 요구되는 필수적인 기술에 대한 조사가 필요하다. 그리하여 직업의 업무조건이나 기술장비에 대한 조사, 요구되는 특수기술과 훈련수준, 면허증 소지 여부에 대한 구체적 분석이 실시된다. 또한 학습자가 직업에 종사하기 위해 필요한 선결요건을 규정하여 직무를 정한다. 직무분석을 통해 정해진 업무와 필수지식을 기초로 직무에 종사하기 위해 필요한 모는 지식이 정해진다. 그리고 난 후, 실제훈련의 최종적인 목표를 정한다.

<그림 3-2> 일반직업훈련모델(CBM)

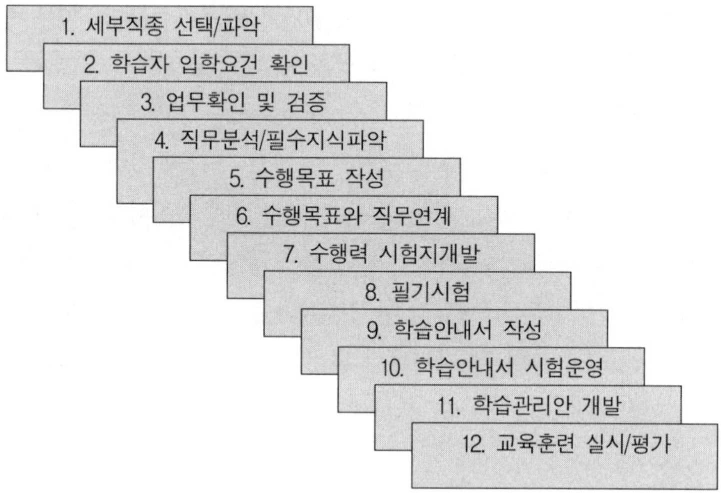

출처 Blank(1982). *Handbook of developing competency-based training programs*. p.26

최종적인 목표는 대부분 지식과 기술의 습득으로 직업훈련을 받고 난 후 예시되어야 할 행동에 대한 정확한 묘사이다. 훈련 참가자는 이런 훈련목표와 습득과 제간에 우선순위를 정하고, 강사는 학습자의 현재능력을 조사한다. 이는 각 학습자가 능력에 따라 적절한 훈련을 받게 하며 강사가 마지막 평가자료로 사용하기 위함이다. 학습자의 현재능력 측정을 위해 실기시험과 더불어 필기시험이 실시되고, 그 결과 학습지도안이 작성된다.

학습지도안은 업무분석, 목표진술, 실행목표, 자아진단방법, 필기시험, 실기시험내용을 구체적으로 제시한다. 지도안에 따라 훈련프로그램이 실시되고, 훈련생의 기술습득 여부를 시험하기 위해 현장실습이 실시된다. 결과에 따라 학습지도안이 수정 또는 재조정되고 훈련프로그램 관리를 위해 물리적 환경이나 학습장소 등이 배치된 후 프로그램이 실시, 평가된다.

전문직 계속교육 훌은 약 17개의 전문직을 연구한 결과, 일정 기간의 전문교육

수료 후 전문직업에 종사하는 자들은 그들의 업무를 수행하는 동안 끊임없는 사회, 경제적 변화로 인해 새로운 업무책임이 주어지고, 이를 실행하기 위해 계속교육의 필요성을 제기했다. 이를 간략히 다음과 같이 묘사하였다.

<그림 3-3> 전문직 계속교육모델

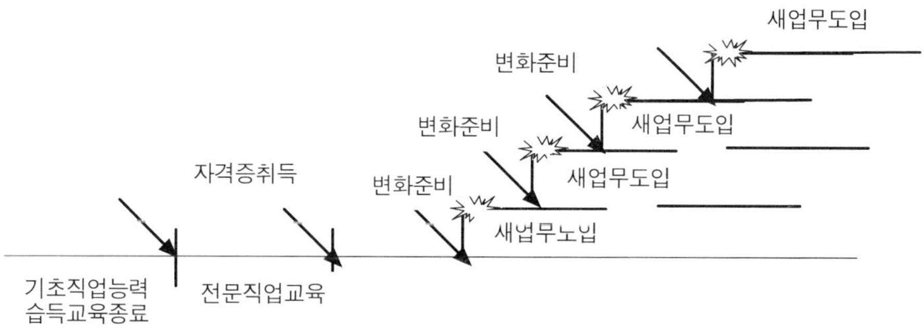

출처 Houle, C.(1980). *Continuing learning in the professions.* p.106.

홀의 모델은 전문직종에 종사하고, 그 직업을 지속시키는 과정을 묘사하고 있다. 전문직은 일반적으로 대학 등 전문교육기관을 통해 그 직업에 요구되는 기초능력을 습득하게 된다. 그리고 직업의 입문과정으로 인턴 혹은 실습을 통해 현장의 기술을 익힌다. 직업에 일단 종사한 후에 외부로부터 혹은 개인의 요구로 인해 새로운 학습이 요구된다. 예컨대 직급의 변화나 업무의 변화가 그 경우이다. 변화된 업무는 새로운 학습을 요구하고, 학습을 통해 습득된 지식은 어느 정도 지속되다, 새로운 변화에 부딪히면 새로운 학습이 다시 요구된다. 이렇게 전문직 계속교육은 순환된다.

미국 간호사협회는 보다 실천적이고 현장중심적인 모델을 개발했다. 전문직 종사자는 직업의 특성상 계속 주어지는 새로운 업무에 숙달되어야 하며, 이를 위해 교육이 필요하게 된다. 이러한 전문직 계속교육 프로그램 과정은 다음과 같은 모델로 제시하고 있다.

1. 조직과 프로그램의 철학 고려
2. 프로그램의 장·단기목표 설정
3. 프로그램 구성요소 결정
4. 정책결정
5. 조직구조 결정, 자원 선택, 담당자의 역할과 책임결정, 의사통로 수립
6. 요구진단(조직/집단/개인요구) 및 우선순위 결정
7. 프로그램 목표 설정
8. 프로그램 평가
9. 환경 및 물적 자원 파악
10. 자료기록체제 개발
11. 예산편성
12. 활동계획 결정
13. 전문가 자문
14. 실행
15. 총평가
16. 수정

(2) 문활교육

뉴만(Newman, 1980)과 프레이리(Freire)의 모델은 성인문활교육에 빈번하게 사용된다.

뉴만의 모델 뉴만의 문활교육 프로그램은 참여자에 대한 개괄적인 조사로부터 시작된다. 잠재적 참여자의 사회, 문화, 심리, 교육적 배경을 분석함으로써 프로그램 계획의 기초자료를 확보한다. 조사된 자료를 기초로 학습자의 특성을 분석하여 문활교육 프로그램의 목표를 설정하고, 수립된 목표가 잠재적 학습자를 만족시킬 수 있는가를 진단한다. 개인의 요구와 프로그램 목표가 일치될 때 구체적인 교수기법과 수업자료, 자원, 시간, 장소, 강사 등이 선정되며, 학습자의 능력

과 부합될 때 문활교육 프로그램이 실시된다. 프로그램 실행 후 평가가 실시되고, 수정된 결과는 다시 프로그램 재검토에 활용하게 한다. 뉴만의 모델을 요약하면 다음과 같다.

<그림 3-4> 문활교육과정모델

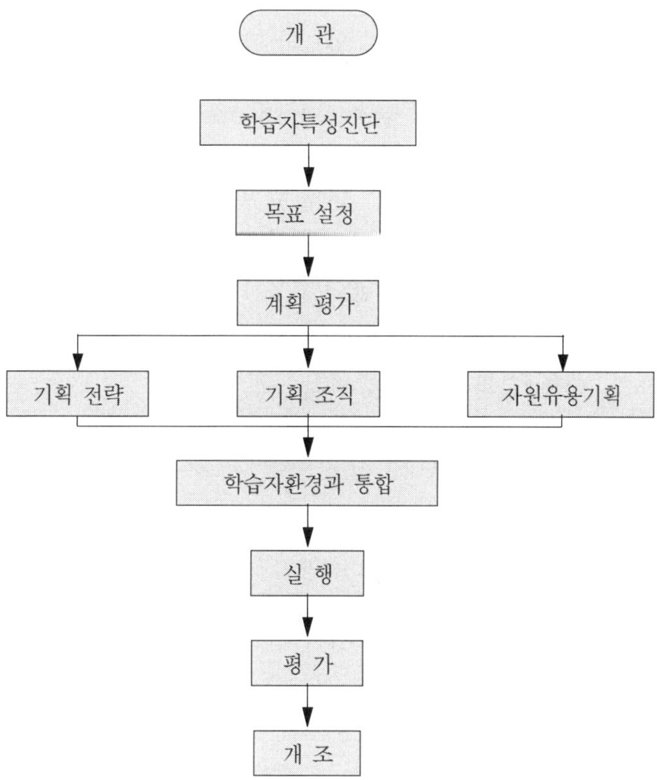

출처 Langenbach(1988) Curriculum Models in Adult Education. p.82

프레이리의 모델 뉴만의 문활교육모델은 문자습득의 기술적인 측면을 강조하고 있어 일반적으로 널리 이용되는 반면, 프레이리의 모델은 문자습득을 통한 인간해방에 초점을 두고 개발되었다. 프레이리는 다른 학자들과는 차별된 프로그램 개발배경과 가치, 방법론으로 문활교육에 접근했다. 그는 브라질의 억압받는 소작인, 빈민들에게 문활교육을 통해 '억압으로부터의 자유와 인간해방'에 관한 내용을 가르쳤다. 변증법과 대화법은 문활교육의 핵심방법이다. 이런 방법은 억압받는 민중의 인식 속에 나타나는 모순을 해결하고, 적극적인 대화와 분석의 반추를 활용하는 데 목적을 두었다. 그의 문활교육 프로그램은 대화적인 방법론의 독특성 때문에 문활교육 분야에서 잠재적인 가치를 갖는다. 프레이리의 모델을 단계화시키는데는 어려움이 있으나 편의상 다음과 같은 과정으로 진행한다(Elias & Merriam, 1999).

1. 문활교육 실시지역에 대한 철저한 조사
2. 주요 집단과 프로그램 목표 논의
3. 지역생활 분석을 위한 자원봉사자 모집
4. 전문가집단과 거주민의 전체성 분석 및 평가
5. 지역생활과 분석자료 관찰
6. 전문가의 정보인식 및 평가
7. 모순발견
8. 시각적, 구술적 부호개발을 위한 모순 선정
9. 지역주민의 대화 해독
10. 주제선정을 위한 전문가와 거주민 팀의 대화연구 및 평가
11. 주제를 어간으로 나눌 것
12. 어간 편찬
13. 교수자료 준비
14. 지역주민에게 교수자료 제시

프레이리는 프로그램 개발과정에서 학습자들에게 정치적 영향력을 인식시키고 그들의 무의식적 지배를 일깨우는 데 초점을 두었다. 프레이리의 목표는 학습자들이 그들의 언어 속에서 질문하고 분석하며 느끼는 가운데 억압으로부터 해방되는 '문제노출식 교육'이었다. 위의 과정 중에서 핵심활동은 자료수집과정에

서 대화로부터 피드백과 분석을 통해 주제를 선정하고 추출하며, 그것을 나시 되돌려 보여줌으로써 해당영역과 사람들에 대해 연구하는 것이다. 기본적인 과정은 지역사회와 그들의 삶에 존재하는 '모순'을 인식시키는 것이다. 대화로 또는 가시적인 형태로 모순을 표현하고 부호화시키는 것, 그리고 표현된 부호를 다시 대화로 풀기 위해 주제를 개발시키는 것, 교수기제를 개발하고 준비하는 과정 등을 거친다.

(3) 지역사회교육

지역사회를 중심으로 전개되는 여러 종류의 지역사회교육 프로그램에 대해서 분(Boone), 노랜(Dolan), 선(Shearn), 보일(Boyle), 리피트(Lippitt), 왓슨(Watson), 웨슬리(Westly) 등이 논의하였다. 이들은 각기 다른 상황의 프로그램 계획모델을 제시하고 있다.

분, 도랜 & 선 모델 분, 도랜 & 션(Boone, Dolan & Shearn, 1971)은 기관을 중심으로 하는 농촌서비스 프로그램 개발에 관심을 가졌다. 이들은 프로그램 서비스를 제공하는 조직을 중심으로 프로그램 개발모델을 제시했다. 이 모델은 성인교육자에 대한 네 가지 전제를 기초로 한다. 성인교육자는 프로그램 개발자로서

첫째, 조직의 철학, 목표, 역할 등을 이해하고 실행해야 한다.

둘째, 인사관리, 직원개발, 지도감독, 평가와 책무성의 기술을 알아야 한다.

셋째, 프로그램 개발에 대한 이론적 틀을 가져야 한다.

넷째, 조직의 갱신에 대한 이해와 요구를 가져야 한다.

분, 도랜 & 션의 프로그램 개발모델은 이런 성인교육자의 역할을 전제로, 프로그램은 다음과 같은 과정을 거쳐 이루어진다.

<표 3-2> 분, 도랜 & 션의 프로그램 개발모델

성인교육기관 및 갱신과정분석	- 기관의 기능 이해(철학, 목표) - 기관의 구조 이해(역할, 관계) - 관리지식 및 기술(인사, 스텝개발, 지도감독, 책무성) - 프로그램 개발의 개념틀 이해 - 지속적인 조직 갱신과정 이해
요구분석 및 지도자참여를 통한 기관과 고객의 연결	- 지역사회 연구분석 - 지역사회 내 하위체제분석 - 특정 하위체제분석 - 특정 하위체제 지도자 접촉 - 특정 하위체제를 대표하는 리더십 형성 - 특정 하위체제 요구분석 - 특정 하위체제의 욕구를 상위체제에 관련시키고 2-3개 하위체제의 공통욕구 파악
장기 프로그램	- 거시적 욕구의 구체화 - 거시적 목표설정 - 목표수행 전략수립
수행계획	- 미시적 욕구의 구체화 - 단원별 학습목표 설정 - 학습활동 선발 및 조직화 - 평가계획 수립
행동화 계획	- 자원이동 및 활용 - 교수학습과정 모니터링 - 학습자 강화 - 피드백에 의한 행동교정
평가와 책무성	- 프로그램 산출 결정 - 프로그램 투입 평가 - 평가결과 활용

출처 Boone(1985). *Developing programs in adult education.* p.21 그림을 변형.

리피트, 왓슨 & 웨슬리 모델 리피트와 왓슨, 웨슬리(Lippitt, Watson & Westley, 1958)은 5단계 모델을 제시했다. 프로그램은 변화를 위한 계획으로 간주되었다. 이 모델에서 프로그램 개발의 목표와 과정은 변화이며, 고객과 성인교육기관은 변화를 위한 요구의 인식으로부터 변화수행, 변화정착, 고객과의 관계정립까지 영향을 미친다고 보았다. 다음에 보여지는 5단계의 과정은 고객과 성인교육자간의 상호작용을 의미하며, 이들간의 정보가 지속적으로 교환됨으로써 관계가 변화한다. 이들 모델은 다른 모델과 비교하여 프로그램을 일반적인 변화과정으로 제시하고 있어 세분화되어 있지 않다(Boone, 1985).

<표 3-3> 리피트, 왓슨, 웨슬리의 프로그램 개발모델

변화욕구개발	- 문제인식 - 성인교육자의 개입
변화관계정착	- 문제의 이해 - 신뢰감 형성 - 노력의 투입 - 책임의 소재 파악 - 프로그램 시도
변화 실행	- 정보분석, 고객반응 진단 - 대안선택 - 목표설정: 정보교환, 동기와 불만탐색 - 목표실행: 성인교육자의 지원과 고객에 대한 피드백
변화의 일반화 및 정착	- 농민/지역사회의 지원 - 조직적/구조적 변화
항구적 관계정립	- 의존성 - 기술 및 유연성 획득 - 갈등 - 성인교육자 대체 - 과정대체

출처 Boone(1985). *Developing programs in adult education.* p.24-25 변형.

이상에서 논의된 프로그램 모델들, 즉, 직업교육, 문활교육, 지역사회 및 확장교육의 모델을 통해 프로그램 개발과정의 몇 가지 공통점을 발견해낼 수 있다.

첫째, 문제 또는 요구정의

둘째, 목표, 목적, 방법의 설정

셋째, 형식적 혹은 비형식적 학습활동

넷째, 평가 등을 공통적으로 포함하고 있다.

대부분의 모델이 목적과 목표설정을 구체적으로 논하고, 프로그램 계획과정에 학습자의 참여를 권하며, 학습자의 요구와 흥미를 프로그램 개발의 기본요소로 간주한다. 물론 여러 프로그램 모델이 공통점을 지니고 있지만, 구체적 실천방안에는 각각 다른 차이를 보여준다. 모든 프로그램은 해당 프로그램에 개입되어 있는 인적, 물적 자원과 상황, 조건에 따라 다른 형태를 보이므로 정형화된 프로그램 모델을 제시한다는 것은 어려운 일이다. 프로그램 모델과 원리를 바탕으로 보다 나은 프로그램 개발과정이 제 2부에서 구체적으로 논의된다.

2. 프로그램 개발자

프로그램 개발과정은 프로그램 개발자의 가치관이나 판단에 따라 같은 분야의 프로그램도 다른 형태를 취하게 된다. 프로그램 개발자는 프로그램을 제공할 자원을 가지고 있는 교육기관과 교육요구를 가진 학습자를 연결, 중재하는 역할을 맡고 있다. 프로그램 개발자의 조직이나 교육에 대한 신념과 가치판단은 프로그램 개발과정에 무의식적으로 영향을 미치게 된다. 따라서 프로그램 개발자의 프로그램에 대한 신념은 중대한 영향을 미친다.

1) 프로그램 개발자의 철학

프로그램 개발자가 어떤 철학을 가져야 하는가의 당위성에 대해서는 많은 학자들간에 논의가 있어 왔다. 대표적으로 분(1985)은 프로그램 개발자가 가져야 할 프로그램에 관한 철학을 다음과 같이 제시하고 있다. 그는 프로그램 개발의 전 과정에 대해 프로그램 개발자들에게 합리적인 기준을 제공하고자 했다.

첫째, 프로그램 개발자는 교육에 대한 기본신념을 갖고 있어야 한다. 프로그램 개발자는 변화의 대행자로서, 프로그램을 계획하고 관리하는 과정에서 지침을 제공할 수 있도록 교육에 대한 신념이 필요하다. 프로그램 개발자의 관심은 교육을 통해서 학습자들이 환경변화에 적응하고 대응해 나갈 수 있도록 행동유형을 변화시키는 데 있다. 교육기관은 사회 속에서 학습자들의 요구와 사회의 요구를 조화시킬 수 있는 교육 프로그램을 공동계획하고 촉진시키는 분위기를 형성하는 기능을 가진다. 따라서 프로그램 개발자들은 학습자들이 실제적인 정보를 항상 적절하게 이용할 수 있도록 하는 책임을 갖고 있으며, 이는 미래에 대한 이해와 계획 없이는 불가능하므로 세분화된 목표를 달성하기 위해서 프로그램 계획에 대한 신념이 요구된다.

둘째, 프로그램 개발자는 프로그램을 계획할 때 이상적인 상황을 가정하고 있어야 한다. 사회 속에서 리더십 역할을 수행하도록 사회상황에 대한 정보를 보완하고, 위기상황에 즉각 대처하는 능력을 갖추어야 한다.

셋째, 프로그램 개발자는 프로그램의 계획자, 실행자로서 그 역할을 효과적으로 수행하기 위해 스스로를 계획자로서 간주하고 프로그램 전 과정에 대한 사상(寫象)을 항상 갖고 있어야 한다. 프로그램 개발자는 프로그램의 시작부터 종료시점에서의 평가결과까지 미리 예측하고 있어야 한다.

넷째, 프로그램에의 참여자와 문화적인 배경에 관한 이해가 필요하다. 인간은 환경의 영향을 받는 존재로 프로그램을 둘러싼 사회문화적 배경의 이해는 프로그램 대상의 관심과 욕구분석에 유용한 자료가 된다. 그것은 프로그램 참여자들과 비공식적인 의사소통을 가능하게 하는 통로이다. 이해의 범주는 다른 환경특성을 지닌 지역사회와 협력체제를 구축함으로 넓힐 수 있다.

다섯째, 프로그램 개발자는 의사결정시 프로그램 제공자와 학습자간의 상호협력관계를 유지할 수 있도록 해당 분야에 정통해야 한다. 프로그램 계획단계에 프로그램 사용자와 제공자가 함께 참여하여 결합하는 것은 프로그램의 성공적인 실행을 위한 필수요소이다.

여섯째, 프로그램 개발자는 참여자들의 요구를 프로그램 계획에 반영하고 효과적인 프로그램 실행전략을 수립하는 데 방해가 되는 장애요인을 제거해야 한다. 이를 위해서는 프로그램 개발자와 학습자집단의 지도자와 개인이 함께 합의한, 실행가능하고 명료한 목표가 있어야 한다. 프로그램의 목표는 다양한 측면에서 고려되어야 한다. 충분한 학습시간이 주어졌는가, 목표는 학습자의 정신적, 정서적 능력을 고려한 것인가, 그리고 비용책정 등은 실현 가능한가 등의 질문을 제기해야 한다.

일곱째, 프로그램 개발자는 프로그램을 평가하고 그 결과를 참여자들에게 보고해야 한다. 프로그램 결과는 프로그램 투입요소와 관련해 평가받아야 하며, 프로그램 실시 전에 그 실현가능성과 타당성을 검사받아야 한다.

이상에서 언급된 프로그램에 관한 신념은 성인교육자들의 성인교육에 관한 철학으로 구성되어 있다. 이러한 논의는 성인교육자들이 프로그램을 개발하여 무엇을 어떤 방법으로 왜 해야 하는가에 대한 내용으로, 프로그램 기획에서 성인교육자들이 프로그램 전 과정에 대해 과학적으로 조직화된 지식체계를 가져야 함을 보여준다.

2) 프로그램 개발자의 역할

프로그램 개발자는 프로그램을 보는 관점에 따라 그 역할이 다르다. 프로그램에 대한 관점은 세 가지로 구분된다. 프로그램 개발을 과학으로 혹은 기술적인 과정으로 혹은 양자를 공유하는 견해이다. 프로그램 개발을 기술로 보는 관점은 프로그램 개발자를 기술자로, 과학으로 보는 견해는 과학자로, 양자의 공유형은 전문가로 다룬다.

기술자로서 프로그램 개발자는 프로그램 개발의 전 과정을 하나의 기술적 절차로 간주하여 정해진 절차를 밟아 프로그램을 개발한다. 이 때 성인교육자는 프로그램 개발을 비롯하여 수동적인 역할을 한다. 과학자로서 프로그램 개발자는 프로그램에 관한 이론적 연구와 함께 과학적인 체계를 수립한다. 과학자로서의 기능은 프로그램에 관한 '왜'라는 질문을 답하기 위한 다양한 활동을 전개한다. 프로그램 개발이 기술자와 과학자의 기능을 모두 포함하는 것으로 간주하는 것이 바로 전문가로서의 역할이다.

양자의 기능을 모두 공유하는 전문가는 프로그램을 과학적으로 사고하고, 기술적으로 개발방안을 제시한다. '어떻게'라는 절차에 초점을 두는 기술자로서 기능과 '왜'라는 논리적 문제를 모두 담당하고 있다.

(1) 역할변인

프로그램 개발자는 성인교육자의 다양한 역할 가운데 하나이다. 성인교육자는 프로그램을 개발하는 과정에서도 개인의 인성, 프로그램 실시조직, 지역사회 및 프로그램의 진행상황에 따라 다른 역할이 부여되고 있다. 이런 이유로 프로그램 개발자의 역할은 한 마디로 단정하기 어렵다.

로쓰만(Rothman)은 프로그램 개발자의 역할에 영향을 주는 변인으로, 프로그램 실행과정의 역동성, 지역사회, 성인교육조직, 프로그램 개발자의 개인적인 태도를 지적한다(Boone, 1985). 그에 따르면, 프로그램 진행과정 그 자체가 프로그램 개발자의 역할에 영향을 준다. 프로그램의 목표를 예로 보자. 프로그램이 이미 명시된 어떤 목적을 달성하기 위해 개발되었다면, 프로그램 개발자는 목적달성을 돕는 지지자나 시범자의 역할이 요구된다. 반면, 프로그램의 개발목적이 어떤 문제의 해결일 경우는, 조력자 혹은 촉진자의 역할이 요구된다. 이와 같이 프로그램 진행단계, 즉 상황분석, 목적설정, 실행, 평가 등에 따라 다른 역할이 주어진다.

둘째, 구조적 변인으로 지역사회의 규모, 정부구조, 경제상황, 문화적 특성 혹은 인구통계학적인 요인들에 따라 프로그램 개발자의 역할이 영향을 받는다. 예컨대 재정지원이 많고 규모가 큰 지역사회의 경우, 프로그램 개발자 역할은 세분화되는 반면, 재정이 적은 소규모 지역사회 프로그램의 경우, 프로그램 개발자는 다양한 역할을 동시에 수행하게 된다.

셋째, 프로그램 개발자가 속해 있는 조직에 의해 영향을 받는다. 조직은 내부계층, 직위에 따라 프로그램 개발자에게 외부로부터 조직을 방어하는 정치가의 역할 혹은 조직 프로그램을 지도관리하는 역할 또는 전문가의 역할 등을 다양하게 요구한다. 조직과 조화를 이루기 위해 프로그램 개발자는 직위에 따른 적절한 역할을 수행해야 한다. 때때로 프로그램 개발자는 개발자로서의 역할수행과 조직이 요구하는 역할 사이에서 갈등을 겪기도 한다.

넷째, 프로그램 개발자의 역할이 조직에서 규범적으로 명시된 경우라도 프로그램 개발자의 성격에 따라 다른 역할을 수행하게 된다. 만약 프로그램 개발자가 학습자들의 의사결정능력과 상황통제력에 대한 강한 신념을 갖고 있다면 프로그램에 학습자들의 참여를 적극 권장할 것이다. 반대로 학습자들을 의존적이며 무능력한 존재로 인정한다면, 매우 권위적인 역할을 수행할 것이다. 이외에도 프로그램 개발자와 학습자간의 동질성, 즉 인종, 성, 종교 혹은 문화적인 차이가 프로그램 개발자의 역할에 영향을 줄 수 있다. 특히 프로그램 개발자와 학습자의 사회경제적 배경이 판이하게 다를 때는 학습자를 이해하고 의사소통하는 데 어려움을 초래하기도 한다. 프로그램 개발자는 학습자와의 동질성 여부에 따라 다른 역할을 수행한다. 이러한 요인들은 프로그램 개발자의 역할에 영향을 미칠 뿐만 아니라 상호보완적인 영향을 주기도 한다.

(2) 역할유형

프로그램 개발자는 성인교육 프로그램을 실행하는 데 있어서 여러 변인에 의해 영향을 받기 때문에 그 역할을 단정짓기는 어렵다. 학자들이 일반적으로 제시하는 역할을 소개하면 다음과 같다.

갈라헐과 산토폴로 갈라헐과 산토폴로(Gallaher & Santopolo)는 프로그램 개발자의 역할을 변화의 대행자로 요약한다. 분석자, 충고자, 대변자와 혁신가의 역할이 수반된다.

분석가로서 프로그램 개발자는 학습참여자의 상황을 분석하고, 모든 자료를 면밀히 검토하며, 고객에게 해당 상황에 대한 객관적인 분석의 필요성을 인식시키는 역할을 한다. 고객은 때로 그들이 어떤 문제에 직면했다는 것을 느끼기는 하지만 해결책을 제시하지 못하므로 프로그램 개발자는 분석이 필요한 상황을 아는 것이 중요하다. 분석가로서의 역할은 교육 프로그램의 성공을 위한 기초가 된다.

조언자로서 프로그램 개발자는 고객에게 주어진 상황에 적절한 대안을 제시하는 역할을 한다. 이 역할은 프로그램 개발자의 개인적인 분석능력 정도에 따라 성공 여부가 결정되며, 조언을 할 때 프로그램 개발자는 고객에게 대안을 제시하되, 의사결정은 고객이 하도록 하는 것이 현명하다.

대변자로서 프로그램 개발자가 고객에게 구체적인 대안을 제시할 때 대변자의 역할을 수행한다. 조언자의 역할과 마찬가지로 이 역할의 성공은 조언에 앞선 분석력에 달려 있다. 프로그램 개발자는 주어진 상황에서 가능한 대안의 범위를 충분히 이해하고 있을 때 훌륭한 대변자의 역할을 수행하게 된다.

혁신가로서 프로그램 개발자는 구체적인 요구를 만족시키기 위해 개혁을 시도한다. 고객의 요구를 지식체제에 연결시키는 것이 혁신가의 역할이다.

프랭클린 프랭클린(Franklin)에 따르면 프로그램 개발자의 역할은 첫째, 고객과 상호작용 둘째, 목적 셋째, 내용에 관한 철학 등에 의해 결정된다. 프랭클린은 웨스트버지니아(West Virginia)에서 확장교육 프로그램을 관찰한 결과, 프로그램 개발자의 역할을 고객과의 관계를 중심으로 교수자, 가장, 대변자, 종, 지역성인 교육자의 다섯 가지로 정의했다.

전문가로서 프로그램 개발자는 지식을 습득하고 연구, 적용하는 능력을 갖추어 학습자에게 전달하는 교수자의 역할을 담당한다. 프로그램 개발자는 고객의 질문에 구체적으로 대답할 수 있는 준비가 되어 있는 교수자의 역할을 할 수 있으리라고 가정되며, 이 역할은 지식이나 정보를 전달하는 프로그램에 가장 적합하다.

프로그램 개발자는 의식적 혹은 무의식적으로 고객들로부터 프로그램에 대해 가장 잘 알고 있으리라 기대되므로 그들은 프로그램 개발자를 마치 집안의 가장처럼 의존하게 된다. 프로그램 개발자는 고객들로 하여금 그들이 하는 일을 알게 하며, 그들의 역할에 대해 확신을 갖게 하는 대변자의 역할을 한다. 대변자의 역할은 정치적 성향을 가진 프로그램 개발자에게 가정된 것이다.

프로그램 개발자는 정해진 프로그램의 실행자며 고객들에 의해 지배받고 있다고 가정하는 시종의 역할이 있다. 경험이 없는 초보 프로그램 개발자에게는 종복의 역할이 안전하면서 동시에 현실적인 방법이다. 마지막으로 프로그램 개발자에게는 지역사회의 변화를 위해 교육환경을 설정하는 교육자의 역할이 주어진다.

리피트 리피트(Lippitt)는 변화대행자의 역할을 강조했다. 그는 프로그램 개발자가 고객과의 관계를 설정하기 위해 고객의 프로그램에 대한 준비도, 동기 혹은 실행능력을 가졌는지를 측정했다. 그리고 프로그램 개발자의 고객에 대한 지식은 그의 잠재적인 역할을 결정한다. 이 역할은 프로그램 개발과정에 변할 수도 있다. 리피트는 이 기능을 좀더 구체적으로 다음과 같이 설명했다.

① 고객과 새로운 관계를 중재

프로그램 개발자는 고객의 분석을 통하여 고객과 어떻게 일할 것인가에 대해 의사소통을 한다. 이 과정이 효과적이기 위해서는 프로그램 개발자와 고객간에 높은 신뢰도가 형성되어 있어야 한다.

② 절차에 관한 전문지식 제시

프로그램 개발자는 목적을 달성하기 위해 더 나은 수단, 더 효과적인 절차를 제시함으로써 서비스를 제공한다.

③ 조직 내부에 힘을 제공

프로그램 개발자는 조직을 실제로 변화시킬 수 있는 힘을 가지고 있다.

④ 특별한 환경 창조

프로그램 개발자는 어떤 변화가 고객에게 필수적인가를 파악하여 고객이 새롭고 특이한 것을 배우기 쉬운 환경이나 상황을 설정하기 위한 시도를 한다. 즉 그들은 새로운 학습환경이 프로그램의 효과성을 위해 중요함을 알고 있다. 노인 학습자들을 요양원으로 데려가려는 강사는 새로운 환경이 노인과 사회의 관계에 대한 실제적인 학습을 제공할 것이라는 것을 안다.

⑤ 변화의 과정 지원

변화는 예측할 수 없는 위험을 내포하고 있기 때문에 고객들은 이에 대한 불안감을 갖고 있다. 프로그램 개발자는 고객의 두려움을 제거하기 위해 첫째, 실제 변화가 가능하다는 믿음을 고객에게 주어야 한다. 둘째, 고객이 새로운 것을 시도할 수 있도록 격려해야 한다. 셋째, 고객이 변화에 대한 자신들의 긍정적, 부정적 느낌을 확실히 알도록 해주어야 한다. 마지막으로, 고객에게 변화를 견딜 수 있다는 자신감을 주어야 한다. 이런 모든 과정에서 가장 중요한 것은 프로그램 개발자와 고객간의 상호신뢰 분위기이다. 상호신뢰의 분위기를 설정하는 것은 프로그램 개발자의 기능이다.

⑥ 상호신뢰 분위기 설정

본질적으로, 프로그램 개발자와 고객간의 상호신뢰는 의사소통을 효과적으로 해준다. 상호신뢰 분위기를 형성하기 위해 프로그램 개발자는 첫째, 고객의 상황을 강조하는 능력을 갖추고, 둘째, 고객을 존중하고, 고객의 가치를 인정하는 태도를 가져야 한다. 셋째, 프로그램 개발자는 프로그램 진행과정에서 자신의 솔직성을 보여야 하며, 개방적으로 고객과 고객의 경험, 생각, 관심을 공유하고 고객의 느낌을 언어화시킬 수 있는 능력을 가지고 있어야 한다. 상호신뢰감을 형성하는 것은 프로그램 개발자로서 성공하기 위한 필수조건이다.

놀스와 버너 놀스와 버너(Knowles and Verner)는 프로그램 개발자가 프로그램 개발과정의 어떤 부분을 수행하는가에 따라 역할을 제시했다. 진단자, 계획자, 동기부여자, 교수방법 선택자, 자료제공자, 평가자가 그것이다.

보일(Boyle, 1981)은 이상에서 살펴본 여러 학자들의 논의를 기초로 프로그램 개발자의 중요한 역할을 분석가, 동기부여자, 학습촉진자, 격려자로 요약했다.

첫째, 분석가의 역할은 고객의 문제나 요구를 진단하고 프로그램의 학습내용과 자원의 결정, 평가 및 결과보고와 같은 전과정을 통해 수행해야 한다.

둘째, 동기부여자는 고객이 프로그램에 참여동기를 갖도록 한다. 학습자가 프로그램에 대한 열의가 부족하거나 혹은 프로그램이 문제해결이나 욕구를 충족시키는 데 부적절했다면 효과성은 낮아질 것이다. 프로그램 개발자들은 학습자들의 학습참여욕구를 자극시키고 자원인으로서 접촉이 요구된다.

셋째, 학습촉진자는 효율적인 방법으로 적절한 지식이나 자원을 고객의 필요에 맞게 제공한다. 프로그램 개발자는 학습환경을 설정하고 다양한 기회를 제공하여 학습을 촉진하고 가르친다.

넷째, 프로그램 개발자는 학습의 격려자이다. 대부분의 학습자들은 프로그램 상황에서 다소나마 어떤 불편을 느끼므로 학습자가 자신의 잠재력을 완전히 개발할 수 있도록 격려할 것이 요구된다.

프로그램 개발자의 역할은 상황에 따라 다르게 요구되고, 때로는 기대되는 역할간에 갈등을 겪기도 한다. 갈등은 개발자의 관심과 지지세력, 조직 및 지역사회 환경에 따라 다르다. 역할갈등은 가장 강조되는 역할을 선택하고, 비슷한 기대를 충족시키는 방법으로 해결된다. 다시 말하자면 기대역할을 개조하기 위한 현실적인 행동을 하는 것이다. 역할갈등의 해결방법은 기존의 역할로 기대역할을 새롭게 정의하고 관련집단의 합의를 얻어 현재 프로그램 개발자의 역할과 기대되는 역할을 상호 보완시키기도 한다.

프로그램 개발자의 역할은 한 마디로 정의하기는 어렵지만 요구의 진단자, 문제해결을 위한 계획자, 동기부여자, 격려자 등의 기능을 수행하며, 역할간의 갈등을 해결하는 데 프로그램 개발자의 성인교육에 관한 신념이 크게 영향을 미친다.

제 4 장 프로그램 개발접근법

이 장의 목표

1. **프로그램 개발접근법을 숙지한다.**
   1) 프로그램 개발법의 특성
   2) 프로그램 접근법의 비교
2. **프로그램 개발접근법의 장단점을 논의한다.**
   1) 각 접근법의 장단점
   2) 각 접근법의 효과적인 활용가능성 분석
   3) 상황에 따라 다른 접근법이 활용될 가능성
3. **자신의 프로그램 개발접근법을 갖고 그 가능성을 진단해 본다.**
   1) 자신이 선호하는 방법
   2) 선호하는 접근법의 장단점 파악

조별작업을 위한 가이드

1. 교수자는 학습자들에게 프로그램을 개발하기 위한 접근법의 필요성을 질문하고 학습자들에게 프로그램 개발접근법을 강의한다.
2. 강의 후 학습자들이 선호하는 방법을 택하게 하고, 그 선호도에 따른 조를 편성하게 한다.
3. 편성된 조는 선호하는 접근법이 다른 방법과 비교하여 장점을 논의하고, 그 결과를 발표한다.
4. 조별 발표 후 교수자는 학습자들에게 프로그램을 개발해야 하는 상황을 제시한다. 상황제시는 프로그램이 개발될 조직과 지역사회의 특성, 프로그램 개발자의 경력과 문제점을 중심으로 한다.
5. 각 조는 교수자의 상황제시를 듣고, 어떤 접근법으로 개발하는 것이 효과적일지 논의하여 발표한다.
6. 교수자는 조별 발표 후 그 결과를 정리하고, 접근법의 이유를 설명한다.

프로그램 개발접근법은 프로그램 개발자가 어떤 식으로 작업을 펼쳐가야 할지를 보여준다. 학자들에 따라 혹은 프로그램의 목적에 따라 각각 다른 접근법이 선호되었다. 프로그램 개발접근법은 조직의 특성이나 프로그램의 성격에 따라 결정된다. 물론 학자들간에 프로그램 개발을 위한 최상의 접근법으로 합의된 것은 없다. 그러나 일반적으로 사용되는 방법들이 코왈스키(Kowalski, 1988)에 의해 정리되었다. 체제분석 접근법과 선형 접근법, 비통합적 접근법, 비선형 접근법이 그것이다.

1. 비통합적 접근법

비통합적 접근법(Non-integrated Approach)은 가장 손쉽게 노력없이 사용되는 방법이다. 프로그램이 새로 개발된다기보다는 다른 유사조직의 프로그램을 그대로 모방답습하는 접근법이다. 이 과정에 프로그램 개발자는 특별한 기술이나 능력없이도 프로그램을 개발하게 된다. 이 경우 프로그램은 개발된다기보다는 발견하여 사용하는 방법이다.

비통합적 접근법은 프로그램 계획과정에 학습자를 참여시키지 않는다. 학습자들의 요구나 의견을 따로 수렴하지 않고 교육기관에 의해 일방적으로 프로그램이 개발되고 제시된다. 규범적인 측면에서 잠재적 학습자의 참여가 바람직한 것으로 간주되고 있는 반면, 비통합적 접근법은 학습자의 참여없이 성인교육 프로그램이 형성되기 때문에 사실상 성인교육조직이 학습자들의 요구와 가치를 수용하려는 노력이 없는 것으로 보인다.

비통합적 접근법을 사용한 프로그램 개발의 사례는 흔히 볼 수 있다. 예를 들면, 신도시에 새로 개점한 백화점의 경우를 보자. 백화점 부설 문화센터는 고객유치를 위한 수단으로 설립되어 프로그램을 개발하고자 할 때 비통합적 접근법이 사용될 수 있다. 백화점 문화센터 관계자들은 프로그램을 개설하기 위해 지역사회와 잠재적인 학습자에 대한 구체적인 분석보다는 오히려 유사한 여건을 지닌

타 백화점 문화센터의 프로그램을 조사, 수집하여 나열하고, 그 가운데에서 수익성있고, 참여율이 높은 프로그램을 그대로 모방하여 자신들의 문화센터 프로그램으로 개설한다. 이 경우, 문화센터는 프로그램 개발을 위한 비용과 시간, 에너지를 들이지 않고 손쉽게 프로그램을 개발할 수 있다. 그러나 해당 프로그램의 성공 여부는 매우 불투명하다. 왜냐하면 해당 지역사회의 여건에 따라 참여자 특성과 프로그램 요구가 다르기 때문에 다른 지역의 문화센터 프로그램을 사용할 경우, 서로 다른 학습자와 지역사회의 특성을 고려하지 못한다. 이 문화센터에서 성공한 프로그램이 다른 문화센터에서도 성공한다고 보장할 수 없다. 예를 들면 압구정동의 H백화점 문화센터의 인기강좌를 제주도의 H백화점에 개설한다고 해서 그 프로그램이 성공할 것인가에는 의문이 제기된다. 바로 이 점에 비통합적 접근법의 단점이 드러난다.

프로그램 개발을 위한 비통합적 접근법은 몇 가지 장점을 지니고 있다. 먼저 프로그램 개발에 대한 지식이 없는 문외한도 쉽게 프로그램을 설계할 수 있고 둘째, 시간과 비용, 노력을 절약할 수 있으며 셋째, 지역사회와 학습자의 특성 및 제반조건이 유사한 경우에는 프로그램 결과를 예측할 수 있다. 반면, 참여자를 배제한 프로그램 설계로 학습자의 요구가 무시되기 쉬우며, 학습자의 요구를 무시한 프로그램은 현실성이 부족해 결국 참여를 유도하지 못하므로 장기적으로 지속되지 못한다. 특히 비통합적 접근법을 사용하여 프로그램을 개설한 교육기관에서 갈등이 야기되었을 경우, 소규모의 중앙집권식의 권력구조를 지닌 조직은 문제해결이 쉬우나, 분권적 복합조직일 경우에는 문제해결이 어려워진다. 따라서 복합조직에서 비통합적 접근법을 사용해 프로그램을 개발하는 것은 그만큼 위험부담을 안게 된다. 이런 단점으로 인해 일부 조직은 비통합적 접근법을 피하고 있다.

2. 체제분석 접근법

체제분석 접근법(System Analysis Approach)은 프로그램 개발을 위해 체제분석과정을 활용한다. 이 접근법은 모든 조직의 프로그램 개발에 적용될 수 있다. 투입과 산출, 환경과의 상호작용이 주요 변인으로 사기업과 대규모 공공 서비스조직에서 많이 사용되고 있다. 체제분석모델은 전체를 부분으로 나누고 부분간의 다양한 관계를 연구한다.

프로그램 개발에 체제분석모델이 사용될 때는 다음의 몇 가지 사항이 포함된다.

첫째, 조직의 철학, 가치, 목표 등을 파악하고,

둘째, 조직의 구성요소를 규명하며,

셋째, 조직 외부의 환경적 제약요건을 규명하고,

넷째, 조직 내부의 제한점을 파악한다.

다섯째, 조직 외부환경의 요구와 가치를 파악하며,

여섯째, 조직의 내적 요구와 가치를 파악하고,

일곱째, 학습자의 요구와 가치를 분석하며,

여덟째, 프로그램의 목표를 수립하고,

아홉째, 기대되는 결과에 대해 정보를 갖고 있어야 한다.

체제분석적 접근법은 프로그램을 개발하기 위해 정확한 정보를 이용함으로써 위험부담을 적게 갖게 된다. 그것은 계획과정에 개인과 조직과 환경의 가치와 요구를 동시에 고려하기 때문이다. 체제분석 접근법에서 투입은 환경, 조직, 개인의 가치와 요구가 목표로 전환되고, 이런 투입요소들은 상호작용을 통해 결과적으로 하나의 프로그램으로 나타난다.

예를 들면, 서울시 구로공단에 위치한 L전자회사가 프로그램을 개발하기 위해 체제분석모델을 사용하는 경우이다. L전자회사는 프로그램을 개발하기 위해 <표 4-1>과 같이 환경, 조직, 개인들의 요구와 가치를 조사한다. 그것이 프로그램 개발을 위한 투입요소이다. 환경으로부터의 요구와 가치가 상호작용하여 조직에 영향을 줌으로써 L전자회사는 조직의 고용인들을 위한 컴퓨터교육 프로그램을 개발하게 된다. 컴퓨터교육 프로그램은 환경으로부터 요구와 가치가 모두 반영되어 실현시킬 수 있는 것이다.

<표 4-1> 체제분석모델의 요구와 가치 비교

	요 구	가 치
환경적	-성인기초교육 학습자 증가 -실업자 감소 -정신병자 감소 -시민의식 함양	-교육은 일생 동안 지속되는 과정이다. -교육은 모든 사람이 받을 수 있어야 한다. -많은 기관들이 프로그램을 제공해야 한다. -교육은 지역사회와 동반자가 되는 것이다.
조직적	-생산성 증가 -고용자 수입 증대 -지역사회의 조직에 대한 가시화 획득 -업무수행능력 증진	-건강한 노동자가 바람직하다. -모든 주민을 위해 봉사한다. -지역사회 생활향상. -교육받은 노동자가 오히려 경제적이다.
개인적	-자아실현 -직업에 대한 지식 함양 -여가시간의 창조적 사용 -사회화	-학습은 중요하다. -자아향상에 최우선성이 주어져야 한다. -교육은 더 나은 시민을 만든다. -교육은 서로 관련되어져야 한다.

환경과 조직, 개인의 요구 및 가치는 체제분석을 통해 동시에 고려되고, 각각의 요구와 가치를 실현하기 위해 프로그램이 개발된다. 체제분석 접근법은 어떤 형태의 조직에서도 사용이 가능하며, 프로그램 개발자가 새로운 프로그램을 개발하거나 기존의 프로그램을 수정시키는 데 보다 적절하게 사용되어진다. 체제분석 접근법은 과학적 분석을 근거로 프로그램을 개발하기 때문에 비통합적 접근법에 의한 프로그램보다 실패가능성은 줄어든다.

그러나 그만큼 프로그램 개발자에게는 환경과 조직 및 개인의 요구와 가치를 분석할 수 있는 능력이 필요하다. 만약 프로그램 개발자가 조직에 입사한지 오래되지 않아 환경에 대한 분석능력이 부족할 경우, 개발된 프로그램은 환경의 요구를 충족시키지 못하고 그 성공가능성은 낮아지게 된다. 체제분석법은 자체 내 환경분석 시스템을 지니고 있는 대규모 조직의 프로그램을 개발할 때 효과적으로 사용될 수 있다.

3. 선형 접근법

선형 접근법(Linear Approach)은 프로그램 개발을 단선적으로 일어나는 현상으로 간주하고 있으며 프로그램 개발과정을 단계별로 세분화하여 그 절차를 도식화했다. 선형 접근법은 프로그램 개발에서 가장 많이 사용되는 방법으로, 마치 우리가 1층에서 2층으로 가기 위해 계단을 오르는 것과 같다. 프로그램 개발자는 선형 모델이 제시하는 과정을 순서대로 실행하기만 하면 하나의 프로그램이 완성될 수 있도록 개발과정을 차례로 묘사하고 있다. 프로그램 개발자가 선형모델을 사용하여 프로그램을 개발하는 것은 마치 요리책을 보고 음식을 만들어내는 것에 비유할 수 있다. 프로그램 계획에 필요한 모든 요소를 나열한 후, 그 요소들의 배합순서를 명시해준다. 코왈스키는 선형 모델의 일반적인 절차를 <그림 4-1>과 같이 제시하고 있다.

<그림 4-1> 프로그램 개발의 선형 접근법

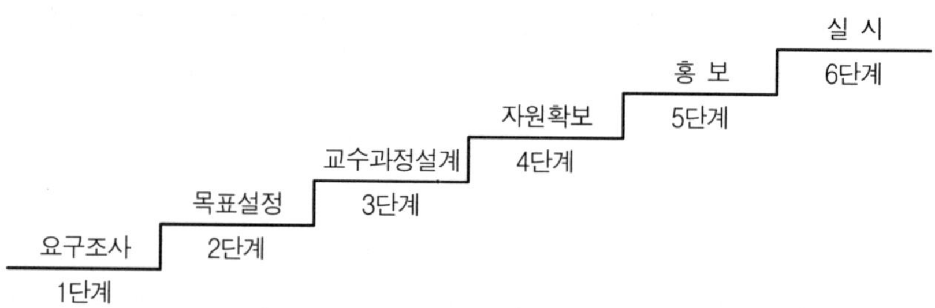

출처 Kowalski(1988). *The organization and planning of adult education.* p.95.

선형 접근법으로 프로그램을 개발하기 위해, 먼저 프로그램 개발자는 프로그램의 잠재적 고객들의 요구를 진단하고 최종 요구를 확정지은 후 요구를 목표로 변환시켜 기술하며, 이 목표를 행하기 위한 구체적인 교육과정을 설계한다. 그리고 교육과정을 실행하기 위해 필요한 자원 및 시설을 확보하며, 프로그램을 홍보한 후 프로그램을 실행한다. 선형 접근법은 위에 명시된 여섯 단계의 모델 외에도 더욱 세분화한 모델들이 있다. 선형 접근법은 학습을 위한 프로그램 개발의 논리적 경로를 제공함으로써 프로그램 개발경험이 없는 초심자들이 매우 유용하게 사용할 수 있고, 초심자의 프로그램 실패가능성을 최소화시켜준다.

그러나 선형 접근법은 조직을 정적인 것으로 가정하고 있는 것이 단점이다. 현실적으로 모든 조직은 역동적이어서, 선형 접근법이 제시하듯 논리적 경로에 의해 개발된 프로그램은 조직과 환경의 변화에 대처할 수 있는 유연성이 없다. 선형 접근법은 획일적인 프로그램 설계로 인해 프로그램 개발과정상 혹은 개발 후의 환경변화에 대처하지 못한다. 그럼에도 불구하고 선형 접근법은 프로그램 개발 초심자들에게는 유용한 도구임에 틀림없다.

4. 비선형 접근법

이상에서 언급된 세 가지 모델은 프로그램 개발자가 초보자일 경우 많이 사용된다. 반면에 경험이 많고 숙련된 프로그램 개발자는 비선형 접근법(Nonlinear Approach)을 선호한다. 비선형 접근법은 프로그램 개발자의 자율성을 최대한 발휘하여 자신의 고유한 프로그램 개발과정을 갖고 있다. 그렇다고 해서 비선형 접근법이 어떤 원칙도 없이 마구잡이로 행해지는 것은 아니다. 비선형 접근법도 다른 접근법처럼 몇 가지 원칙이 적용되고 있다. 다만 프로그램 개발자의 재량에 의해 좀더 창조적인 프로그램을 개발해낼 수 있다는 점이 다르다.

비선형 접근법은 선형 접근법처럼 프로그램 개발절차가 획일적으로 주어진 것이 아니라, 프로그램 개발자의 경험을 통해 얻은 독특한 프로그램 개발법이 사용된다. 그러므로 비선형 접근법은 다른 접근법에 비해 시간과 자원배분이 개발자의 재량에 의해 조정될 수 있는 장점이 있다. 비선형 접근법은 프로그램 개발자의 전문능력을 특히 중시하며, 다른 접근법에 비해 사용하기가 어렵다. 바로 전문적인 프로그램 개발능력을 지닌 인력을 요구하기 때문이다.

프로그램 개발에 경험이 많은 계획자는 시행착오를 거쳐 자기 나름대로의 프로그램 개발모델을 갖고 있기 때문에 중요한 상황에서는 종종 자신의 직관과 경험으로 프로그램을 결정한다. 이는 비선형 접근법이 비체계적이라는 의미가 아니라, 프로그램 전문가의 재량권을 중시하여 순서적 절차를 피한다는 것을 의미한다. 이런 이유로, 선형 접근법이 비선형 접근법보다 자주 사용되고 있다. 일례로 프로그램 계획의 비선형 접근법 중의 하나는 프로그램 평가를 가장 핵심적 요소로 간주하여 모든 과정에 각각 평가를 포함하는 것이 있다.

비선형 접근법과 선형 접근법은 성인교육 프로그램 개발에 유용한 접근법으로 그 효과성은 '시간'과 '프로그램 개발자의 경험'에 의해 결정된다. 비선형 접근법은 여러 과정이 동시에 수행될 수 있으므로 반드시 점진적 과정을 거쳐야 하는 선형 접근법에 비해 적은 시간이 소요된다. 그러나 비선형 접근법은 풍부한 인적 자원, 특히 프로그램 개발자의 전문적 계획기술과 자원이 요구된다. 비선형 접근법은 프로그램을 개발하는 시간과 노력과 비용을 절감할 수 있으며 변화에 유연하게 대응할 수 있는 반면, 경험을 지닌 훌륭한 인적 자원을 요구하며 초심자는 사용하기 어려운 단점이 있다. 이 점에서 선형 접근법이 많은 학자들에 의해 비판받고 있음에도 불구하고, 자주 사용되는 이유이다. 선형 접근법은 프로그램 개발절차를 단계적이고 기술적으로 서술하고 있어, 프로그램 개발의 초심자나 성인교육이 주업무가 아닌 자들에 의해 쉽게 이용될 수 있다. 이런 기술적 지식이 습득된 후에 비선형 접근법을 활용한 프로그램 개발이 이루어질 수 있다. 이때 비선형 접근을 위해 프로그램 개발에 대한 과학적이고 체계적인 접근법과 프로그램 개발이론이 필요하다.

프로그램은 모든 여건, 환경, 학습상황에 따라 다양하게 나타나다. 그러므로 프로그램 개발자는 하나의 접근법에 얽매이지 말고, 프로그램 운영기관을 중심으로 주변의 모든 상황을 고려하여 현실에 가장 적합한 프로그램을 개발하기 위해 이론적 지식과 다양한 접근법을 활용할 수 있어야 한다.

이상에서 논의된 프로그램 개발에 대한 일반원리는 특별히 성인교육 프로그램의 비전문가나 초심자들이 활용하기는 용이하지 않다. 이들은 경험부족이나 지식의 부재로 프로그램 개발을 사회적 갈등, 정치적 과정 혹은 성인교육자의 재량활동으로 파악할 수 있는 능력이 부족하다. 그런 의미에서 이들에게 도움을 줄 수 있는 방법은 프로그램에 대한 이론적이고 고전적인 접근을 통해 정보와 지식을 습득할 수 있도록 하는 것이다. 이미 논의된 다양한 프로그램 개발의 접근법은 성인교육 프로그램 종사자들이 자신의 프로그램 개발모델을 창조하는데 많은 참고가 될 것이다. 이론적 모형은 성인교육자의 프로그램에 관한 지식이나 경험에 따라 활용 정도가 달라질 수 있다. 모든 프로그램을 포괄하는 일반 프로그램 개발원리를 발견하는 것은 사실상 어렵고, 혹 발견한다 하더라도 개별 프로그램의 상황에 맞아야 하기 때문에, 프로그램 개발자가 모든 상황을 판단하여 가장 효과적인 노력을 할 수 있도록 해야 한다. 그러므로 프로그램 개발자는 자신의 프로그램 개발에 대한 신념과 철학 및 프로그램 개발모델을 갖는 것이 바람직하다.

특히, 솔크와 버스키가 지적했던 프로그램 개발이론들이 가지고 있는 한계점은 프로그램 개발자의 독자적인 개발모형을 구축하게 한다. 솔크와 버스키(Sork & Busky, 1986)는 프로그램 개발모형의 문제를 다음과 같이 지적하였다. 첫째, 서로 다른 학자들의 프로그램 모형에 대한 검토가 부족하고 둘째, 프로그램 계획에 대한 이론적 설명이 부족하며 셋째, 개인에게 초점을 둔 계획이 상대적으로 부족하고 넷째, 포괄적인 프로그램 계획과정을 다룬 책이 부재하며 다섯째, 프로그램 모형의 다양성은 개별 모형들의 구체적인 차이보다는 주변상황의 차이에 기인한 것이며 여섯째, 교수과정계획이 주로 집단지향적 방법에 집중되어 독학이나 통신학습에 무관심하며 일곱째, 프로그램 개발자의 역할에 대한 구체적인 논의가 부재함을 지적하였다.

이런 프로그램 개발이론의 제한점은 이상적인 프로그램 개발모델이 설정될 수 없음을 보여준다. 프로그램 개발모델은 바로 개발자 자신에 의해 창조되어야 한다. 프로그램의 상황과 조직의 여건, 환경과 고객에 따라 융통성과 가변성을 지니고 있는 것이라야 한다. 프로그램 개발은 바로 프로그램 개발자의 사회적 활동이며, 개발자가 이런 사실들을 인식하고 있을 때에야 비로소 프로그램은 개인과 조직, 사회의 이익을 대변하는 것이라 할 수 있다.

프로그램 개발자가 자신의 프로그램 모델을 구축하기 위해서는 우선 프로그램의 이론적 모형을 살펴보고, 그 가운데서 하나를 택하거나 혹은 몇몇 모델의 장단점을 취합하여 자신의 모델로 활용할 수 있다. 만약 경험이 많은 프로그램 개발자라면 자신의 실무로부터 독자적인 자신만의 프로그램 개발모델을 갖도록 권한다. 그러나 이런 과정에서 잊지 말아야 할 것은 프로그램 개발은 이미 프로그램 개발자 자신의 가치나 철학 혹은 윤리적 규범이 프로그램에 그대로 반영될 수 있고, 그리고 그 과정은 정치적인 과정이며 하나의 사회적 활동이라는 점이다.

제 2 부 프로그램 개발과정

프로그램은 어떤 문제를 해결하거나 변화를 유발시킬 수 있는 여러 가지 방안 가운데 교육을 사용하는 방법이다. 프로그램은 워크숍이나 코스가 아니다. 프로그램은 구체적이고 특정한 주제를 가지고 일정 기간에 걸쳐 체계적인 방법으로 진행된다. 프로그램 개발은 각종 자원을 효율적으로 배치하기 위한 연속적인 의사결정이며, 그 결과 새로운 행동이 창출된다. 물론 새로운 행동을 만들어내는 프로그램에 참여한다고 모두가 의미있는 변화를 갖게 되는 것은 아니지만, 학습자의 문제나 요구에 초점을 두고 있는 프로그램은 일반적으로 참여자의 삶에 긍정적 영향을 준다.

그렇다면 이런 프로그램은 어떤 과정을 거쳐 개발되는 것일까? 1장에서 4장까지 논의된 다양한 프로그램 개발모델은 각각의 특성과 함께 몇 가지 공통점을 찾아볼 수 있었다. 이들 공통점을 기초로 초심자들이 프로그램을 개발하는 데 실제로 사용할 수 있는 가장 기초적이고 손쉬운, 그러면서도 실패가능성을 줄여 진행할 수 있는 프로그램 개발모델을 2부에서 제시하고자 한다.

제2부에서 제시하는 모델은 무엇보다 '현실적용성'과 '실천가능성'에 초점을 두고 있다. 프로그램에 대한 초심자나 문외한들도 손쉽게 사용할 수 있도록 했다. 다음에 소개되는 프로그램 개발모델이 프로그램의 성공을 100% 보장해주는 것은 아니다. 프로그램 개발의 초심자가 참고할 수 있고, 나아가 프로그램의 성패를 평가하는 자료로 활용될 수 있다. 다음의 프로그램 개발모델은 프로그램의 처음 시작에서 마지막까지 프로그램 개발자를 돕기 위한 안내자 역할을 하는 데 그 의의가 있다. 제2부는 프로그램 개발의 첫단계인 상황분석으로부터 각 과정을 차례대로 논의하고 있다.

제5장은 프로그램의 상황분석이다. 프로그램이 과연 탄생되어야 할 필요가 있는가를 분석한다. 프로그램은 어떤 문제나 이슈를 해결하기 위한 방안으로 사용

될 것인가? 혹은 학습을 위한 기회로 제공될 필요가 있는가? 혹은 프로그램보다 효과적인 해결방안이 있는가를 결정하는 과정이다.

제6장은 프로그램의 요구분석이다. 이미 프로그램이 개발되는 것이 효과적인 문제해결책으로 판단된 경우, 프로그램의 탄생을 위한 기초작업으로 참여자들이 무엇을 원하고 있는가를 진단한다.

제7장은 다양한 요구가 드러난 경우, 어느 요구가 프로그램으로 전환될 것인가를 결정한다. 요구의 우선순위 설정이다. 우선적으로 선택된 요구는 프로그램의 목표로 전환된다.

제8장은 프로그램 목표를 실행하기 위해 학습의 내용과 교수기법을 정한다. 효과적인 학습기법은 무엇이고, 어떤 내용이 프로그램의 목적을 실현하는가에 대한 결정이다.

제9장은 프로그램 실행에 필요한 모든 자원을 확보하고 관리하는 방법을 논의한다. 프로그램은 인적 자원과 물적 자원, 시설 그리고 재정자원을 어떻게 충당하고, 관리하는가에 따라 참여자들이 느끼는 프로그램 만족도는 달라진다. 자원의 관리는 프로그램 개발이 커리큘럼 혹은 ISD모형과 구별되는 점이기도 하다.

제10장은 프로그램의 마케팅을 다루었다. 마케팅은 프로그램 홍보와 등록비, 고객상담 등을 포함하고 있다.

제11장은 프로그램을 평가하고 보고하는 방법을 다루었다. 마지막으로 제12장은 프로그램의 사례를 제시하고 있다. 이미 논의된 프로그램 개발과정을 직접 들여다 볼 수 있도록 개발된 프로그램 사례를 소개했다.

제 5 장 프로그램 상황분석

이 장의 목표

1. 프로그램이 개발되어야 할 상황을 결정한다.
   1) 문제상황의 정의
   2) 문제의 출처 규명
   3) 문제의 해결방안과 장애요인 예상

2. 프로그램 개발을 위한 고객분석을 실시한다.
   1) 프로그램의 고객을 규명하는 방법
   2) 타겟집단의 특성분석
   3) 고객분석이 프로그램 개발에 중요한 이유

3. 프로그램의 환경을 분석한다.
   1) 프로그램 개발을 위한 조직분석방법
   2) 지역사회분석방법
   3) 지역사회의 각종 비공식조직의 영향 분석
   4) 지역사회분석을 위한 자문위원회 활용방법

조별작업을 위한 가이드

1. 교수자는 학습자들에게 프로그램의 상황을 분석하는 이유를 5분 정도 정리하여 적어보게 한다.
2. 개별 학습자들은 프로그램 상황분석이 필요한 이유를 발표한다.
3. 교수자는 상황분석이 프로그램 개발의 첫단계로 시작되는 이유를 납득시키고
4. 프로그램 개발이 결정된 후 개별 학습자들이 환경분석의 요소를 추론하게 한다.
5. 프로그램의 환경을 분석의 중요성을 이해하고
6. 프로그램 환경분석의 기법을 설명한다.

프로그램 상황분석은 프로그램이 개발되기 위한 기초작업이다. 프로그램이 개발되는 것은 이미 어떤 상황에서 그것이 요구되기 때문이다. 프로그램 개발자는 그 상황을 어떻게 인지하느냐에 따라 개발하게 될 프로그램의 유형이 달라진다. 따라서 프로그램의 상황을 분석하는 것은 프로그램의 전체적인 밑그림을 그리는 작업이 된다. 상황분석은 구체적으로 왜 그 문제가 발생하게 되었는가? 프로그램이 개발될 필요가 있는가? 프로그램이 개발되어 쓰이게 상황은 어떤 것인가? 누구를 위한 프로그램 개발인가 하는 문제들이 거론된다.

1. 프로그램 개발 여부

프로그램 개발은 진정 프로그램이 필요한가를 신중히 고려하는 것에서부터 시작된다. 프로그램 개발은 조직으로 하여금 경비부담을 요구하는 작업이기 때문에 재정적인 지출, 그 이상의 효과가 있는 경우에 개발될 수 있기 때문이다(비수익성이 목적인 경우는 예외이다). 프로그램으로 인한 문제해결의 효과가 그 소요비용 이하인 경우, 교육적 전략이 아닌 다른 방법으로 모색될 수 있기 때문이다.

프로그램은 조직이나 집단의 당면문제를 해결하기 위한 교육적 전략이다. 프로그램 개발은 문제상황을 정의하고, 그 문제를 빚어낸 출처를 파악하는 것에서 시작된다. 문제의 출처에 따라 문제의 해결전략이 달라지기 때문이다. 문제해결의 전략은 다양하게 제시되고, 그 가운데 교육적으로 해결가능한 것만 추출한다. 교육적인 해결책이 바로 행동과정으로 전환되는 것이 프로그램이다.

조직의 관련자들은 프로그램이 개발되어야 할 것인가를 결정하기 위해 문제의 출처를 진단하고 해결책의 중요도와 효율성을 평가한다. 예컨대 조직의 이윤이 감소하는 경우, 그 문제의 원인을 진단한다. 이윤감소는 생산량의 감소 혹은 판매량의 감소 또는 불량품의 증가 등이 그 원인으로 지적될 수 있다.

프로그램 개발자는 각 원인이 발생하게 된 구체적인 출처를 파악한다. 예컨대 판매량이 감소한다면 그 문제의 소재는 직원들의 불친절로 인한 소비자 불만의 증가, 제품의 모델이 낡았을 경우, 제품의 반환율 증가 혹은 물류시스템의 부정확한 스케줄로 인한 제품납기일의 지연 등을 들 수 있다. 이 경우 각 문제출처에 대한 해결방안을 제시하는 작업이 필요하다. 먼저 직원들의 불친절로 인한 생산성의 감소는 직원들이 고객을 친절하게 응대하게 함으로써 해결될 수 있다. 물류시스템의 문제는 새로운 물류체제를 구축하고 물류관계직원을 신규채용함으로써 제품반환율 증가는 불량품을 감소시킬 수 있는 제품교육을 시킴으로써 가능하다.

판매량 감소라는 문제에 대해 몇 가지 문제출처를 파악하고, 그 문제에 대한 해결방안이 제시되었다. 제시된 해결방안 가운데 교육적으로 해결될 수 있는 것이 바로 프로그램으로 개발되는 부분이다. 위의 예에서는 직원들의 친절교육과 제품에 대한 정보교육이 바로 교육적인 해결전략이다. 이를 위해 프로그램이 개발되도록 결정되는 것이다. 바로 이런 과정이 프로그램의 개발 여부를 결정하는 가장 초보적인 수준이다.

그러나 실제 현장에서 프로그램 개발의 결정은 이런 문제상황과 해결전략과 더불어 조직의 이념과 목적, 조직의 의사결정권자들의 교육에 대한 마인드가 영향을 미치게 되는 것이다. 한 마디로 프로그램과 관련된 조직의 전권자들의 의사결정이 절대적인 영향력을 미치는 부분이다. 아무리 교육적 해결전략에 대한 요구가 많다하더라도 실제 의사결정권자들이 교육적 처방을 무시한다면 프로그램은 생성될 수 없기 때문이다. 이런 점에서 서베로와 윌슨은 프로그램 개발을 바로 정치적 과정으로 설명하고 있기도 하다.

2. 프로그램 아이디어 창출

프로그램 개발을 결정한 후 프로그램 개발자는 프로그램을 개발하기 위한 적절한 아이디어를 창출한다. 프로그램 개발자는 프로그램을 개발하도록 결정하는 그 순간 프로그램에 대한 전체적인 지도를 그리는 작업을 진행할 수 있어야 한다. 그것은 프로그램 개발자가 바로 전체 지도를 그리는 작업을 어느 정도 수행하는가에 따라 프로그램의 개발방향이 설정되기 때문이다. 물론 어떤 종류의 프로그램은 다른 조직의 유사한 프로그램을 그대로 도용할 수도 있다.

프로그램의 아이디어는 프로그램과 관련된 구조적 요인, 인적 요인, 문화적 요인 그리고 유사조직의 상황까지 고려하여야 한다. 구조적 요소로는 프로그램을 요구하는 조직의 이념, 목표, 가치, 주요 정책과 진행절차, 조직의 공식적인 권위체계, 정보체계, 조직의 의사결정형태, 재정, 물리적 시설 등이 고려된다. 인적 요소는 프로그램 개발자, 프로그램 참여자, 고위층 관리와 의사결정권자, 감독자, 프로그램의 이해당사자, 감독위원회 등이 포함된다. 문화적 요소는 조직의 역사와 전통, 조직의 신념과 가치, 조직의 의식과 상징 등이다. 또한 전문가 협의회, 정부기관 등 프로그램을 통제하는 기관과 여타 조직간의 관계와 후원하는 기관들 사이의 상호작용과 비슷한 교육훈련 프로그램을 제공하는 제공자간의 상호작용 등도 고려하여야 한다.

프로그램의 아이디어 창출은 특정한 문제해결과 그것을 위한 기회를 만들어내는 아이디어를 끌어내는 작업이다. 이를 위해 쉽게 사용될 수 있는 방법은 다음과 같다.

① 관찰 : 사람들의 실제 행동이나 가상 임무 혹은 활동을 관찰
② 설문조사 : 의견 모으기, 태도, 선호도, 쓰여진 질문지에 대한 인식
③ 인터뷰 : 직접 면대면 만남을 통한 의견 수렴
④ 그룹토의 : 아이디어 문제. 그룹 내의 이슈파악 및 분석을 위한 집단토의
⑤ 직업/업무분석 : 수집, 도표작성, 배치, 분석, 업무실행보고서

⑥ 수행테스트 : 개인의 지식, 태도, 가치를 측정하기 위한 컴퓨터 기반 아이템
⑦ 기록자료 : 전략적 기획보고, 정책, 절차 매뉴얼, 수행평가, 회의 기록 등
⑧ 동료와의 대화 : 교육프로그램 아이디어에 관한 비공식적 대화

프로그램 개발자는 어떤 문제를 해결하기 위해 끌어낸 아이디어가 구체적인 프로그램으로 개발되기 전에 위에 제시된 방법을 사용하여 프로그램 아이디어의 효과성을 확인하는 과정이 필요하다. 그것은 비현실적인 아이디어가 프로그램으로 개발되어 조직의 자원이 비효율적으로 사용되는 것을 방지하기 위함이다. 때로 프로그램의 아이디어와 교육요구는 모순됨이 드러나기도 하며, 어떤 경우는 불확실함이 밝혀지기도 하고, 시간, 전문성, 기술, 금전면에서 비현실적임이 드러날 때도 있다.

3. 프로그램 환경분석

프로그램 환경분석은 프로그램이 요구되는 주변 상황을 분석하는 작업이다. 프로그램이 어떤 형태로 그려지게 될지, 얼마만큼의 비용을 들이고 어떤 효과를 얻어야 하는지, 프로그램이 처한 조직과 지역사회의 여건을 분석하는 과정이다. 평생교육 프로그램 개발은 프로그램에의 참여자만이 아니라 프로그램에 영향을 미치는 환경, 다시 말하자면 지역사회와 조직의 문화적, 정치적, 사회적, 경제적 여건에 영향을 받는다. 그러므로 성인교육자는 프로그램 개발의 첫 작업으로 프로그램이 실시될 조직과 지역사회 그리고 참여자들의 생활양식과 가치에 대한 분석이 선결되어야 한다.

프로그램은 결코 독립적으로 개발될 수 없다. 프로그램은 상황의 지배를 받으므로 환경과 밀접하게 관련되어 있다. 예컨대 문화센터에서 에어로빅 프로그램을 개발하는 경우를 보자. 에어로빅 프로그램의 구체적인 내용은 그 프로그램의 환경에 따라 달라진다. 대학캠퍼스 근처에 위치한 문화센터인가 혹은 퇴직자들

이 모여 사는 서울 위성도시에 있는 문화센터인가, 강남구에 소재하고 있는가에 따라 에어로빅 프로그램은 전적으로 다른 특성을 보인다. 대학가의 에어로빅 프로그램은 젊은 강사에 재즈를 겸비한 에어로빅이 될 것이고, 위성도시의 에어로빅은 노년여성들이 주고객일 것이므로 수강료는 비싸게 하여도 될 것이라는 등 서로 다른 특성을 보이게 된다. 결국 환경분석은 프로그램이 앞으로 개발되는 모든 과정에 기초자료를 제공하는 것이다.

1) 조직과 외부요인 분석

환경분석은 프로그램을 요구하는 조직에 대한 분석으로부터 시작된다. 그것은 어떤 조직이든 성인교육 프로그램 실시만을 목적으로 설립된 것이 거의 없기 때문이다. 조직은 그것의 목적을 실행하기 위해 다양한 활동을 전개하고, 그 가운데 하나가 바로 프로그램을 통한 교육활동인 것이다. 물론 극소수의 성인교육센터와 교육방송, 문화센터, 평생교육센터 등은 전적으로 성인교육만을 목적으로 설립된 조직이기 때문에 프로그램 개발을 위해 조직에 대한 분석이 따로 실시될 필요가 없다. 그러나 대부분 프로그램은 성인교육 자체보다는 다른 목적을 실행하기 위해 성인교육 프로그램을 다룬다. 다시 말하면, 성인교육사업은 대부분 교육 그 자체를 목적으로 하기보다는 조직의 일차적 목적달성을 위한 수단으로서 조직의 일부분에 해당된다. 이런 이유로 한 조직 내에서 성인교육부서는 비록 자율적인 지위를 가지고 있지만, 조직의 성인교육에 관한 확고한 정책없이는 활동 프로그램이 제대로 실행될 수 없다. 따라서 프로그램을 개발하고 실행하는데 관련된 조직의 모든 변인을 분석해보는 것은 성공적인 프로그램을 만드는 필수 요건이다.

<그림 5-1 프로그램 개발 환경요인>

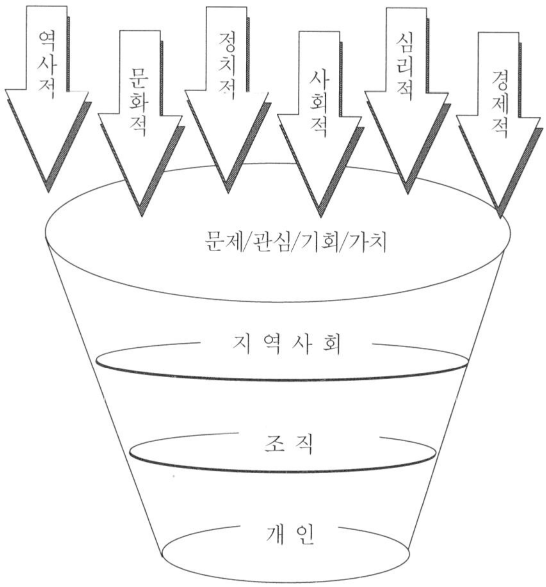

위의 그림은 성인교육 프로그램에 영향을 미치는 모든 요인을 도식화한 것이다. 프로그램은 조직과 참여자 그리고 환경의 상호작용에 의해 개발된다. 성인교육 프로그램이 제공되는 조직은 지역사회나 행정기관, 제도 혹은 타 기관과 이익집단 등의 환경에 의해 영향을 받는다. 조직과 환경은 서로 상호작용하므로 환경으로부터의 요구에 부응할 수 있어야 한다. 프로그램은 조직의 환경과 더불어 조직 내부의 이용 가능한 자원과 조직의 목표 및 규제, 역할기대에 의해 형성된다. 그리고 개인학습자의 요구나 프로그램의 접근가능성 및 동기, 교육내용, 교육방법 혹은 물리적인 환경 등의 상호작용을 통해 하나의 프로그램이 형성된다. 이렇게 프로그램은 단순히 프로그램 개발자의 아이디어에 의해 생성되는 것이 아니라, 지역사회와 조직, 개인의 문제와 관심, 가치, 기회 등의 상호작용에 의해 결정된다. 지역사회와 조직, 개인의 문제나 관심은 각자의 역사적, 문화적, 경제적, 정치적, 심리적, 사회적 상황에 의해 생성된다.

프로그램은 환경과 조직, 학습자의 상호작용에 의해서 이루어지므로 프로그램을 개발할 때는 이들 모든 요소들의 다양한 요구와 목적, 가치 등도 고려해야 한다. 물론, 하나의 프로그램이 개발될 때 프로그램을 둘러싼 환경이나 조직, 학습자가 각각 다르므로 모든 상황에 통용되는 프로그램을 개발하기는 어렵지만, 과정상의 공통적인 절차에 대한 논의는 가능할 것이다.

프로그램을 숲에 비유해 볼 때 숲 속의 나무들이 햇빛의 양이나 건습도, 토양의 성분 혹은 주위 나무의 성질에 따라 각각 다른 모양을 갖는 것처럼, 어느 프로그램도 다른 프로그램과 똑같은 형태를 갖추지는 않는다. 프로그램은 지역사회나 성인교육기관, 이익단체, 잠재적 참여자들의 특수한 요구에 따라 다르다. 때로는 레크리에이션 형식의 프로그램이 우선시되고, 때로는 건강교육 또는 직업교육 등 사회경제적으로 이슈가 되는 프로그램이 형성된다. 그러므로 프로그램 개발자는 프로그램 계획에 앞서 프로그램이 실시될 지역사회에 대한 특성분석이 중요하며, 이는 프로그램의 성패를 결정짓기도 한다.

2) 지역사회의 분석

프로그램은 관리하는 조직이 위치한 지역사회환경에 의해 크게 영향받는다. 지역사회는 지역사회생활의 물리적 환경뿐만 아니라 정치, 교육, 대중매체, 경제, 문화, 서비스, 사회통제, 종교 등의 기능적 환경도 포함한다(Boone, 1985). 특히 지역사회의 기능은 프로그램을 개발하는 과정에 중요하게 고려되어야 할 요소이다. 프로그램이 제공되는 지역사회는 기능적 환경간의 상호작용을 통해 프로그램과 관련된 의사결정에 직접 영향을 미치기 때문이다.

프로그램 개발자는 프로그램의 환경을 분석하기 위해 모든 요인을 직접 분석할 필요는 없다. 우선 프로그램의 환경분석을 위해 고려될 다양한 요인들에 대한 기존의 자료를 활용하는 것이 일반적이다. 이 경우 프로그램 환경분석을 위한 시간과 경비를 절약할 수 있기 때문이다. 예를 들어, 지역사회의 고용지수는 지역사회의 경제적 상황을 대변할 뿐 아니라 산업체의 교육요구를 파악하는 것에까지 사용된다.

프로그램 개발자는 지역사회 환경분석을 위한 기존 데이터를 사용할 경우, 데이터가 어떤 요인을 대변하는지, 최근의 상황을 분석한 자료인가에 주의를 기울여야 한다. 지역사회는 지역생활의 다양한 면이 상호의존적이어서 프로그램 개발자는 전체 지역사회의 행동결과를 기대하고 분석하는 데 실패함으로써 큰 해를 끼칠 수도 있다. 그러므로 지역사회의 문화적, 사회적, 심리적, 경제적, 정치적, 물리적 환경에 대한 분석은 프로그램을 성공적으로 수행하는 데 중요한 영향을 미친다(Boone, 1985).

지역사회의 환경분석은 지역사회의 문화적, 사회적, 심리적, 경제적, 정치적, 물리적 요인 등을 포함한다.

첫째, 문화적 요소는 개인이 주변의 세계에서 배우는 환경으로, 학습자의 행동, 사고, 성격 등에 영향을 주고 학습한다.

둘째, 사회적 요소는 인구의 구성, 사회적인 계급 등을 포함하며, 집단행동의 역동성을 드러내므로 지역사회의 문제와 요구를 파악하는 데 중요하다.

셋째, 동기, 요구, 자아개념 등 집단의 심리적 요인은 개인행동에 큰 영향력을 갖고 있다. 따라서 집단의 인지와 태도는 개인들의 전체적인 삶을 위한 프로그램의 의미를 설명할 수 있다.

넷째, 생산과 서비스를 포함한 경제적인 요소의 분석은 지역사회의 현실적인 변화와 지역사회의 전체적인 조건에 영향을 미친다.

다섯째, 프로그램의 정치적 영향력은 많은 정치집단의 가치가 어떻게 프로그램에 영향을 미치고 법제화되는가에 따라 지역사회의 권력구조에 직접적인 영향을 받는다. 따라서 프로그램의 정치적 영향은 의사결정, 경영, 법적 체계에 의해 프로그램 개발에 직접적인 영향을 준다.

여섯째, 모든 프로그램은 물리적인 환경 속에서 수행된다. 물리적인 요소는 토지, 기계설비, 시설, 기술적인 요인들까지 포함한다.

이상에서 논의된 경제적, 사회적, 문화적, 심리적, 정치적, 물리적 요소들은 지역사회의 특성을 만드는 복합요소들로 프로그램 개발에 통합되어야 한다. 특히 오늘날 지역사회생활은 과거에 비해 공통상황이 적으므로 전문가에 의한 집중적인 계획은 무의미하다. 그러므로 프로그램 개발자는 프로그램이 직접 혹은 간접적으로 지역사회 환경변화에 유연하게 대응할 수 있도록 끊임없는 지역사회 분석과정을 통해 프로그램을 개발하도록 유의해야 한다.

3) 자문위원회

프로그램 개발자는 프로그램의 환경을 혼자서 분석하는 것은 실제로 어렵다. 지역사회가 아주 작은 경우, 프로그램 개발자가 독립적으로 지역사회환경을 분석하는 것이 가능하기도 하다. 그러나 프로그램이 넓은 지역사회를 포괄하는 경우 혹은 여러 조직을 포함하는 경우, 프로그램 개발자 혼자만의 작업으로는 불가능하다. 다시 말하자면, 프로그램 개발자의 개인적 능력으로 프로그램 대상자와 환경을 분석하고 지역사회의 변화를 즉각적으로 인식하는 것으로는 부족할 수밖에 없다.

자문위원회는 이런 경우 지역사회와 조직의 환경분석을 위해 매우 유용하게 사용될 수 있다. 프로그램 개발자는 자문위원회를 구성하고 그들과의 협력작업으로 지역사회를 분석하는 것이 바람직하다. 놀스(1981)는 프로그램 개발과정에 자문위원회의 역할을 매우 중시했다. 그는 자문위원회를 구성할 때 고려해야 할 요소로, 자문위원의 대표성뿐만 아니라 영향력을 행사할 수 있는 자질, 프로그램에 대한 관심, 봉사정신, 위원회에 할당하는 시간, 거주지, 다른 위원들과 함께 일할 수 있는 가능성 등을 고려하게 했다.

자문위원회는 다양한 배경을 가진 사람들로 구성되는 것이 바람직하다. 자문위원회는 지역사회의 다양한 집단의 이익과 의견을 대표하고, 프로그램을 조언하며, 때로는 프로그램에 내포된 갈등을 예측한다. 더불어 자문위원회는 프로그램에 필요한 편의시설정보 및 인적 자원의 목록도 제공하며, 프로그램 제공기관이 지역사회와 호혜적인 관계를 갖는 데 주요한 역할을 하기도 한다. 더욱이 자문위원회가 프로그램 개발에 참여함으로써 지역주민들이 프로그램에 대해 긍정적인 이미지를 갖게 하기도 한다. 주민들은 자문위원회를 통해 자신들의 의사가 프로그램에 반영되었다는 생각을 갖게 하기도 한다.

이런 의미에서, 자문위원회는 지역사회와 성인교육기관의 가교역할을 한다. 자문위원회는 조직구성원 또는 지역사회의 요구와 흥미조사를 돕고, 계획의 실행에 참여한다. 프로그램과 관련된 지역사회와 사회의 문제를 확인해준다. 다양한 요구, 흥미, 문제간의 우선순위 선정을 돕는다. 위임된 권한 안에서 성인교육 프로그램의 방향에 대한 정책수립을 돕는다. 이사들의 정책결정을 검토하여 프로그램을 위한 직접적인 방향지침이나 단기계획을 세우게 한다. 과거에 성취된 것과 프로그램에 대한 미래의 요구를 설명하고 정책결정자에게 영향력을 행사한다. 프로그램 계획에 참신하고 창의적인 아이디어를 제공한다. 새로운 교수자, 지도자, 자원인사에게 보조원으로의 역할을 한다. 학습 대상자, 기관, 지역사회 사이의 연계를 맺는다. 가장 바쁜 시기에는 학생등록을 돕고, 오리엔테이션을 실시하며, 편의시설을 확인하고, 다른 행정적인 일들을 하기도 한다. 전체 프로그램을 정기적으로 평가하고, 일반인에게 프로그램을 홍보한다.

4. 프로그램 고객분석

프로그램 개발자는 '누구를 위한 프로그램인가'를 결정해야 한다. 누구를 위한 프로그램인가는 참여자를 예측하는 작업이다. 프로그램 개발자는 프로그램의 참여대상에 대한 분석을 통해 구체적인 목표집단, 즉 대상을 파악하고, 이들 목표집단 내의 지도자를 명시하여야 한다. 프로그램은 목표집단의 지도자와 상호작용을 통해 요구를 쉽게 진단할 수 있기 때문이다.

프로그램 개발자는 프로그램의 환경분석을 통해 이미 프로그램에 영향을 미칠 요인을 파악하고 있다. 프로그램 개발자는 이를 기초로 조직과 프로그램 대상자를 연결시키기 위해 조직과 참여자의 특성, 환경에 대한 종합적인 인지도를 형성하는 과정이 필요하다.

1) 잠재적인 고객의 인지방법

프로그램에 참여하게 될 고객을 분석하는 작업은 매우 중요하다. 프로그램을 개발하는 과정에서 프로그램의 참여고객은 전적인 참여를 보장할 수 없는 참여잠재력을 가지고 있는 잠재적 고객이다. 그러므로 프로그램 개발시 잠재적 고객을 규명하는 것은 프로그램의 성패에 큰 영향을 미친다.

프로그램 개발자들이 프로그램을 통해 참여자들을 변화시키기 위해서는 그들의 정보와 가치체제, 리더십과 세력, 사회적 차별, 상호작용의 유형에 대해 이해해야 한다. 프로그램 개발자들이 프로그램의 주고객을 분석하는 방법은 다양하다. 일단은 자문위원회와 협력작업으로 이루어진 환경과 조직분석자료를 토대로 프로그램 참여자들을 예측해 보는 것이 일반적이다. 프로그램이 개발될 것인가를 결정할 때 이미 주고객이 누가 될 것인가에 대한 언급이 있었다.

프로그램의 잠재적 고객분석의 중요성은 많은 학자들에 의해 강조되었다. 버트란트(Bertrand) 역시 성인교육자들이 프로그램 대상자들의 신념, 정서, 목표, 기준, 지위역할, 힘, 능력, 구속력 등을 이해하는 것이 프로그램 개발의 복잡한 과정을 시작할 수 있게 하는 분석도구라고 명시했다. 그러나 프로그램 대상자에 대한 분석과정은 성인교육자들에게는 어렵고 익숙하지 않은 과제이다. 프로그램 개발자가 프로그램 대상자를 파악하기 위해 그들의 신념, 멤버십, 상호작용유형, 가치, 믿음, 정서, 리더십, 사회문화적 기원 등에 독특한 관심을 갖고, 그들간의 독특한 상호작용 유형을 식별해야 한다. 프로그램에 참여하는 학습자들의 요구와 준비도는 다양하기 때문에 참여자의 특성분석은 프로그램 설계에 있어서 간과할 수 없는 문제이며, 집단에 대한 명시화는 프로그램의 성패를 결정하는 가장 중요한 과제이다(Boone, 1981).

따라서 프로그램 대상자를 효과적으로 파악하기 위해 먼저, 거대한 대중 속에서 프로그램의 목표집단을 명시화하고, 형식적, 비형식적 지도자와의 상호작용을 통해 목표집단과 연계를 갖는다. 데니(Denney, 1972)는 프로그램 대상자를 분석하기 위한 구체적 방법으로 지역사회 내의 거주민의 수와 정부조직의 행정영역을 고려할 것을 제시했다. 루미스(Loomis), 윌리엄스(Williams), 버트란트(Bertrand)는 사회체제분석을, 스피서(Spicer)는 문화분석을 제시했다. 사회체제분석은 공유된 목표를 달성하기 위한 집단간의 상호작용과 사회구조를 분석한다. 이 방법은 대상들의 상호관계성을 강조한다. 루미스는 거대한 사회구조 안의 사회체제를 분석하기 위한 개념도구로서 집단의 신념, 정서, 목표, 시설, 지위, 힘, 규준, 사회적 서열과 승인을 제시했다. 버트란트는 거대한 사회적 배경 안에 사람들을 집단화 또는 계층화시키는 7가지 사회적 현상, 즉 소득수준, 직업, 교육, 가문, 명성, 자아개념, 역사적 발전을 제시했다. 스피서는 변화가 체제 내에서 실행되고 소개될 수 있는 가장 중요한 요소는 집단 또는 체제의 문화라고 보았다. 문화를 분석하는 것은 프로그램의 주변환경으로서의 대중을 묘사하는 도구이다. 이는 체제의 행동신념, 생활스타일을 설명하기 위한 통찰력을 제공한다.

이상의 여러 학자들이 제시하는 잠재적 고객을 분석하는 방법은 프로그램 대상조사를 명시하기 위해 프로그램 개발자에 의해 사용되는 기능적 도구이다.

2) 목표집단과 지도자 규명

프로그램의 고객은 직접 그 대상을 분석하는 방법도 있지만, 목표고객의 대표를 분석하는 방법이 사용되기도 한다. 그것은 그 잠재적 고객 전체를 분석하기에는 어려움이 있기 때문이다. 프로그램 대상자와 조직에 대한 분석을 바탕으로 목표집단을 구체화하기 위해 집단의 지도자를 규명하는 작업이다. 프로그램의 참여대상자가 파악되면 참여자 중 지도자를 알아내는 작업이 필요하다. 목표집단의 지도자들은 대상자들이 프로그램 참여 혹은 비참여를 결정하는 데 영향을 미칠 수 있고, 프로그램의 성패에 영향을 끼칠 수 있으며, 또 지도자들을 통해 참여대상자들의 의견을 수렴하고 반영할 수 있는 통로가 되기 때문이다. 목표집단의 지도자를 선별하는 기준으로는 구체적으로 지위, 명성, 개인의 영향 또는 리더십, 의사결정, 사회참여가 사용된다.

첫째, 직위접근방법은 교육 프로그램과 관련된 조직 내에서 지도자적 위치에 있는 사람들을 기준으로 지도자를 선별하는 방법이다. 이 방법은 특정 교육 프로그램과 관련된 직위를 결정하고, 이러한 직위에 있는 사람들의 명단을 작성해 그

중 목표집단의 지도자를 선정하는 것이다. 직위접근방법은 지도자를 구체화하는 것이 가시적이고 쉬우며, 비용이 저렴하고, 목표집단의 욕구를 분석하는 데 도움을 줄 수 있는 보다 영향력있는 사람을 선정하는 기회를 제공해준다.

둘째, 명성접근방법은 직위 대신 지역사회에서 명성이 있는 사람들의 명단을 작성하여 지도자를 선정하는 방법이다. 그러나 명성접근방법은 실제로 프로그램의 특수한 문제나 이슈를 해결하는 데 필요한 지도자가 아니라, 일반적으로 영향력 있는 지도자를 선정한다는 단점이 지적되고 있다.

셋째, 영향력 접근법은 개인의 신분과 생업영역에서 대중매체에 대한 영향력을 기준으로 지도자를 선별하는 방법이다. 이들은 각각의 목표집단 내에서 존경받는 사람으로 목표집단에 필요한 자문과 정보를 제공하고 있다. 로저스와 슈메이커(Rogers & Shoemaker)에 따르면, 전문적 지도자들의 특성은 집단의 구성원들보다 대중매체에 많이 노출되고, 사회적 참여가 많이 이루어지며, 사회적 지위가 높고, 보다 현실적이다. 이 접근법은 자기가 속한 집단구성원들의 의사소통망을 통제하고, 접근하는 사람을 구체화시켜 주며, 의사결정에 있어서 효과성과 경제성을 모두 갖추고 있다. 그러나 지도자들이 수동적일 수 있다는 문제가 있다. 수동적 지도자들은 프로그램에 포함되어야 할 학습자 집단의 요구를 지지해주는 데 있어서 반대하거나 노력하지 않을 수 있기 때문이다.

넷째, 의사결정법은 '영향력은 집단 내의 의사결정과정에의 참여를 통해서 획득된다'는 것을 기본전제로 의사결정의 참여가 지도자의 선정과 승인을 위한 평가기준이다. 결정은 다양한 대중매체, 모임, 개인적 인터뷰, 그 밖의 자원들을 통해 분석된다. 이러한 접근을 통하여 변화기관은 명성보다는 실질적인 행동을 평가하고, 의사결정자들의 역할을 정확히 알 수 있다는 장점이 있는 반면, 시간과 경비가 많이 든다.

다섯째, 사회참여 접근법은 개인의 자원봉사 참여로 사회참여의 정도를 나타내는 것으로, 사회참여의 정도가 높은 사람이 지도자가 된다. 이 접근법은 목표집단 조직, 활동집단, 대상 프로그램 내에 적극적으로 참여하는 자들을 선정할 수 있는 이점이 있는 반면, 그 이면에서 활동하는 조력자들을 간과하기 쉽고 시간과 비용의 문제가 뒤따른다.

이상의 방법을 사용하여 목표집단의 지도자가 선별되면 성인교육자는 프로그램 개발을 위해 목표집단의 지도자들과 상호교류하기 위한 전략을 세우고 접촉하여야 한다. 선정된 지도자들과 비형식적이고 의미있는 대화를 지속적으로 실시하며, 청취자로서 역할을 수행하고, 가능한 한 지도자들과 공감대를 형성하도록 노력해야 한다. 지도자들과의 상호교류를 통해 프로그램 계획에 필수적인 신뢰감을 형성하고, 지도자들이 제시한 지역사회의 가치에 대한 신뢰와 가정으로부터 상호협력적인 교육요구의 구체화, 사정, 분석에 필요한 지침을 받을 수 있기 때문이다.

프로그램의 잠재적인 참여자와 프로그램 환경요소인 조직 및 지역사회를 분석하여 얻은 자료는 프로그램 개발의 초석이다. 프로그램 참여자와 환경에 대한 특성을 파악한 후 프로그램 개발자는 참여자의 구체적인 문제와 요구를 진단하는 것이 요구된다.

제 6 장 요구분석

이 장의 목표

1. 요구분석의 갖는 의미를 이해한다.
   1) 요구분석에 대한 학자들의 정의
   2) 요구분석 정의간의 공통요소 추출
2. 요구분석의 기법을 터득한다.
   1) 주관적 요구진단기법
   2) 기술적 요구진단기법
   3) 규범적 요구진단기법
3. 상황에 따라 다른 요구분석방법을 사용하게 한다.
   1) 요구분석의 목적
   2) 요구분석의 모델
   3) 요구분석에 사용되는 방법

조별작업을 위한 가이드

1. 교수자는 요구가 무엇인지 질문을 던지고 약 5분 정도의 시간을 할애하여, 개인이 생각하는 요구를 정의하게 한다.
2. 몇 명의 학생들이 자신의 정의를 발표하고, 요구의 개념을 정의한다.
3. 학생들은 조를 편성하여 요구조사방법을 5개 이상씩 추출하게 한다.
4. 각 조별로 요구조사방법을 칠판에 적어보게 하고
5. 각 조들의 공통된 요구조사방법을 체크한다.
6. 조별로 논의된 요구조시기법을 기초로 요구조사기법을 설명한다.

요구는 프로그램 개발을 특징짓는 용어이다. 프로그램 개발은 다른 형태의 교육과 달리 잠재적인 학습자들의 요구가 프로그램 개발시 전적으로 반영된다. 성인교육은 학습자들의 요구를 바탕으로 설계되고 학습참여자들이 구체화되면 그들의 요구를 파악하고, 파악된 요구를 실현시키기 위해 프로그램이 설계된다. 그러므로 요구를 정확히 진단하는 것은 프로그램 성패를 좌우한다.

프로그램 개발자가 직면하는 가장 어렵고 필수적인 과제는 요구를 정확히 분석하는 것이다. 대부분의 프로그램은 참여자의 요구를 기초로 혹은 전문가에 의해 인식된 문제를 기초로 개발된다. 특히 성인학습자들이 프로그램에 자발적으로 참여한다는 점을 감안하면, 정확한 요구진단이 자발적인 참여를 유도하는 수단이 되기도 한다. 이런 의미에서 학습자의 요구분석은 성인교육의 참여를 결정하는 요인이기도하다.

프로그램이 참여자의 직접적인 요구에 의해 이루어진다는 것은 매우 중요한 의미를 갖는다(Atwood, 1973; Atwood & Elias, 1973). 프로그램 개발자들은 학습자의 관심을 끌기 위해 학습자의 요구에 부응하는 프로그램을 만든다. 요구는 개인 혹은 집단에 따라 다양하다. 요구는 개인의 경험과 사회적 환경 그리고 사회적 상호작용에 따라 다르다. 그러므로 프로그램 개발자는 참여자들의 심리적, 사회적, 문화적 요소뿐만 아니라 사회화 과정과 환경과의 상호작용도 고려해야 한다. 또한 요구는 학습자의 요구와 함께 프로그램에 사용가능한 자원과의 관계도 고려해야 한다(Rubenson, 1977).

다음에서는 '요구가 무엇인가?, 요구분석은 무엇인가?, 요구분석은 언제, 어떻게 실시되는가?, 다양한 요구분석모델은 어떤 것이며, 자신의 프로그램 개발을 위해 어떤 모델을 사용할 것인가?'를 중심으로 논의한다.

1. 요구의 개념

요구는 프로그램 개발의 초석이 되는 개념이다. 그것은 학습자들의 프로그램 참여동기차원에서 논의되기 때문이다. 프로그램은 학습자의 요구를 바탕으로 개발되고, 요구를 기초로 개발된 프로그램은 학습자들에게 학습동기를 부여한다. 그러므로 요구조사는 프로그램에의 참여를 결정하는 개념이다. 그러나 프로그램 개발자들은 모든 학습자들의 요구를 반영할 수 없는 딜레마에 부딪힌다. 때로는 학습자들의 요구가 서로 상충되는 경우도 있고, 조직의 이념에 위배되는 경우도 있다. 이런 경우 프로그램 개발자는 학습자들의 요구를 적절히 조절하는 능력이 필요하다. 프로그램 개발자는 학습자들의 여러 요구들간의 우선순위를 정하고, 어느 것을 프로그램에 반영할 것인가에 대한 원칙을 정하게 된다.

요구는 사용하는 학자나 혹은 실무자에 따라 다양한 의미를 함축하고 있다. 모네트(Monette, 1979)는 요구성인교육에서 프로그램의 요구조사를 다루는 연구가 부재함을 지적했다. 그에 따르면, 요구는 단순히 학습자가 '무엇을 원한다'라고 진술하는 수준이 아니라 복합적이고 가치의 문제가 내재되어 있는 복잡한 수준이다.

놀스(Knowles)는 모네트와 같은 입장에서 요구에 가치의 문제가 포함되어 있음을 지적했다. 앳우드와 엘리아스(Atwood & Ellias)는 요구에 규범적 가치의 문제가 포함되고 있음을 강조했다. 놀스는 요구를 여러 가지 문제나 부족분을 걸러내는 '철학적인 망'으로 정의했다. 요구는 철학적 망으로 사용됨으로써 프로그램 개발에서 중심개념으로 가시화되었다. 타일러(Tyler)는 요구를 학습자의 현재 수준과 기대하는 수준간의 차이로 정의했다.

매슬로우(Maslow)는 심리학적 차원에서 요구를 정의했다. 그는 요구간의 우선순위를 설정했다. 요구는 가장 낮은 단계로부터 높은 단계에까지 우선순위에 의해 다섯 단계로 배열했다. 첫째, 생존의 요구 둘째, 안전의 요구 셋째, 소속의 요구 넷째, 인정의 요구 다섯째, 성취 및 자아실현의 요구이다. 매슬로우의 욕구위계는 이전 단계의 요구가 만족된 이후에야 새로운 요구가 나타날 수 있다는 조건을 상정하고 있다. 따라서 기본적인 요구의 손실이 있을 경우, 더 높은 단계의 요구를 충족하려고 하기 전에 손실된 요구를 먼저 충족시키려고 하게 된다. 그런 면에서 사람들은 요구부족과 요구만족의 양면적 모습을 나타내게 된다.

브라드쉐우(Bradshaw, 1972)는 요구를 분류하고 있다. 인간의 기초욕구와 표현요구, 비교요구가 그것이다. 그러나 모네트(Monette, 1977)는 브라드쉐우의 분류를 일부 반박하면서, 규범적 요구를 첨가했다.

1) 기초요구

기초요구는 인간의 생존을 위한 기초요구로 의・식・주의 요구이다. 이 때 요구는 개인의 차원에서 뭔가 부족한 상태로, 그 상태를 극복하기 위해 어떤 것을 시도하게끔 하는 생리적・심리적 상태를 의미한다. 이런 종류의 요구는 학습된 것이 아니라 선천적인 것으로 모든 인간이 공통적으로 갖고 있다. 프로그램 개발자는 기본적으로 학습자들의 생존요구가 어떤 상태에 있는가를 고려해야 한다. 놀스는 인간의 신체적 요구, 성장발전하고자 하는 요구, 안전에 대한 요구, 새로운 경험에 대한 요구, 애정요구, 인정받고 싶은 요구 등을 기초요구로 정리했다.

신체적 요구는 가장 쉽게 관찰되고 경험되는 요구이다. 신체적 요구는 우리의 몸을 유지하기 위한 요구로, 충족되지 않을 경우 이상 증상을 나타낸다. 프로그램 개발자는 성인학습자의 신체적 요구를 고려한 프로그램을 설계해야 한다. 참여자들은 최소한 보는 것, 듣는 것, 편안함, 휴식에 대한 요구를 갖고 있기 때문이다. 예컨대 성인학습 프로그램 참여자들이 학습진행중 교재의 글씨가 너무 작거나, 교수자의 목소리가 작거나 혹은 의자가 딱딱하거나, 휴식시간이 짧다면, 이는 참여자들의 기초요구를 충족시키지 못한 것이다. 이로 인해 학습자들은 학습에 집중하지 못하고 프로그램의 효과는 감소된다. 또 다른 예로 점심식사 직후나 밤늦은 강의 혹은 매우 피곤할 때 프로그램이 진행된다면 참여자들은 졸거나 흥미가 떨어질 것이다. 결국 프로그램이 당초 의도한 학습효과를 기대하기는 어렵게 된다.

심리학자들은 성장발전에 대한 요구를 인간의 가장 기본적이고 보편적인 요구로 간주한다. 호르니(Horney)는 인간활동의 궁극적인 추진력은 자아실현에 대한 의지임을 강조했다. 예컨대 어떤 주부가 인터넷 세상으로의 변화에 대해 자신을 적응시키기 위해 컴퓨터 교육에 열심히 참여하거나, 퇴직자들이 전문적인 자원봉사활동을 하기 위해 학습하는 것은 성장발전에 대한 인간의 요구이다. 성장발전에 대한 인간의 요구는 강한 학습동기를 제공한다.

안전의 요구는 신체적 안전을 위한 욕구뿐만 아니라 자아존중에 대한 심리적인 안전의 요구도 포함한다. 이러한 요구 때문에 사람들은 편안하고 질서정연한 작업환경을 원한다. 반면에 인간은 안정을 추구하면서 보험, 위험과 같은 성향도 동시에 갖고 있다. 사람들은 반복되는 일상생활과 안정적 삶에 대해 싫증을 느낀다. 새로운 경험에 대한 욕구 때문에 사람들은 새로운 친구, 새로운 관심거리, 일의 새로운 방법, 새로운 아이디어를 추구하는 동기가 된다.

애정에 대한 요구는 사회적 성격을 띤 요구이다. 이러한 요구는 다른 사람들을 기쁘게 해주기 위해 행동하는 원인이 되며, 자신의 기쁨, 슬픔, 즐거움 등을 함께 나누고 싶은 어떤 사람을 찾도록 하는 원인이 된다. 인정받고자 하는 요구는 다른 사람들에 의해 존경받는 가치있는 사람이라고 느끼고 싶어하는 요구이다. 인정의 요구는 사람들이 사회적 지위를 얻도록 노력하는 데 동기가 된다.

이상에 언급된 기본요구는 다양한 방법으로 프로그램 개발에 반영되고 있다. 구체적으로 프로그램은 학습자들의 신체적 편안함과 성장발전 요구를 강화시키고, 개인의 경제적, 사회적, 심리적, 정신적 안정을 고려하여 개발될 수 있다. 그리고 학습하는 동안 안정적인 환경을 조성하고 새로운 관심이나 아이디어, 방법에 대한 모험을 즐길 수 있는 프로그램을 제공한다.

2) 표현요구

표현요구는 때로 개인의 '바램(Wants)' 혹은 '소망' 등을 스스로 느끼고 표현하는 요구이다. 표현요구는 개인적인 차원에서 주관적으로 표현된 것이다. 예를 들면, '갑'이라는 사람이 나무인형을 조각하고 싶다는 바램을 가졌을 때, 이 바램(요구)은 '갑'으로 하여금 목공예 프로그램에 참여하게 만든다. 이 때 학습자가 자신의 요구를 지각하는 것은 궁극적인 목표(예를 들면, 사랑하는 사람을 위해 그 모습의 나무인형을 제작하던든, 혹은 목수나 목각조각가가 된다는 등)를 충족시키며 성인교육 프로그램의 목적을 이루는 수단이기도 하다. 학습자 개인의 지각된 요구는 학습자의 숫자만큼이나 다양하며, 이런 개인의 지각된 요구를 기초로 프로그램을 제공할 경우, 프로그램의 수는 양적으로 엄청나게 증가한다.

그러나 프로그램 개발자가 표현요구에 기초하여 프로그램을 개발한다면, 개개인의 표현요구에 따라 프로그램이 뷔페식으로 개설될 가능성이 크다. 프로그램이 실제 표현요구에 기초하여 개발되는 것은 바람직하지 못하다. 왜냐하면 학습자 자신도 지각된 혹은 자신이 표현한 요구가 진정한 요구인지에 대한 확신이 없고, 또 프로그램이 개설될 때 과연 참여할 것인가의 문제도 지적된다. 따라서 프로그램 개발자는 학습자의 표현요구를 그대로 받아들이기 전에 그 요구가 진정한 요구인지 재고하고, 그 타당성을 진단하여 다양한 바램 중 어떤 것을 프로그램화할 것인가를 결정한다. 학습자의 표현요구는 어디까지나 개인적인 관점에서 학습자가 인지하는 범위 내에서만 지각될 수 있기 때문이다.

3) 비교요구

비교요구는 타인과의 비교에 의해 생성된 요구이다. 비교요구는 타인이 받는 서비스와 비교하여 상대적으로 서비스를 받지 못함으로써 개인이 갖게 되는 요구이다. 예를 들면 '갑'이 버스를 이용하여 출퇴근하는 데 전혀 불편하지 않음에도 불구하고, 주위 사람들이 모두 자가용으로 출근하는 것을 보고, '갑'도 자가용에 대한 요구가 생성되는 경우이다. 혹은 최근 인터넷 사용이 일반화되면서 어떤 주부가 인터넷을 사용하지 않는 생활에 불편을 느끼지 않으나, 인터넷을 사용하지 않으면 친구들보다 열등하게 여겨질 것을 두려워하여 인터넷 교육을 요구하는 경우이다. 이처럼 비교요구는 타인과의 관계에서 나타나는 상대적인 요구로, 그 자체가 현실요구를 측정하는 적절한 수단으로 간주되지는 않는다.

4) 규범적 요구

규범적 요구는 객관적인 차원에서 진단된 요구이다. 규범요구는 현재의 상태와 바람직하다고 여겨지는 상태간의 차이 혹은 그 부족분을 의미한다. 한 전자회사의 인력개발부서 직원교육을 예로 들어보자. '갑'이라는 강사가 '학습이론'에 관한 교육이 필요하다고 했을 때, 전문가들은 인력개발부서 강사들의 학습이론 섭렵수준과 훈련개발에 필요한 학습이론의 차이를 규명한다. 프로그램 개발전문가는 인력개발강사들의 학습이론 응용수준을 판단하여 학습이론에 관한 교육이 필요한지를 결정하는 것이다. 이 때 강사들과 사회적으로 요구되는 학습이론 규범이나 가치는 서로 모순되기도 한다. 그로 인해 궁극적인 가치판단을 하는 프로그램 개발자의 역할이 중시된다. 규범의 척도는 상황과 시기, 지식의 발달 정도에 따라 달라진다. 규범적 요구는 프로그램 개발에서 일반적으로 사용되는 요구를 의미한다.

규범적 요구는 학습자나 집단에 의해 진단되기는 하나, 성인교육자는 현재의 상태와 바람직한 미래의 상태가 무엇인지를 결정할 책임이 있다. 프로그램 개발자는 요구를 조사하기 전에 프로그램의 목적을 실현하도록 학습자에게 일어날 변화를 지각하고 파악해야 한다.

이상에서 논의한 대로 요구는 다양한 의미를 갖고 있고, 이 가운데 어느 한 개념이 절대적으로 사용되지는 않는다. 프로그램 개발과 관련한 요구는 일반적으로 규범적 요구로 정의된다. 기본적인 인간의 요구나 표현요구, 비교요구는 프로그램으로 전환되기 애매하기 때문이다. 프로그램 개발자는 잠재적 참여집단이 인식하지 못하는 요구를 명시하고, 그 요구를 프로그램 개발에 반영시킬 수 있는 능력을 길러야 한다.

한 마디로 요구는 부족, 불균형, 적응부족 또는 바람직하다고 믿는 상황과 현재 상황간의 차이(Gap)를 의미한다. 다시 말하자면 요구는 'What ought to be'와 'What is'간의 차이이다. 레간스와 타일러(Leagans & Tyler)는 다음과 같이 나타냈다.

<그림 6-1> 요구의 개념

What ought to be → 기대, 바람직한 상황

Gap = Need → 차이

What is → 현재상황

요구는 뭔가 충족되지 않은 상태에서의 행동을 불러일으킨다. 요구는 미래와

현재, 바라는 상태(이상적인 상태)와 현재의 상태 사이에 존재하는 차이(Gap)이다. 요구는 항상 차이를 함축하고 있어 현재상황, 가능한 상황, 이상적인 상황을 모두 고려하여 결정된다. 이것은 단순히 목표집단의 미래와 그들의 상황이 영향받게 되기 때문만이 아니라 많은 자원들이 투자되고, 이러한 요구가 프로그램의 목표로 전환되기 때문이다. 프로그램은 요구를 얼마나 정확히 분석, 진단하였느냐에 따라 성패가 결정되기 때문이다.

요구진단결과는 잠재적 학습자들로 하여금 프로그램에 대한 기대를 갖게 하고 참여를 촉진시키기도 한다(Knox, 1986). 요구진단은 다양한 방법과 절차를 통괄하는 일반적인 프로그램 주제선정을 위한 정보를 제공한다. 요구조사 결과는 프로그램에 참여를 유인할 만한 주제를 선정하게 도와준다. 이때 요구조사는 성인학습자들이 무엇을 배우고자 하는가에 대한 단순한 흥미조사가 아니라 진정 그들에게 요구되는, 다시 말해서 성인학습자들이 알아야만 할 것을 밝혀낼 수 있어야 한다. 이를 위해 요구진단은 과학적이고 객관적인 방법으로 실시되어야 한다.

2. 요구진단

요구진단은 프로그램 고객의 요구를 파악하는 수단이다. 특정한 집단의 사람들의 만족스런 삶을 보장하기 위해 부족한 것을 충족시켜주는 도구이다. 이런 의미에서 요구조사는 프로그램 개발자, 정책입안자, 행정가 모두에게 필요한 기술이다. 잘 계획된 요구분석은 조직차원의 정보수집과 함께 조직의 장기적인 미래 비전을 설정하는 기본자료를 제공한다. 조직차원의 요구분석은 문제해결을 위한 처방전의 기능까지 한다. 특히 집단의 특성이 다양하고, 한정된 재원으로 문제를 해결해야 하는 경우, 요구분석은 더욱 중요하다. 요구분석이 조직의 재원배분과 자원의 운용지침을 제공하기 때문이다.

그러나 요구분석은 매우 복잡한 작업이다. 그것은 요구가 개인과 집단 혹은 지역사회의 특정한 그 어떤 것으로 명료화되기 어렵기 때문이다. 요구는 상대적인 개념이다. 이미 언급했던 대로 요구는 개인의 삶의 경험과 밀접하며, 준거집단과 비교하여 부족분이 되기도 하고, 혹은 상황에 따라 바뀌기도 하는, 그래서 어느 한 가지로 절대적 수준에서 결정될 수 없는 속성을 지니고 있다. 이로 인해 요구분석은 지속되는 과정으로 요구조사자는 끊임없이 요구의 변화에 관심을 두고 이를 민감하게 감지할 수 있어야 한다.

요구진단은 프로그램 개발의 핵심적인 과정이다. 요구진단은 요구조사, 요구분석 등과 활용된다. 프로그램 개발자들은 학습자의 교육요구가 중요하다고 강조하지만 요구를 어떻게 측정해야 하는지에 대한 합의는 이루어지지 않고 있다. 다만 요구분석이 학습자들의 프로그램 참여를 위한 주요 도구라는 점에는 일치한다. 요구분석의 결과는 필요로 하는 것이 무엇인지 알려주는 것뿐만 아니라 해결방법과 대안을 결정하는 데도 도움을 준다. 따라서 대상 학습자들에 대한 정확한 요구진단은 학습을 보다 효과적으로 만들어준다.

<표 6-2> 요구분석의 목적과 분류

학 자	요구의 분류
Morony(1977)	- 규범적 요구분석 - 지각된 요구분석 - 표현된 요구분석 - 관련요구분석
Stufflebeam(1983)	- 민주적 관점 - 진단적 관점 - 분석적 관점
Beatty(1981)	- 처방적 요구분석 - 동기부여적 요구분석
Roth(1978)	- 준비적 요구분석 - 반추적 요구분석
Kaufman & English(1979)	- 내면적 요구분석 - 외형적 요구분석
Witkin(1978)	- 개인 요구분석 - 조직 요구분석

출처 기영화(1993). 『A Study of Adult Education Needs of Korean American』 미간행 박사학위논문. p.18

개인의 요구가 프로그램으로 반영되는 것은 요구진단에 의해서이다. 요구진단은 "당신이 원하는 것이 무엇인지 말하시오"와 같이 간단한 물음에서부터 고도의 기술을 요구하는 복잡한 과정까지 포함한다. 요구분석의 방법과 기법은 요구분석의 목적과 프로그램의 내용에 따라 달라진다. 요구분석의 목적에 따라 요구가 다르게 분류되고, 요구의 분류에 따라 사용되는 기법도 달라진다(<표 6-2>참조). 다음의 표에 드러난 대로 요구는 다양하고 요구를 사정하는 대상과 방법도 달라진다.

요구조사는 프로그램을 통해 무엇이 행해져야 할 것인가에 대한 물음으로, 단순한 과학적 정보수집 이상의 가치판단의 문제까지를 포함한다. 요구진단방법은 프로그램을 개발하기 위한 요구가 누구에 의해 결정되는가에 따라 구분된다.

모커와 스피어(Mocker & Spear)는 요구의 진단자에 따라 기술적 요구진단과 규범적 요구진단의 두 가지 형태로 구분한다. 기술적 요구진단은 개인이나 집단의 요구, 즉 무엇을 학습할 것인가를 학습자 자신에 의해 진단하는 학습자중심의 내부정향적 의사결정과정이다. 반면 규범적 요구진단은 외부에 의해 전문가에 의해 학습요구가 결정되는 외부지향적 과정이다.

요구진단은 진단자에 의해서만이 아니라 요구를 결정하기 위한 기초자료에 따라 다시 주관적 요구진단과 객관적 요구진단으로 나누어진다. 요구진단은 요구를 결정할 때 주로 개인이나 집단의 주관적 진술이나 판단 등이 자료가 될 경우와, 좀더 보편적이고 객관적인 자료가 사용되는 경우이다. 요구진단은 요구의 결정자와 요구결정의 기초자료에 따라 다음의 표와 같이 네 가지 경우로 도식화된다.

<표 6-3> 요구조사 메트릭스

학습자요구 / 근거자료	기술적 자료 (학습자가 결정)	규범적 자료 (타인에 의해 결정)
주관적 자료	기술적-주관적	규범적-주관적
객관적 자료	기술적-객관적	규범적-객관적

출처 Mocker, D. W. & Spear, J. B.(1979). In P. D. Langerman, & D. H. Smith(Eds.), *Managing adult and continuing education programs and staffs*. p.98

1) 기술적-주관적 요구진단

기술적-주관적 요구진단은 학습자 자신에 의해 요구가 분석되며, 주로 개인의 주관적 진술이나 판단이 그 자료로 활용된다. 자기주도학습이 기술적-주관적 요구진단의 대표적인 형태이다. 자기주도학습은 개인의 의견에 의해 학습자 스스로 요구를 진단한다. 기술적-주관적 요구진단은 "좀더 좋은 부모가 되고 싶다", "내 가계운영을 위해 경영기술을 개발할 필요가 있다" 혹은 "다른 직업을 구하고자 한다" 등 일상생활에서 흔히 발견되는 학습요구이다. 이들의 요구는 개인적 차원에서 이미 분석되고 있다. 이들의 요구진단은 주관적으로 행해지며 근거자료는 주로 개인의 직관이나 느낌 혹은 흥미에 바탕을 둔 것이다. 기술적-주관적 요구진단은 일반적으로 다음의 과정을 거쳐 요구가 결정된다.

첫째, 학습자는 광범위한 목표나 교육활동을 정한다.

둘째, 학습목표를 정한다.

셋째, 학습자가 실행하고 자원을 규정한다.

요구진단과정은 짧은 시간 내에 진행되나, 개인의 직관이나 느낌에 바탕을 둔 결정이므로 비합리적인 것이라 여겨질 수도 있으나, 사실 학습자 자신에 의해 요구진단은 학습촉진동기가 되고 있다.

2) 기술적-객관적 요구진단

기술적-객관적 요구진단은 학습자에 의해 요구가 결정된다. 학습자는 요구를 진단하는 과정에 객관적 자료를 사용한다. 객관적 자료에 의한 요구결정은 학습자만이 아니라 성인교육자도 책임을 갖는 협동과정이다. 기술적-객관적 요구진단은 학습자와 성인교육자간의 협동과정으로 상호신뢰 분위기가 우선 마련되어야 한다.

프로그램 개발자는 학습자가 자신의 학습요구를 파악하고 구체화시킬 수 있록 도울 필요가 있다. 성인교육자는 학습자의 요구를 파악하기 위해 어떤 도구를 사용할 것인가와 자료의 분석 및 해석을 돕는다.

예컨대 'A' 전자회사에서 문활교육을 원하는 자기주도학습자의 경우, 기술적-

객관적 요구진단은 학습자와 성인교육자 양자에 의해 진행한다. 먼저, 프로그램 개발자는 학습자가 신뢰할 수 있는 분위기를 갖춘다. 프로그램 개발자는 학습자의 요구를 진단하고, 학습자의 요구가 명확하지 않을 때는 요구진단표 등을 활용한다. 요구진단표는 객관적 자료를 제공한다. 최초의 요구진단표는 학습자의 요구를 파악하기 위해 프로그램 개발자나 전문가에 의해 임의로 만들어진다.

인터뷰 방법이 최초의 요구진단표를 만드는 데 주로 사용된다. 프로그램 개발자는 인터뷰 과정에서 학습자의 요구를 파악하는 데 주력하고, 그 결과가 요구진단표로 작성된다. 반면에 학습자가 자신의 요구를 어느 정도 파악하고 있는 경우, 새로운 요구진단표를 작성하기보다는 기존의 요구진단표가 쉽게 활용될 수 있다. 예컨대 학습자가 문활교육에 대한 자신의 요구, 즉 읽을 수는 있으나 맞춤법이 틀리다는 것을 알고 있을 경우, 전문가는 요구진단표를 사용해 학습자의 현재 문해 정도를 진단한다. 그리고 학습자의 문활교육에 대한 요구를 결정하게 된다.

기술적-객관적 요구진단은 학습자 개인뿐만 아니라 전문가와 책임감을 공유한다는 장점이 있다. 그러나 기존의 요구진단표를 사용하는 경우, 그 결과가 자칫 과장되거나 수정될 가능성을 갖고 있으므로 유의해야 한다.

3) 규범적-주관적 요구진단

규범적-주관적 요구진단은 전문가에 의해 요구가 판단되며, 자료의 출처는 주관적이다. 기업교육 프로그램에서 사용되고 있다. 프로그램 개발자가 스스로에게 "과연 나는 프로그램 참여자들에게 어떤 프로그램을 제공해야 할 것인가?" 라고 자문하면서 그 해답을 찾는 과정이 규범적-주관적 요구진단절차의 한 예이다. 그 과정은 좀더 구체적으로

첫째, 프로그램 개발자는 가능한 모든 학습활동을 나열하고

둘째, 최종적인 교육활동목록을 작성하며

셋째, 자료를 분석하고 제공될 학습활동을 결정한다.

기업의 문활교육 프로그램을 사례로 규범적-주관적 요구진단과정을 살펴보면 다음과 같다. 프로그램 개발자는 규범적-주관적 요구진단을 위해 먼저 문활교육

교사들의 능력과 요구에 대한 진단으로부터 시작된다. 문활교육 교사의 현재의 능력과 이상적인 문활교육능력 그리고 그 차이를 분석하는 과정을 거친다. 프로그램 개발자는 문활교육 담당자와 강사들에게 학습자들에 대한 인식과 태도를 조사하기 위해 다음의 <표 6-4>과 같은 질문지를 보낸다.

프로그램 개발자는 위의 질문지를 사용하여 문활교육 담당자들이 그들 스스로 무엇이 부족하다고 느끼고 있는지를 파악한다.

<표 6-4> 문활교육 인식조사지

이 질문지는 문활교육 프로그램을 제공할 목적으로 여러분의 의견을 수렴하고자 합니다. 특정한 주제나 집단에 대한 여러뷴의 의겨을 대답해 주십시오.

특수주제 : 여러분의 의견을 제 1, 2, 3의 순으로 선택해 주십시오(1, 2, 3).

______ 면담기술	______ 언어 수업
______ 가치명료화 기술	______ 학습이론
______ 평가법	______ 교수자료 선택
______ 산수지노	______ 개인지노
______ 학생상담	______ 동기부여
______ 읽기지도	______ 집단지도
______ 학습형태	______ 그 외

특수집단의 요구 : 학습요구가 반영되어야 할 특수집단이 있으면 적어주세요.

소속센터 ______ 시간제 성인교육자 ______

직 위 ______

서 명 ______

이 질문지는 기업문활교육센터로 2000년 8월15일까지 보내주십시오.

그 후에 실제교사들의 현재상황, 즉 현재 그들이 어떤 능력을 갖고 있고 어느 부분이 부족한지를 파악하기 위해 그들의 현재상태와 이상상태를 진단한다. 요구진단은 <표 6-5>와 <표 6-6>에 제시된 현재 문활상황과 이상적인 문활상태를 조사한다.

<표 6-5> 문활교육의 현재상황진단

현재상태 진단지

당신은 현재 어느 정도 할 수 있습니까?

(하나만 0표 하시오)

전혀 못한다 보통 완벽히 하고있다

	1	2	3	4	5
1. 표준어 학습의 기초가 되는 구어체를 학습자에게 사용한다.					
2. 교과과정을 선정시 의사소통과정(읽기, 쓰기, 말하기, 듣기)의 기본요소를 포함한다.					
3. 학습자의 지식을 확장시키기 위해 특수한 방법을 사용한다.					
4. 일상생활에서 접근해간다.					
5. 개인 학습과정을 설명해준다.					
6. 개인과 집단의 특성에 맞게 교수법을 바꾼다.					
7. 개인과 집단이 갖고 있는 학습불안도를 파악한다.					
8. 학습자의 자신감이 낮은 이유를 파악한다.					
9. 읽기에 흥미를 갖도록 교육과정을 정한다.					

<표 6-6> 문활교육의 목표상황

이상적인 상태 진단지

문활교육 교사로서 당신이 어떻게 해야 옳다고 생각합니까?

(하나만 0표 하시오)

	전혀 못한다 1	2	보통 3	4	완벽히 하고있다 5
1. 표준어 학습의 기초가 되는 구어체를 학습자에게 사용한다.					
2. 교과과정 선정시 의사소통과정(읽기, 쓰기, 말하기, 듣기)의 기본요소를 포함한다.					
3. 학습자의 지식을 확장시키기 위해 특수한 방법을 사용한다.					
4. 일상생활에서 접근해간다.					
5. 개인 학습과정을 설명해준다.					
6. 개인과 집난의 특성에 맞게 교수법을 바꾼다.					
7. 개인과 집단이 갖고 있는 학습불안도를 파악한다.					
8. 학습자의 자신감이 낮은 이유를 파악한다.					
9. 읽기에 흥미를 갖도록 교육과정을 정한다.					

문활교육 담당교사 재교육 프로그램을 개발하기 위해 우선은 문활교사의 진단능력과 기술을 분석한다. 그리고 프로그램 개발자는 객관적인 자료를 얻기 위해 다시 문활교육 교사의 현재능력과 이상적인 능력을 요구진단표에 의해 평가한다. 평가결과를 상호 비교하여 그 차이를 요구로 명시한다. 그 후 프로그램 개발자는 요구를 충족시키는 프로그램을 작성한다. 이런 과정은 전문가에 의해 수행되므로 규범적-주관적 요구진단이다.

4) 규범적-객관적 요구진단

규범적-객관적 요구진단은 가장 공식적이고 체제적인 훈련을 목적으로 개발되는 프로그램이 따르는 절차이다. 이 방법은 자격증이나 수료증이 주어지는 프로그램을 제공하고자 할 때 사용된다. 규범적-객관적 요구진단은 직무를 분석하고, 표준화된 도구를 개발하여 학습자를 테스트하고, 테스트 결과분석 및 학습자의 수행능력을 측정한다. 이 방법은 객관적이고 표준화된 도구를 사용함으로써 정확한 예측이 가능한 반면, 진단결과가 과장될 약점을 지니고 있으므로 유의해야 한다.

이상에서 살펴본 요구진단방법은 나름대로 장단점을 지니고 있으며, 프로그램 개발자가 어떤 요구진단방법을 사용하는가는 요구진단의 목적과 프로그램 내용에 따라 달라진다. 이상의 네 가지 방법을 요약하면 다음의 <표 6-7>과 같다.

<표 6-7> 요구진단자와 자료에 근거한 방법

요구진단형태	요구결정자료	요구사정방법
기술적-주관적	의사결정시 개인적 의견, 흥미, 직관을 사용	자신에 의한 분석
기술적-객관적	의사결정시 테스트 자료 등 외부자료를 사용	공식적 및 비공식적 기법
규범적-주관적	의견, 경험을 기초로 타인에 의한 의사결정	질문지 및 간접적 분석
규범적-객관적	시험, 측정된 자료를 기초로 타인에 의한 의사결정	공식적 및 표준화된 분석

3. 요구분석모델

요구분석모델은 요구를 진단하는 과정과 상황에 따른 효과적인 진단방법을 언급한다. 요구분석모델은 개인의 요구를 진단하는 모델과 조직의 요구를 진단하는 모델로 논의되고 있다. 맥킨리(Mckinley, 1973)는 요구진단의 소재를 개인이나 전문가에 근거한 개인적 요구진단모델과 조직을 소재로 한 조직체제의 요구진단 모델로 분류하였다.

개인차원의 요구진단모델은 자기충족을 위한 것으로 본인 스스로 지각하여 진단하는 요구진단과 전문가에 의해 진단된다. 개인이 자신의 흥미나 관심에 의해 교육활동에 참여하고 싶어할 때 지각되는 것이 개인에 의한 요구진단이다. 본인에 의해 진단된 요구를 충족하는 프로그램에 참여할 경우, 개인이 수업료를 부담하며, 이렇게 진단된 요구에 따라 조직은 카페테리아식의 다양한 성인교육 프로그램을 제공하고 있다.

두 번째 모델도 역시 개인과 관련된 것이지만, 개인의 지각된 요구에 의한 것이 아니라 조직적 차원에서 요구가 진단된다. 이 모델은 조사연구자료를 근거로 전문가에 의해 요구를 진단해내는 방법이다. 이런 요구진단은 대부분 여성이나 실업자, 문맹자, 퇴직자 등 특수한 집단을 대상으로 실시되고, 이들에게 필요한 교육 프로그램이 실시된다.

세 번째 모델은 조직 그 자체의 목적과 생존을 위한 교육요구가 있음을 가정한다. 이는 조직의 생존과 발전을 위해 현재상태와 이상적인 상태간의 차이를 해소하기 위한 것으로 규범적 요구를 진단하는 것이다. 조직의 요구분석모델은 목표와 상황에 따라 다르게 개발된다. 개인의 요구를 진단하는 것은 이미 앞에서 논의되었으므로 다음은 조직적 요구를 진단하는 모델을 소개한다.

1) 조직요구분석 모델(Organizational Elements Model)

조직요구분석 모델은 카우프만(Kaufman, 1972; 1983)에 의해 제시되었다. 이 모델은 조직의 요구분석에 사용할 목적으로 만들어졌다. 이 모델은 체제분석기법을 활용하여 조직의 요구를 투입과 산출의 관계로 간주하여 체제적인 접근하고 있다. 조직적 모델에 따르면, 조직차원의 요구는 조직자체의 맥락에서 분석된다. 그리고 그 문제해결도 조직적 상황에서 제시된다. 따라서 이 모델은 조직의 내적 구조와 외적 구조를 모두 갖추고 있다.

2) 결정모델(Decision Model)

결정모델은 조직차원과 정책적 차원의 요구분석과정을 제시한 모델이다. 이 모델은 요구분석결과 다양한 대안을 선택하도록 고안되었다. 결정모델의 대표적인 형태는 코헨(Cohen, 1981)에 의해 개발된 휴먼서비스결정모델과 위트킨(Witkin, 1978)에 의해 개발된 교육결정모델이다. 코헨의 모델은 주로 인간을 대상으로 복지서비스를 제공하는 조직의 요구분석에 사용되며, 위트킨의 모델은 교육기관의 요구분석을 위한 것이다. 다음 <표 6-8>은 코헨의 모델과 위트킨의 모델을 요약한 것이다.

<표 6-8> 코헨과 위트킨의 결정모델

휴먼서비스 결정모델(Cohen)	교육결정모델(Witkin)
1. 요구분석 수행의 목적수립 2. 누구의 요구가 분석될지 구체화 3. 요구분석 사용자의 신념과 요구분석을 실시할 때 그들의 영향력 제고 4. 요구분석 결과의 획득가능성 5. 요구분석의 결과 또는 산출물의 분류 6. 시간의 구조화에 대한 결정 및 수집방법의 사용가능성 7. 요구분석을 위해 사용가능한 자원분석	1. 누가 요구분석을 원하는가? 2. 왜 요구분석을 원하는가? 3. 요구분석의 범위는 어디까지인가? 4. 누구의 요구에 초점을 맞출 것이며, 어떤 기준을 충족시킬 것인가? 5. 어떤 종류의 자료와 어느 정도의 분량이 수집되어야 하는가? 6. 자료수집을 위해 어떤 자원이 사용될 것인가? 7. 자료수집에서 무엇을 얻고자 하는가? 8. 사람, 돈, 시간에서 당신이 투자할 수 있는 것은 무엇인가? 9. 어떤 요구분석이 당신의 목적, 의도, 자원을 충족시킬 수 있는가?

출처 기영화(1993). 『A Study of Adult Education Needs of Korean American』 미간행박사 학위논문 p.20

3) 복합모델(Multicomponent Training Model)

복합모델은 미산척(Misanchuk, 1982)이 기업의 교육훈련요구를 진단하기 위해 개발하였다. 그는 요구분석을 위해 "무슨 직업을 가진 사람인가?"와 "그들에게 가치있는 일은 무엇인가?" 라는 두 가지 질문을 포함하였다. 이 질문을 구조화하는 과정이 바로 복합훈련모델의 개념적 기초가 된다. 미산척은 교육적 요구와 훈련요구를 정의하기 위한 개념으로, 대상집단 또는 잠정적인 학습자의 '서먹서먹함'과 '친밀함'의 정도와, 학습상황에서 실제 학습자들의 '자유'와 '속박'의 정도를 설정했다. 이들 두 가지 개념분류를 통해 요구분석을 위한 두 집단이 정의내려진다. '서먹서먹함' 과 '친밀함'의 정도는 잠정적인 학습자와 관계된 특성이며, '자유'와 '속박'의 정도는 학습상황에 있는 실제 학습자와 관련이 된다.

4) 장 분석(Field Analysis)

장 분석 모델은 프리스비(Frisbie, 1981)에 의해 제안되었다. 장 분석은 요구분석의 기법이라기보다는 요구진단 사전단계로 요구를 추출할 필드를 분석한다. 이 모델은 환경과 체제를 모두 고려하는 요구분석의 단위로 장을 사용하여 체제적인 접근을 하고 있다. 요구분석을 장 분석의 집합으로 간주하고 있다. 장 분석을 실행하는 기초단계는 장을 정의하고, 예상되는 변화를 결정하며, 변화의 특성을 고려하고, 변화를 분석하는 것이다. 이 과정의 핵심요소는 체제, 환경, 관심영역과 마지막으로 수용할 수 있는 상황과 수용할 수 없는 상황간의 변화이다.

5) 커뮤니티컬리지 모델(Community College Model)

지역사회 대학모델은 정부의 자료분석을 통해 지역사회의 직업교육 요구분석을 위해 개발되었다. 대표적인 모델은 플로리다주에 있는 7개 대학협의회에서 만들어졌다. 이 모델은 지역사회 교육의 요구에 관련하여 지역사회 대학의 교육과정에 초점을 맞추어 정책입안자가 현실적인 의사결정을 돕는 기법이다. 이 모델은

첫째, 우선순위에 따라 교육적 요구를 서열화시키고
둘째, 교육적 요구에 대한 대안을 개발하며
셋째, 우선순위에 따라 예산을 결정하고
넷째, 요구충족시 소요되는 비용과 수익을 비교하며
마지막으로, 지역사회 요구에 대한 교육체제의 효과성을 평가하는 계속적이고

역동적인 개발과정이다.

6) 생태적 모델(Ecological Model)

이 모델은 하와이 본토 사람들의 독특한 교육적 요구를 충족시킬 프로그램 개발을 위해 고안되었다. 하와이 본토 사람들의 교육진단 프로젝트는 학습자들의 독특한 문화적 배경에 따라 요구가 다름을 발견했다(The Kamehameha Schools; Bernice Pauahi Bishop Estate, 1983). 이 프로젝트는 학생들의 장기결석률로 인한 낮은 학업성취문제를 해결하기 위한 것이었다. 연구결과 장기결석 학생들은 문화적 차이로 소외감을 갖고 있었다. 하와이 본토 문화와 백인문화의 차이와 관련된 장애요인을 밝혀주었다. 이 모델은 다른 인종집단의 요구분석에도 사용될 수 있다(Witkin, 1984).

일반적으로 "요구분석을 위해 어떤 접근을 선택해야 하는가?" 라는 질문에 어느 하나의 모델이나 개념적인 구조로 합의되고 있는 것이 없다. 하나의 접근법이 다른 접근법보다 우수하다는 것을 보여주는 실험적 입증도 없다(Witkin, 1984; Cameron, 1988). 모델의 선택과 절차, 도구는 분석하고자 하는 목적과 내용에 따라 다르다. 위트킨(1984)은 요구분석을 할 때 요구분석을 하는 사람은 대상학습자의 사회, 경제, 문화적 특성을 주의깊게 고려할 것을 제안한다.

브룩필드는 프로그램 개발자는 요구진단시 학습자에 의해 직접적으로 표현된 요구뿐만 아니라 프로그램 개발자가 직접 요구를 처방하고 판단해야 함을 언급한다. 이런 면에서 프로그램 개발자의 역할은 매우 중요하다. 프레이리는 라틴아메리카의 교육상황분석을 통해 그들의 교육적 요구는 단순히 그들에 의해 표현된 요구뿐만 아니라 전문가에 의해 규명된 요구까지도 성인교육자에 의해 적절히 중재되어야 함을 강조한다. 즉, 성인교육자는 학습자 스스로가 교육적 요구를 진단할 때 도와줌으로써 학습자가 자신의 교육요구를 다시 재진단하게 하고, 또한 전문가로서 학습대상자에게 필요한 교육요구를 사정하는 것이다.

4. 요구진단도구

요구를 진단하기 위한 정보는 다양한 방법을 통해 얻어진다. 목표집단의 지도자와의 계속적인 교류, 의견청취, 조사, 지역사회 연구, 체크리스트, 질문지, 조사기록, 그 밖의 자료편집 등의 방법이 있다. 요구자료 수집도구는 프로그램 대상이나 조직의 특성과 상황에 따라 다른 방법이 사용된다. 예컨대 조직의 요구진단은 조직 자체의 목적을 충족시키는 프로그램을 개발할 때 유용하다. 프로그램은 개인의 요구만이 아니라 조직의 요구를 충족시키기 위해 개발되고 있다. 이 때 조직은 인간처럼 요구를 갖고 있는 유기체로 간주된다. 예컨대 조직의 최고경영자는 조직원들의 효과적인 업무수행과 이로 인한 이윤증기를 위해 교육 프로그램을 활용하여 직원들을 변화시키려 한다. 일례로 기업들이 신입사원을 채용했거나, 기존 직원들이 새로운 기술을 요구하는 직무를 맡게 되었을 때 혹은 새로운 장비가 설치되었을 때 교육이 중요한 도구로 사용된다. 조직 내부에서의 목적, 업무, 직무관계의 변화 등 여러 상황에서 교육요구가 생겨난다. 그러나 대부분 조직의 교육요구는 가시적으로 명확히 드러나지 않으므로 프로그램 개발자의 주의깊은 분석이 필요하다.

1) 질문지법

질문지는 고객의 요구를 수집하는 가장 보편적인 방법이다. 질문지는 질문자와 직접 혹은 간접으로 요구를 수집할 수 있으며, 우편으로도 가능하다. 스틸(Still)은 효과적인 요구수집을 위해 질문지법을 활용할 경우, 다음과 같은 과정을 제시하고 있다.

첫째, 질문지가 필수적인지를 결정한다. 정보가 정말로 필요한가? 어떤 정보를 반드시 알아내야 할 것인가? 접근 가능한 정보인가? 만약에 그렇지 않다면, 그것을 얻을 수 있는 가장 최선의 방법은 무엇인가? 전문가, 지도자, 주요 인사와 같은 다양한 자원을 사용하는 것이 더욱 효과적인가? 등을 고려한다.

둘째, 목적을 결정하고 필수 정보를 파악한다. 요구 가운데 반드시 충족되어야 할 것을 결정한다. 누가 결정할 것인가? 의사결정에 어려움은 무엇인가? 어떻게 정보를 얻는 데 도움을 받을 수 있는가? 핵심적인 정보는 무엇인가? 필수적인 정보를 확실히 수집하는 방안을 강구한다.

셋째, 조사계획을 수립한다. 질문지가 개발되어야 할 경우, 질문지 구성의 기초자료를 제공한다. 조사를 행하기 전과 후의 차이를 파악하기 위해 당초 자료와 질문지의 질문을 비교하라.

넷째, 응답자의 눈을 통해서 보라. 응답자의 입장에서 대응할 수 있도록 가능한 응답자를 질문지 개발에 참여시켜라. 질문지 개발에 응답자를 참여시키기 위해, 응답자집단의 유력인사를 파악하고 응답자와 당신들의 관계를 고려하라. 질문지 활용자는 현재의 정보뿐만 아니라 미래의 다른 활동들도 고려한 질문을 유도한다. 이 때 응답자들이 요구된 정보를 줄 수 있는지를 고려한다.

다섯째, 질문지를 통해 어떻게 정보를 얻을 것인가를 결정한다. 질문지는 우편으로 혹은 대면으로 행해지는 것이 더 적절한가를 결정한다.

질문지는

① 자료가 간단하고,

② 많은 응답자가 필요하고,

③ 응답자가 협조적이며

④ 교육을 받은 사람들일 때 적절하다.

질문지의 질문은

① 대답하기 쉽고,

② 분명히 설명되어 있어야 하며,

③ 위협적이지 않으며,

④ 간단·간결해야 하며,

⑤ 분명한 형식을 가지고 있어야 하고,

⑥ 논리적인 방법으로 구성되어야 하며,

⑦ 아주 적게 써야 한다.

여섯째, 정확한 질문지를 설계하여 질문이 확실히 해석될 수 있게 한다. 질문은 응답자에게 기대되는 대답을 유도하는 지시를 피하고, 질문지는 일관성 있고 짧게 만들어야 한다.

일곱째, 질문지를 계속 검토한다. 질문지는 개발자의 편견이 반영될 가능성이 있으므로 동료들에게 검토하게 한다. 질문지가 조사목적을 충족시킬 수 있는지를 알아보기 위해서 이중으로 체크한다. 질문지의 사전검토는 잘못된 응답을 미리 방지할 수 있는 방법이기도 하다.

여덟째, 질문지의 응답요령에 관한 구문을 작성한다. 응답요령은 명료하고 간단하고, 응답동기를 부여할 수 있게 한다. 우편 질문지의 경우는 최저회수율을 결정하는 것이 바람직하다.

마지막으로, 조사결과가 어떻게 사용될 것인가와 수집된 자료의 분석방법을 결정한다. 질문지 조사는 쉽고 간단히 사용되는 면에서 가치있는 요구수집 도구이지만, 조사에 표현된 의견들이 순간적인 요구일 수도 있음에 유의한다. 따라서 수집된 요구는 모두 행동으로 전환되어야 할 필요는 없다.

질문지법은 짧은 시간에 많은 양의 정보를 모으는 데 유용한 도구이다. 그러나 질문지는 묻는 것만 응답하기 때문에 그 이외의 정보를 표현할 기회가 없다. 그러므로 질문지는 면담에서처럼 사전에 무엇을 어떻게 물어볼지 신중히 고려되어야 한다. 질문지는 파일럿연구를 통해 작성되는 것이 바람직하다. 파일럿연구는 질문지 작성자가 응답자 가운데 몇 사람과 집중적인 면담을 한 뒤 얻은 결과로 구조적인 질문지를 작성하도록 기초자료를 제공한다. 질문지는 면담과 마찬가지로, 정확한 요구를 수집하기 위해 사전에 테스트를 통해 수정해야 한다.

질문지는 응답자들이 익명으로 드러나지 않도록 보호해주어야 한다. 질문지법은 한꺼번에 많은 사람들을 대상으로 할 수 있으므로 대량 의사소통 매체라고 할 수 있다. 여기에 참여하는 사람들은 연구자가 찾고자 하는 것이 무엇인지, 그것을 가지고 무엇을 할 것인지 알기를 원한다. 따라서 질문지를 사용할 때는 질문지에 참여하는 사람들에게 연구자가 알고 싶어하는 것과 그 결과를 가지고 무엇을 할 것인지에 대해 알려주어야 한다.

2) 면 담

면담은 응답자와의 직접 대면이나 전화을 통해 요구를 수집하는 방법이다. 인터뷰는

① 자세한 설명을 원할 때,
② 복잡한 정보와 설명이 필요할 때,
③ 면담자가 반응의 정확성을 판단할 수 있을 때,
④ 응답자가 주어진 설문에 쓸 수 없을 때,
⑤ 높은 응답률이 필요할 때 적절하다.

예컨대 조직차원의 요구조사시 면담은 효과적으로 활용된다. 면담은 그 조직의 구성원을 대상으로 변화에 대해 어떻게 느끼고, 왜 그렇게 느끼는지 이해하고 흥미를 설명해 줄 수 있기 때문이다. 문제의 원인, 태도, 느낌에 관한 자료를 수집하기 위해서는 개방되고 자유로운 면담을 실시하는 것이 효과적이다.

면담자가 숙달되어 있을수록 더 유용한 자료들을 얻을 수 있다. 면담자는 미리 질문을 준비하고 응답자가 이해할 수 있는 분명한 말로, 서두르지 않고 충분히 이야기할 시간을 주어야 하며, 응답자의 말에 집중해야 한다. 면담자는 응답자의 반응을 판단해서는 안되며, 그들의 답변에 대해 설득하려 해서는 안 된다. 면담자는 면담과정을 주의깊게 준비하고, 면담내용을 기초로 그들이 원하는 훈련요구를 결정한다.

3) 결정적 사건분석

결정적 사건분석(Critical Incident Technique)은 직무분석과 수행능력평가가 결합된 방법이다. 이 방법은 수행능력 증진을 위해 요구되는 행동을 추출하기 위해 근로자들의 업무 성패를 구별해주는 관찰결과의 기록이기도 하다. 먼저 감독자는 근로자의 행동을 관찰하여 기록한다. 그리고 전문가들로 심사위원단이 구성된다. 심사위원단은 감독자의 관찰과 평가보고서를 기초로 검토한다. 그들은 개개인을 평가하기 위해 제안된 개발계획이 적정한가, 조직경영을 위해 전체 인력자원을 평가하며, 조직의 상층부로 승진할 잠재성을 갖고 있는 사람들을 확인한다.

심사위원단의 사정과 검토가 끝난 후, 감독자가 그들의 장점과 약점에 대해 개별적으로 상담하고 개발계획을 받아들이도록 토론하는 과정을 거친다. 프로그램 개발자는 이렇게 하여 수집된 요구분석자료를 최종적으로 검토, 분류, 해석, 평가하여 요구를 결정한다. 요구진단을 할 때는 비용과 실용성, 수용성, 행정적 실행 가능성 등을 포함하여 모든 대안요소들을 고려한다. 만일 참가대상자들을 훈련시키고자 할 때는 변화될 수 있는 지식과 기술, 태도에 대해 정확하게 판단을 내려야 한다. 훈련을 효과적으로 하기 위해서는 참가대상자들의 지식이 부족한지, 기술 혹은 동기가 부족한지, 이들의 문제가 무엇인지 정확히 알아야 한다. 참가대상자가 자기가 무엇을 해야 할지를 모르는 것이 문제라면 그들에게는 정보를 제공하고, 만약 그들이 무엇을 해야 할지는 알고 있지만 기술이 부족해서 실행할 수 없다면 정보보다 기술을 습득시킨다. 참가대상자들이 필요한 직업정보와 기술을 습득하고 있다면 그들을 도와주는 것은 간단한 문제가 아니다. 이 때 이들에게 부가적인 훈련과 기술을 가르치는 것이 수행능력이나 도덕성에 크게 영향을 미치지 않을 것이다.

결정적 사건분석은 업무를 수행하는 과정에 중요한 사건을 분석하여 요구를 판별하는 방법이다. 이미 직업을 갖고 있는, 다시 말하자면 일정한 환경이나 조직에 속한 자들의 요구조사를 위해 사용된다. 예를 들어, 고옌(Goyen)은 미국 젊은이들에게 직업을 정의하게 하고 작업환경 요소를 조사했다. 이 방법은 의견을 수집하는 것보다는 관찰과 평가를 위해 최상의 조건에서 구체적인 행동을 기록하는 방법이다. 이 관찰수집은 어떤 행동의 결정적인 요구를 형식화시키는 데 사용된다. 결정적 사건분석이 요구조사를 위해 사용되기 위해서는 다음의 과정을 거친다.

① 연구할 대상과 구체적인 업무, 위치를 결정한다.
② 관찰자 집단을 선정한다.
③ 대표적인 표본을 모은다.
④ 우연적인 것들을 검증하고 구체적인 준거에 미치지 못하는 것을 제거한다.
⑤ 행동을 범주화하기 위해 관련된 형태를 결정한다.

⑥ 우연히 포함된 결정적인 행동들을 분리시킨다.
⑦ 넓은 범주에서 비슷한 행동들을 사건으로 배치한다.
⑧ 관련된 행동들을 각각의 넓은 범주에 제목을 쓴다.
⑨ 넓은 범주의 행동을 각각 하위범주로 나눈다. 그리고 소제목을 적고, 다시 범주화한다.
⑩ 사건들을 무선표집으로 범주화하여 일관성을 체크한다.
⑪ 결정적 요구들을 결정하고 적어라.
⑫ 결정적인 우연과 통제변인 사이의 관련성을 결정한다.

결정적 사건분석에 사용되는 자료는 관찰자의 개인 혹은 집단 인터뷰와 질문지를 통해 얻어진다. 이 방법은 단순한 의견보다는 구체적인 자료를 제공한다. 반면에 다음과 같은 몇 가지 한계를 갖고 있다.

첫째, 결정적인 사건을 선발하는 관찰자집단이 사건을 회상하는 과정이 주관적이어서 우연과 사건간의 판단이 달라질 수도 있다. 다시 말하자면 결정적인 사건이 다른 환경 혹은 다른 관찰자에 의해서는 다른 식으로 관찰될 수도 있다.

둘째, 결정적인 행동의 범주화와 분류가 귀납적으로 이루어진다. 즉, 절차가 더 주관적일 수 있으며, 일관성을 점검함에도 불구하고 자료의 신뢰도나 타당도에 크게 영향을 줄 수도 있다.

셋째, 모든 행동들이 파악될 수 있는 것은 아니다. 구체적인 기술이나 개념들, 가치들에 적절하지 않을 수도 있다. 프로그램 개발자는 요구조사에 결정적 사건방법을 사용할 경우, 객관적인 경우를 선택하여 분석의 타당성을 유지하도록 한다.

4) 개인약력

개인의 약력은 요구를 분석하는 도구로 유용하게 사용된다. 이 방법은 개인의 요구를 장기간에 걸쳐 결정하고 기록하는 데 사용되는 절차이다. 프로그램 가운데 각 개인들의 다양한 주제나 내용, 전문성에 따라 요구가 필요한 경우 사용된다. '의과대학졸업생'들을 위해 개발된 위스콘신주의 프로그램은 바로 개인약력으로 요구를 분석한 예이다. 의사들은 의과대학을 졸업한 후 새로 개발된 치료법이나 병에 대한 교육요구가 강하고, 이들의 요구는 바로 개인약력을 분석함으로써 가능하다. 의사들은 많은 변인에 의해 계속교육 프로그램이 달라지고, 의사 개인의 약력은 교육요구를 드러내는 하나의 수단이다. 의사들의 개인약력분석은 다른 직업의 업무분석 혹은 과업분석과 유사한 방법이다.

5) 업무분석

업무분석은 능력에 기초한 요구분석방법이다. 어떤 업무에 요구되는 능력과 기술이 무엇인가 파악하고, 해당되는 개인이 지니고 있는 능력이나 기술과의 차이를 분석한다. 이 방법은 기업들이 계속교육 프로그램을 설계하는 기초작업이기도 하다. 먼저 전문가가 각 업무에 종사하는 개인들에게 필요한 최소의 능력을 파악한다. 이를 위해 전문가는 관련분야의 종사자들에게 필요한 정보를 획득한다. 그리고 최소한의 능력이 결정된 다음, 각 개인들은 필요한 능력을 갖고 있는지 검사받는다. 전문가가 필수적이라고 하는 능력과 개인의 결정된 능력간의 차이가 바로 요구로 진단된다.

6) 대화와 집단토의

대화나 집단토의는 질적인 방법을 통한 요구수집이다. 요구분석기법은 정확한 수치로 주어지는 것이 아니다. 양으로 환산되지 않는 요구가 있기 마련이다. 이 경우 대화나 집단토의 방법은 요구수집을 용이하게 한다. 더욱이 프로그램 개발자가 일상생활에서 끊임없이 프로그램의 잠재적 고객이나 동료들과의 접촉이 이루어진다는 점을 고려하면 이 방법은 더욱 쉽게 사용될 수 있다. 프로그램 개발자는 잠재적 고객들과의 접촉 가운데 새로운 요구를 발견할 수 있다. 잠재적 고객과의 접촉으로 파악된 요구는 동료나 지역사회의 지도자들과 집단토의를 통해 더욱 구체화될 수 있다. 이 경우, 프로그램 개발자는 대화나 집단토의를 통한 요구를 수집하기 위해서는 자신을 그저 얘기를 듣는 것만이 아니라, 문제나 주제의 토의에도 적극 참여하여 그들의 진정한 요구를 수렴하는 데 주력해야 한다. 대화나 집단토의는 프로그램 개발의 요구를 파악하는 비형식적인 진단방법이지만 어떤 의미로는 있는 그대로의 유용한 자료를 수집할 수 있는 방법이기도 하다.

7) 각종 기록 및 문서분석

각종 기록은 요구를 수집하는 중요한 수단으로 활용된다. 기록은 인터뷰나 질문지 등의 조사로는 수집될 수는 없지만, 요구분석에 고려할 만한 타당한 자료들을 제시한다. 기록자료는 물리적인 측면을 분석하거나 옛 기록을 분석하기, 관찰로 구분된다.

첫째, 물리적 측면의 분석은 과거의 행동을 조사하기 위한 물질적인 흔적들을 사용하는 방법이다. 예를 들면, 잔디를 가로질러 닳은 길은 인도를 만들어야 할 필요성을 제시하며, 도서관에서 책의 어느 부분이 많이 낡은 것은 그 주제에 대한 사람들의 관심이 높다는 것을 보여주는 증거이다.

둘째, 기록을 활용한 요구수집방법은 옛 기록을 분석하는 것이다. 요구수집가가 시의 예산기록을 분석한 결과 지난 3년 동안 시립공원에 돈을 쓴 적이 없는 것을 발견하면, 이것은 시가 시립공원을 위한 예산을 요구하고 있다는 증거가 된다. 다른 예는 학교의 확장을 위해, 과거 출생률 기록을 분석하는 경우이다. 과거 5년간의 출생률 분석은 앞으로 새로운 학교시설이나 학교건립에 대한 사람들의 요구를 드러내준다.

마지막으로 관찰은 기록을 활용한 요구수집방법이다. 예컨대 학교 밖에서 남녀 중고등학생들의 집단모임이 많다는 것은 남녀학생들의 화합을 위한 모임의 요구를 드러내는 것이다. 또한 초등학교에서 수업 도중, 학생들의 지루함이나 피곤함을 관찰하는 것은 바로 학생들의 휴식에 대한 요구를 보여준다.

인구센서스와 조사자료는 특정한 집단에 대해 다양한 형태의 정보를 제공한다. 이러한 자료들은 개인적, 사회적, 경제적인 특성에 따라 10년 간격으로 비교될 수 있다. 인구센서스 자료는 정치적, 법적 정보까지 제공하여 프로그램을 개발에 매우 현실적인 정보를 제공한다.

경영자료와 기록문서는 조직의 교육훈련요구를 수집하는 단서가 된다. 예를 들면, 행정보고서와 개인의 인적사항서류, 비용과 상품기록 등은 문제의 원인을 그대로 노출시키지는 않지만 여러 가지 단서와 실마리를 제공해준다.

8) 중요인물 접촉

중요인물의 접촉은 집단의 요구를 수집하기 위해 주로 활용된다. 요구수집자는 어떤 지역사회나 집단의 지도자들과 접촉을 통해 요구를 진단하기도 한다. 특히 프로그램 개발자가 경비나 시간 등의 이유로 잠재적 고객집단과 직접 접촉이 어려운 경우 사용된다.

목표집단의 지도자들은 요구와 관련된 다양한 정보를 가지고 있기 때문에 이들의 의견을 청취하여 학습욕구에 대한 정보를 얻는 방법도 많이 쓰인다. 이 때 프로그램 개발자는 목표집단에 대해 구체적인 정보를 줄 수 있는 사람을 선정한다. 이 경우 목표집단의 지도자가 그 집단의 세부관심이나 문제를 알기 때문에 다양한 지도자들과 접촉을 시도하는 것이 도움이 된다.

9) 체크리스트

체크리스트는 프로그램의 요구를 수집하기 위해 필요한 정보를 모두 점검할 수 있도록 사전에 만들어진 질문들로 구성되어 있다. 체크리스트는 전문가에 의해 일반적인 점검항목으로 구성된 것을 활용하거나, 혹은 프로그램 개발자가 특정한 상황에서 사용하기 위해 직접 개발하기도 한다. 체크리스트는 지역사회의 물리적 특성, 사업의 유형을 포함하는 등 포괄적인 상황으로 편집되기도 한다. 와렌이 개발한 체크리스트는 목표집단의 배경, 역사, 경제생활, 지역사회조직, 관련조직, 정부의 정책, 의사소통관계, 구성원간의 상호작용 등을 포함하고 있다. 요구수집자는 체크리스트를 사용할 때, 자료분석 및 해석시 잠재적 고객과 지도자들을 반드시 포함시켜야 한다. 이들이 참여하지 않는다면 자료의 수집은 이들의 요구가 반영되지 않는 것으로 의미가 없다.

10) 테스트

다양한 테스트가 훈련요구를 결정하는 데 사용된다. 표준화된 검사지가 일반적으로 사용된다. 테스트는 지식, 기술, 태도에서 부족한 부분이 무엇인지, 즉 무엇을 어떠한 내용으로 가르쳐야 하는지를 결정하는 데 유용하다. 특히 테스트는 교육대상자 선정시 사용되고 있다. 수행능력과 성취테스트는 참가대상자가 무엇을 알고 있고, 무엇을 할 수 있는지 밝혀준다. 적성테스트는 특정 영역에 요구되는 정보, 기술, 내용을 알려준다. 직업정보테스트는 다양한 직업에서의 기술과 지식의 수준을 결정하는 데 사용된다.

여러 가지 테스트 결과는 직무수행을 돕는 프로그램으로 실행될 수 있다. 프로그램 개발자는 진단도구의 타당성에 유념해야 한다. 요구진단도구로서 테스트를 사용할 때는 다음 몇 가지 사항을 유의한다. 테스트로 실제 측정할 수 있는 것이 무엇인지, 또는 측정도구가 적절한지 확인하고, 테스트의 결과가 그것과 관련되지 않는 영역에 적용할 때는 일반화되지 않는다는 것을 확인해야 한다. 결과는 다른 방법을 사용한 것과 비교하여 확인해야 한다.

11) 직무분석 및 수행능력평가

직무분석은 수행능력평가와 병행해서 이루어진다. 수행능력평가와 결합된 직무분석은 개개인의 훈련욕구를 결정하는 데 유용하다. 직무분석과정은 업무를 결정하고 직무수행 능력평가와 훈련에 따른 향상 정도를 밝혀낸다. 직무목록은 고용자들에게 물어보는 방법, 감독자에게 물어보는 방법, 고용자를 관찰하는 방법 등이다. 수행능력은 고용자들에 의해 측정되어질 수 있으며, 감독자의 평가에 의해 얻을 수 있다. 이러한 평가는 관찰을 통해 얻을 수 있는데, 감독자가 관찰하는 것은 고용자의 작업, 일이 수행되는 과정, 완성된 작업의 양과 정확성, 계획된 절차와 기준에의 적합성, 판단의 건전함, 참가대상자들 사이의 대화, 협력의 정도 등이다. 관찰은 감독자의 일상적이고 반드시 해야 하는 직무이다. 체계적으로 기록하고 평가하고 요약한 내용이 일반적인 훈련요구와 개개인의 훈련요구의 중요한 부분이 된다.

12) 집단문제분석

집단문제분석은 감독자나 행정가가 조직의 문제를 분석한다. 해당 부서에서 감독자들은 문제해결을 목적으로 문제의 원인을 규명하기 위해 자료를 모으고 훈련담당자와 조직의 구성원들과 함께 집단을 구성해 교육요구를 분석한다. 이 과정을 통해 요구를 수집하고, 어떤 교육훈련이 이루어져야 할지를 결정하게 하므로 그 과정 자체가 훈련이 된다. 참여자가 그들의 문제를 보다 분석적으로 이해하는 데 도움을 주고, 문제를 발견하는 기회를 주며, 방안을 제시한다. 또한 다른 참여자들의 관점과 제안을 듣고 서로 도와준다. 이 과정에 참여하는 스태프도 결정을 도와줄 수 있고 구성원들이 그들의 생각을 명확히 하는 것을 도와줄 수 있으며, 어떤 내용의 훈련을 할지 조언할 수 있다. 스태프들은 가치판단을 해서는 안되며, 또한 구성원들의 결정을 지시하지 않도록 주의해야 한다.

이상에서 논의된 개인의 요구측정방법을 비교하면 다음과 같이 요약된다.

<표 6-9> 개인의 요구진단도구

요구수집 방법	장 점	단 점	유의점
관 찰	-응답자의 일상활동방해 최소화 -최근 작업상황의 일반화 가능 -관찰자와 반응자간의 추론 비교가능	-숙달된 관찰자 요구 -작업상황자료만 수집가능 -반응자의 거짓반응의 가능성	
질문지	-다수정보를 단시간에 수집가능 -저렴한 비용 -익명성 보장 -자료의 요약 및 분석용이	-자유반응 여지없음 -질문지 개발에 시간과 노력요구 -근본적 문제파악 어려움 -낮은 회수율	-질문지는 사전테스트를 통해 수정한다 -익명으로 실시하게 하여 보호한다
중요인물 접촉	-단순하고 저렴 -다른 견해의 상호작용 반영 -참여자들간의 의사소통 강화	-개인견해에 근거한 편견 가능성 -한 부분의 요구만을 볼 가능성	

인쇄물	-규범적 요구에 대한 정보 용이 -현재와 미래의 정보제공	-자료를 이용가능한 형태로 전환해야 분석가능	
면담	-문제해결 가능성과 원인 예측가능 -그들 자신의 용어로 표현가능	-시간소모적 -질량화의 어려움 -전문적 인터뷰기술 요구	-면담질문을 미리 작성, 수정 -면담자의 성실한 의견청취태도 -해석이나 교육시키는 태도는 금지
집단토의	-다양한 관점을 한 번에 관찰가능 -제시될 서비스에 대한 지지획득 -참여자가 문제분석가나 경청자의 기능수행	-시간소모 -질량화가 어려운 자료제공	
테스트	-문제가 지식·기술·태도의 결여인지 결정 -결과의 질량화와 비교용이	-테스트의 타당도 -직무기술과 지식의 측정의 어려움	-측정내용 사전 파악 -테스트의 타당성을 측정하기 위해 결과의 적용 -경영자의 오판이나 갈등을 공격하기 위한 테스트 금지
기록 및 보고	-문제에 대한 단서제공 -일의 방해를 최소화 -최소한의 노력으로 자료수집	-해결책이 잘 드러나지 않음 -현재보다 과거의 상황을 반영 -숙련된 분석가 필요	
작업샘플	-조직 내 문제결과 증거제시 -조직 자체의 산물 -최소 노력으로 수집가능	-숙련된 분석가 -시간소모 -문제핵심 파악 어려움	
집단문제 분석	-다른 관점들을 종합 -집단의 문제분석 참여를 통한 교육의 지지기반형성 효과	-고비용 많은 시간소모 -감독자와 행정가의 참여부족 -결과의 수량화 어려움	-빠른 결과를 기대금지 -알려진 문제점에서 출발하여 관련된 모든 문제를 확인할 것 -집단이 스스로 분석, 우선순위를 결정케 할 것
문서 및 보고서 연구	-문제에 관찰증거와 단서를 제공 -관리자들의 이해와 관심증진	-문제의 해결방법이나 의미있는 사례를 제공의 어려움 -변화 반영의 어려움	-다른 방법과 함께 사용하여 단서제공에 활용

직무분석 및 업무수행 검토	-직무와 수행능력을 직접 연결 -훈련목적과 평가목적을 위해 직무를 부분으로 분리가능	-시간 소모 -초심자의 사용이 어려움 -감독자의 참여 저조 -개별 근로자 요구파악은 용이하나 조직의 요구파악 어려움	-직무분석기법을 반복연습하고, 관련자들을 사전교육 -현재직무와 분석된 수행능력의 확인 -직무분석과 수행능력평가를 근로자들과 검토

과연 요구는 누구에 의해서 최종적으로 진단되어야 하며, 어떤 종류의 요구가 남겨질 것인가에 대한 문제가 제기된다. 요구는 일차적으로 각 개인에 의해서 느껴지지만, 프로그램 개발자나 전문가에 의해서 최종적으로 판단된다. 프로그램 개발자가 보다 과학적이고 정확한 요구분석을 하기 위해 다음의 몇 가지 요구진단절차를 거친다(Mendenhall, 1979). 효과적인 요구조사과정은

첫째, 요구진단의 목적을 규명한다.

둘째, 요구진단의 범위를 정한다.

셋째, 비용, 시간, 접근가능성, 정보의 성격 등을 고려하여 요구진단의 방법을 정한다.

넷째, 자료수집방법을 정한다.

다섯째, 자료분석방법을 정한다.

여섯째, 어떤 자료를 보고할 것인지를 결정한다.

마지막으로, 예산과 스케줄을 정한다 등의 일곱 단계이다.

일반 요구조사과정과 달리 워크숍이나 직무교육(OJT) 등의 프로그램을 개발할 때 요구진단과정은 달라진다(Konx, 1986). 다시 말하자면 이미 어떤 조직 내에 구성원을 대상으로 프로그램을 개발할 때는 요구조사에 필요한 자료들이 이미 갖추어져, 학습자보다 조직의 요구가 중시되기 때문이다. 요구조사과정은

첫째, 현재 학습자들의 상태와 앞으로 프로그램 참여 후 기대되는 상태와의 차이를 관찰하고 분석한다.

둘째, 첫번째 과정에서 발견된 차이점을 학습자들로 하여금 재고하게 함으로써 합의된 프로그램 목표를 설정하게 한다.

셋째, 프로그램의 수행결과가 조직의 목표와 조화되는지 살펴본다.

넷째, 이에 대해 전문가들의 의견을 듣고, 정확한 학습요구를 규명하게 한다.

다섯째, 개설될 프로그램의 결과를 예측하기 위해 기존 프로그램에 대한 반응과 비교해본다.

여섯째, 다른 주제에 대해 잠재적 참여자들과 토론한다.

일곱째, 프로그램 참가대상자와 유사한 특성을 가진 참여자들로 구성되었던 과거 프로그램의 경험과 결과를 재고한다.

여덟째, 프로그램 참여자와 그들의 요구에 관해 조직과 지역사회의 의견을 수렴한다.

아홉째, 새로운 교육적 요구가 창출될 가능성을 생각한다.

마지막으로, 전문서적을 통해 프로그램이 참여자의 요구를 충족시키지 못할 가능성을 예측한다

프로그램 개발자는 요구분석의 과정에 주의를 기울여야 한다. 요구분석은 정체된 과정이 아니기 때문이다. 개인의 요구는 정체된 것이 아니라 프로그램 진행 도중에도 계속 변하므로 프로그램 개발자는 프로그램이 실행하는 과정 속에서도 요구를 지속적으로 진단한다. 프로그램 개발자의 개인적인 철학이나 가치는 많은 요구들간의 우선성을 결정하는 데 큰 영향을 미치게 된다. 때로 프로그램 개발자는 서로 반대되거나 갈등관계에 있는 요구 가운데 선택해야 하는 상황에 직면하기도 한다. 이 때 프로그램 개발자의 가치가 선택에 중요한 영향을 미친다. 즉 요구진단을 하거나 대안을 선택할 때 프로그램 개발자의 가치가 반영되기 때문에 요구는 단순한 경험적 사실의 집합체가 아니라 복합적인 가치판단의 기준이다.

제 7 장 프로그램 목표 전환

이 장의 목표

1. 규명된 요구간에 우선순위를 설정한다.
    1) 요구들간의 우선순위설정의 필요성
    2) 요구의 우선순위 규명기준
    3) 요구간의 우선순위 설정방법
2. 규명된 프로그램 요구를 목표로 전환한다.
    1) 프로그램 목표설정의 의의
    2) 프로그램 목표를 기술하는 방법
    3) 프로그램 목표의 기능

조별작업을 위한 가이드

1. 개별 학습자들은 프로그램의 요구결과를 정리한다.
2. 조를 편성하여 발견된 요구들 가운데, 어느 요구가 목표로 전환되어야 할 것인가를 결정하도록 그 기준을 설정한다.
3. 조별로 설정기준을 발표하고 교수자는 공통요소를 추출한다.
4. 요구 가운데 우선순위 설정기준을 소개하고, 그에 따라 요구를 3-5개씩 같은 종류의 것으로 추출하게 한다.
5. 각 조는 추출된 요구를 프로그램 목표로 기술한다.

1. 프로그램화될 요구의 선정

환경분석과 고객들의 요구조사는 프로그램 개발을 위한 기초작업이다. 이 작업이 끝나면, 프로그램 개발자는 학습자들의 다양한 요구를 발견하게 된다. 학습자들의 요구는 바로 프로그램으로 실현될 수 있도록 전환된다. 프로그램 개발자는 다양한 요구를 모두 충족시키는 프로그램을 개발하려고 한다. 그러나 실제 모든 요구를 동시에 만족시키는 프로그램을 개발하기란 불가능한 일이다.

프로그램 개발자는 효과적인 프로그램 개발을 위해서는 몇 개의 학습요구를 선택하는 것이 바람직하다. 요구조사에서 드러난 요구들이 일관성있게 주제를 선정할 수 있는 요구가 아니기 때문이다. 요구들은 다양한 학습자들에 의해 주관적으로 드러난 것이 때문에 프로그램 개발자는 요구들을 걸러내는 작업이 필요하다. 조직이 운영할 수 있는 몇 개의 요구를 추출하여 프로그램으로 전환한다. 이 때 프로그램 개발자는 많은 요구 가운데 어떤 요구를 프로그램으로 전환시킬 것인가를 결정해야 한다.

1) 요구선정 기준

학습요구 가운데 프로그램으로 전환될 요구를 결정하는 것은 고객들의 요구나 프로그램 개발자의 임의로 결정할 수 있는 것이 아니다. 요구는 조직의 교육목적, 철학과 맞는지와 실현가능성에 의해 프로그램 목표로 전이된다. 실제로 어떤 요구들은 실현가능성이 없어서 제외된다. 예를 들면, 지나치게 비싼 장비를 필요로 하는 요구나, 주어진 상황이나 기간 내에 학습할 수 없는 내용이거나, 잠정적인 학습자의 참여가능성이 희박한 경우는 제외된다.

프로그램 개발자는 요구를 선정하기 위해 프로그램 운영을 위해 활용할 수 있는 인력, 시설과 비용 등을 고려해야 한다.

첫째, 인력은 프로그램 실행에 관련된 인력으로 교수자와 스탭 혹은 프로그램 관리자 등이 포함된다. 프로그램에 요구되는 인력들이 지녀야 할 구체적인 능력, 다시 말하자면 지식과 기술 등이 나열되어야 한다. 그리고 이런 인력이 조직 내에서 이용가능한가를 확인해야 한다. 프로그램에 필요한 인력을 조직이 보유하고 있지 않은 경우, 어떤 방법으로 인력을 충원할 수 있는가 고려한다. 자원봉사가 인력충원의 유용한 방법 중의 하나이다. 자원봉사인력으로 충원이 어려울 때, 조직은 인력을 충원하기 위한 재정지원을 받을 수 있는가 고려되어야 한다. 저렴한 비용으로 프로그램을 운영해야 할 경우, 조직이 이미 보유하고 있는 인력의 지식이나 기술을 고려하여 활용하는 것이 용이하다.

둘째, 여건은 프로그램이 운영될 조직의 환경이나 상황요소이다. 예컨대 프로그램이 실행될 경우 그와 관련된 의사소통체계, 물리적 환경, 조직의 규범과 프로그램에 대한 기대 등이 포함된다. 이미 조사된 다양한 요구 가운데는 프로그램으로 전환될 요구는 프로그램 실행을 주도할 조직의 의사소통체제는 어떠한가, 프로그램을 실시할 물리적 여건을 갖추어졌는가, 그리고 이와 관련된 업무가 조직내에 명시되어 있는가 하는 등에 따라 달라진다. 프로그램 개발자가 요구분석을 통해 분석한 요구 가운데 이를 실시할 수 있는 조직의 물리적 시설 설비가 갖추어져 있지 않거나, 이를 맡아 처리할 직책이 없는 경우, 프로그램으로 개발된다 할지라도 그 효과성은 보장할 수 없다. 결국 책무성이 결여된 프로그램을 개발하게 되는 셈이다.

셋째, 비용은 다양한 요구 가운데 프로그램으로 전환될 것인가를 결정하는 직접적인 요인이다. 프로그램 개발자가 실현되어야 할 요구로 판단할지라도 이를 재정적으로 지원할 수 없다면 프로그램은 개발될 수 없기 때문이다. 비용문제는 이미 프로그램 개발을 결정하는 초기단계에 고려되었던 요소이다. 이미 프로그램을 개발할 재원이 확보된 경우라도 선정된 요구가 재정을 부담하는 조직 혹은 사람의 신념과 상충되는 경우 프로그램의 실행은 어렵기 때문이다. 그러므로 프로그램 개발자는 각 요구를 프로그램으로 전환할 경우, 어느 정도의 비용이 소요될지 미리 계산하고 초과비용에 대한 대안도 갖고 있어야 한다.

비용, 여건, 인력은 다양한 요구 가운데 프로그램으로 전환될 요구를 선정하는 기준으로 사용되고 있지만 반드시 이에 따라 결정되지는 않는다. 프로그램 개발자의 신념에 따라 어떤 요구들은 프로그램에 편입되거나 배제되기도 한다. 프로그램 개발자는 그 요구의 중요성, 긴급성, 파급효과의 정도에 따라 프로그램으로의 개발 여부를 결정한다. 어떤 요구는 프로그램으로 개발하여 충족시킬 만한 비용이 조직으로부터 지원되지는 않지만 반드시 실시해야 할 경우도 있다. 예컨대 직장내 성희롱 예방 프로그램이 그 예이다. 직장내 성희롱 예방교육 프로그램은 조직과 무관한 것처럼 보이지만, 기업을 상대로 한 성희롱 소송에 연루될 경우, 조직은 막대한 시간과 재정을 투자해야만 하는 상황에 직면하게 된다. 바로 사안의 파급효과가 성희롱 예방교육 요구를 프로그램으로 전환시킨 경우이다.

이를 위해 교육요구 충족을 위한 기관의 자원제공 가능성도 고려하여 선정된다.

첫째, 프로그램을 위해 보다 적절한 물리적 편의시설의 제공

둘째, 프로그램 실행에 참여

셋째, 강사의 질

넷째, 행정절차의 효율성

다섯째, 다른 기관과의 네트워크

여섯째, 프로그램에 사용될 기자재의 질을 고려해야 한다.

다음의 <표 7-1>은 우선순위 결정의 주요 기준을 제시하고 있다.

<표 7-1> 요구의 우선순위 결정기준

주요 기준	고려 요소
인 력	-특정 요구와 관련해 지식이나 기술을 제공할 사람은 있는가?
목표달성	-특정 요구가 조직의 목표에 기여하는가?
긴급성	-특정한 요구는 즉각적으로 실행되어야 하는가?
파급효과	-다른 요구의 실현에도 영향을 미치는가?
요구의 정도	-현재상태와 이상상태간의 요구격차가 얼마나 큰가?
자원제공	-물리적 편의시설이 제공될 수 있는가?

2) 우선순위 선정기법

조사된 요구 가운데 프로그램으로 전환될 요구를 선정하는 것은 긴급성, 중요

도, 파급성 등의 기준에 의해 제시되었다. 이 기준들이 실제로 요구를 선정하는 데 어떤 기법을 통해 실현될 것인가? 카페렐라는 우선순위 차트를 제시하고 있다. 우선순위 차트는 다양한 요구 가운데 그 중요도나 긴급성의 정도를 기준으로 우선 실현되어야 할 요구를 선별하는 데 유용하다.

요구순위 차트는 먼저 각각의 요구를 이미 언급된 요구선정 기준에 따라 값을 매기고 그 합으로 요구의 순위를 매기는 방법이다. 이 방법은 여러 사람이 함께 요구의 순위를 정할 때 유용하게 사용된다. 다음의 <표 7-2>에 제시된 대로 요구순위 차트가 각 평가자에게 배부되고, 평가자는 요구별로 점수를 매긴다. 그리고 차트가 수합된 후 각 요구별 점수의 합을 구하여 최고점부터 요구의 우선순위가 주어진다.

예컨대 다음의 표는 어떤 기업이 직원들을 대상으로 요구분석을 실시하여 성희롱예방 프로그램이 개설된 예이다. 기업에서 직원들의 요구를 조사한 결과 다음과 같은 결과가 나왔다. 직원들은 직업과 자신의 윤리간의 갈등상황을 해결하고자 하며, 조직의 구성원들간의 의사소통기술을 개신시키고자 하고, 여성과 저학력자들의 리더십 증진교육이 요구되었고, 동료들간의 갈등을 해소하고자 하며, 직무개발에 대한 동기가 부여되기를 원했다.

실제 요구는 매우 다양했으나 이를 범주화시켜 다음의 다섯 가지로 제시되었다. 프로그램 개발자는 조직의 CEO와 상급의 의사결정자, 노동조합원, 동료 프로그램 개발자, 각 부서의 팀장에게 다음과 같은 우선순위 차트를 돌리고 각 요구별로 우선순위를 매기게 했다. 최소의 요구는 '1', 약간 중요한 요구는 '2', 중요한 요구는 '3', 반드시 실현되어야 할 요구에 '4' 값을 매기도록 했다.

그 결과 각 우선순위 차트가 수합되고, 각 항목의 점수는 평균값을 매긴다. 각 항목별 평균값은 다음과 같이 주어졌고, 그 평균의 합산이 총점으로 제시되었다. 합산된 점수는 그 순위가 매겨지고, 조직의 자원이 허락하는 범위 내에서 각 요구가 프로그램으로 개발된다.

<표 7-2> 우선순위 선정 차트

조사된 요구	파급효과	목표달성	긴급도	자 원	총 점
성희롱 방지윤리	4	4	4	4	16
의사소통	4	3	2	3	12
리더십	5	4	5	5	19
갈등해결	2	1	1	2	6
동기부여	3	4	2	2	11

위의 표에 드러난 대로 리더십에 대한 요구가 가장 우선적으로 프로그램으로 개발되게 될 것이다. 성희롱방지 윤리 프로그램이 그 다음 실현될 요구이다. 그러나 이 경우 반드시 요구순위 차트에 의해서만 우선순위가 정해지는 것은 아니다. 이미 그와 유사한 프로그램이 조직에서 실시되고 있는가를 살펴보아야 한다. 해당 기업은 이미 리더십 프로그램을 실시하고 있고, 그 프로그램을 조만간 모든 직원을 대상으로 확장하도록 기획되어 있는 상태였다. 이 경우 성희롱방지 윤리 프로그램이 조직의 가장 우선적인 요구로 선정된다.

위의 <표 7-2>의 요구순위 차트는 우선순위 선정기준을 모두 동급으로 간주한 경우이다. 다시 말하자면 파급성, 목표달성, 긴급도, 자원의 기준을 모두 같은 중요도를 갖는 기준으로 간주라고 순위를 평가한 것이다. 그러나 각 기준들간에 서로 다른 정도의 평가값이 매겨지는 우선순위 선정 차트를 활용하는 방법도 있다. 예컨대 위의 네 가지 기준 가운데 조직의 이윤을 추구하고, 위험도를 낮추기 위해 특별히 고려되어야 하는 기준에 값을 더 부여하는 방법이다. 각 기준들간에 동일 값을 적용시킨 <표 7-2>와는 달리, 각 기준에 다른 무게값을 적용하여 우선순위를 매기는 방법이 있다.

다음 <표 7-3>은 서로 다른 무게값을 적용한 경우이다. 우선순위 선정에 있어 각 기준들간에 동일값을 적용한 경우와 다른 무게 값을 적용한 경우, 최종 요구의 순위는 변동이 없지만 요구값의 격차는 다 크게 벌어졌다. 이 방법은 조직의 주요 인사의 신념이 반영할 때 사용된다. 이처럼 기준에 따라 서로 다른 가중치를 할당하는 것은 조직의 특성이나 자원 혹은 프로그램의 실행시기나 상황에 따라 달리 적용될 수 있다.

<표 7-3> 가중치를 활용한 우선순위 선정 차트

조사된 요구	파급효과 무게값=2	목표달성 무게값=7	긴급도 무게값=5	자원할당 무게값=9	총 점
성희롱 방지윤리	(4)--8	(4)--28	(4)--20	(4)--36	(16)--92
의사소통	(4)--8	(3)--21	(2)--10	(3)--27	(12)--66
리더십	(5)--10	(4)--28	(5)--25	(5)--90	(19)--153
갈등해결	(2)--4	(1)--7	(1)--5	(2)--18	(6)--34
동기부여	(3)--6	(4)--28	(2)--10	(2)--18	(11)--62

2. 목표설정

여러 과정을 거쳐 선별된 요구는 프로그램의 목표로 전환된다. 프로그램 목표는 프로그램 결과를 가시화하고, 평가기준을 제시한다. 프로그램의 결과 기대되는 활동이 목표로 기술되며, 그 목표가 분명하고 정교할 때 효과적인 결과를 얻을 수 있다.

1) 목표의 정의

목표는 유사 용어들과 혼용되고 있다. 목표(Objectives), 타겟(Target), 목적(Aims), 목적(Purposes), 목적(Ends), 목적(Goal) 등은 서로 구분되기도 하고 혼용되기도 한다. 목표를 지칭하는 서로 다른 용어들은 공통적으로 최종적으로 기대되는 결과를 지칭하고 있다. 그러나 각 용어는 그것이 사용되는 수준에 따라 다르다. 예컨대 목적(Aim)은 국가 혹은 사회적인 차원에서 가장 포괄적인 의미의 목적을 지칭하며, 목표(Objective)는 가장 최소한의 단위의 목적을 지칭할 때 사용된다.

목표에 대한 정의는 학자에 따라 다르다. 듀이(Dewey)에 따르면, 목표는 예견된 목적이며, 바로 활동으로 연결된다. 크레크(Krech) 등은 목표를 도달하고자 하는 목적과 피해야 할 목적에 따라 최종적으로 얻게 되는 것으로 정의한다. 목표는 최종 행동의 기대결과 혹은 이루고자 하는 상태나 얻고자 하는 지위이다. 그래서 목표는 변하고, 변해야 되고, 개선되어야 할 상황에서 제시된다.

흔히 프로그램의 목표는 목적과 혼용되고 있다. 목적과 목표는 결과를 얻기 위한 행동지침이다. 프로그램 개발과정에서 목표는 그 기능에 따라 일반목적, 프로그램 목표, 학습목표로 구별된다. 학습자 개인의 학습목표로부터 평생교육센터, 지역사회의 교육목표에 이르기까지 다양하다. 일반목적(Purpose, Aim, Goal)은 평생교육기관에서 실현하고자 하는 포괄적인 수준의 목표이다. 프로그램의 일반목적은 교육철학이나 가치체계를 전하는 것으로 정책에 제시되어 있다. 평생교육이 갖는 사회적 목적과 기관의 목적을 포함한다. 일반목적은 교육이 시작될 때 형성되어 장기적인 조직의 교육방향과 지침을 제공한다.

프로그램 목표(Program Objective)는 일정한 시기에 조직의 평생 프로그램이 지향하는 교육적 결과이다. 어느 여자대학의 평생교육센터의 신설 프로그램이 여성들의 지위향상을 위한 교양교육을 목표로 하고 있는 것이 그 예이다. 프로그램 목표는 학습자들의 어떤 활동을 개발할 것인가에 초점을 두고 있다. 프로그램 목표는 프로그램 개발을 지도, 안내하고 전체 프로그램의 목적과 다양한 활동간에 균형을 이룬다. 더불어 프로그램이 실시된 후 평가기준을 제시하기도 한다.

학습목표(Learning Objective)는 참여자 개인의 특별한 학습활동을 위한 세부적인 행동결과이다. 학습목표는 행동목표와 같은 의미로 교수-학습과정 설계시 논의된다. 학습목표는 학습자에게 초점을 맞춘 구체적인 진술이다. 이는 특별한 프로그램과 프로그램 개발자의 바램에 따라 매우 구체적이거나 더 일반적일 수 있다. 예를 들어, 고속버스 운전사들이 새로 바뀐 도로교통규칙을 학습하는 2시간용 프로그램은 그 목표가 매우 구체적이고 평가기준도 구체적으로 주어진다.

2) 목표설정

프로그램 개발자들은 결코 진공상태에서 프로그램 목표를 개발하지는 않는다. 목표가 실행불가능한 것이건 당초 의도와는 다른 혹은 관련없는 성과를 가져올 위험이 있기 때문이다. 프로그램 개발자들은 합리적이고 의도된 결과를 얻기 위해 목표를 설정할 때 스스로 다음과 같은 질문에 답해 보는 것이 도움이 된다.

첫째, 이미 확인된 문제와 아이디어는 잠재적 참여자들의 요구와 관계있는가?

둘째, 설정된 목표는 프로그램의 중요 부분에 초점을 두는가?

셋째, 목표는 실천가능한 것인가?

넷째, 제시된 시간 내에 실행할 수 있는 목표인가?

다섯째, 목표는 그 결과를 평가할 수 있는 기준을 제시하고 있는가?

마지막으로, 목표는 개인과 조직에 의미있는 것인가?

이런 과정을 거쳐 남겨진 요구는 프로그램의 목표를 세우는 데 원재료로 제공된다. 남겨진 요구들은 조직의 미시적 혹은 거시적 목표를 기준으로 서열화된다. 목표에 대한 이러한 위계는 하위의 미시적인 요구와 함께, 위계의 가장 상위에 있는 거시적인 요구를 강조한다. 위계의 정점에는 거시적인 목표가, 위계의 가장 밑바닥에는 최하위 차원의 미시적인 목표가 존재한다. 미시적인 목표와 거시적인 목표 사이에는 순차적이고 상승적인 차원의 각각의 미시적 목표들이 배열된다. 다양한 목표간에는 상호조화와 균형을 이루어야 한다. 따라서 프로그램 목표를 설정할 때에는 어느 수준에서든 반드시 다음 사항을 유의해야 한다.

첫째, 조직차원의 성인교육 프로그램 목표를 개발하고, 이 목표가 상위조직의 교육목표에 일치하는가 살펴본다.

둘째, 성인교육부서의 프로그램 목표를 개발한다.

셋째, 프로그램의 행동목표를 위에 언급한 목표들에 일치시킨다.

넷째, 프로그램 목표실행에 관계되는 모든 행동을 구체적으로 기술한다.

다섯째, 위에 기술된 행동을 프로그램과 조직의 목적에 일치하도록 조정한다.

여섯째, 각각의 행동을 중심으로 프로그램을 세분화한다.

일곱째, 세분화된 프로그램을 하나의 프로그램으로 통합한다.

여덟째, 각 프로그램 담당자들의 책임영역을 규정한다.

아홉째, 각 프로그램의 예산을 편성하고 수입과 경비지출을 구체적으로 정한다.

이렇게 진술된 목표는 조직의 신념과 일치하고 자원의 유용성이 확보되며, 학습자들의 능력 내에서 실질적이어야 한다.

프로그램의 목표는 첫째, 방향을 지시하고,

둘째, 학습내용을 안내지도하고,

셋째, 평가기준을 제시하며,

넷째, 프로그램 결과를 예측할 수 있어야 한다.

교육목표가 이와 같은 요건을 충족하지 않을 때 프로그램은 성공하기 어려울 뿐만 아니라, 교수자의 학습진행도 불가능하기 때문이다.

3. 목표기술 방법

프로그램 목표설정은 프로그램 개발자에게 가장 어려운 임무이다. 그 이유는 목표설정이 바로 프로그램 실현의 구체적인 결과를 뜻하고, 프로그램 목표가 예측하는 현실의 실천상황이 유동적이기 때문이다. 프로그램의 목적은 기본적으로 개인, 조직, 지역사회의 변화에 있다. 이를 위해 목표는 다음의 몇 가지 사항을 유념하여 기술되어야 한다. 목표를 의미있게 진술하기 위해서는

첫째, 목표를 획득하려는 참여자들의 유형을 구체화한다.

둘째, 목표를 달성할 것으로 기대되는 학습자의 비율이나 최소인원을 나타낸다.

셋째, 참여자들이 프로그램을 통해 얻고자 하는 것을 구체적으로 기록한다.

넷째, 장래 고객에게 중요하고 가치있는 것을 다룬다.

다섯째, 진술된 문제와 명백한 관계를 보여준다. 목표획득은 사실상 문제나 요구를 해결하는 것이기 때문이다.

여섯째, 프로그램에 투입할 수 있는 노력과 자원의 양 및 실현가능성을 나타낸다.

일곱째, 주어진 시간 내에 획득될 수 있어야 한다.

여덟째, 목표의 성취 여부를 평가 가능하도록 가시적이고 구체적으로 정의해야 한다.

마지막으로, 프로그램의 핵심부분에 초점을 맞춰 목표가 기술되어야 한다.

목표는 프로그램의 결과가 구체적이고 가시적으로 드러나 획득될 수 있는 목표인지를 결정할 수 있게 한다. 프로그램 목표는 때때로 구체적인 결과로 가시화시키기 어려운 경우가 있다. 예를 들어, '지도성 개발'이라는 목표를 가진 리더십 프로그램에서는 지도성 획득 여부를 결정하는 것이 어렵고 눈에 보이지도 않는다. 그러나 지도성의 의미에 따라 측정가능한 행동으로 전환하는 것이 가능하다. 예컨대 지도성의 유형이 그룹의 행동에 대한 더 많은 책임감을 의미하는 것이라고 하자. 그 경우 목표는 첫째, 조직의 관리자가 되는 것, 둘째, 조직 구성원에게서 좋은 관리자로 인정받는 것, 셋째, 회장의 지위에 대한 일을 인정하는 것, 넷째, '유연하게', '신속히' 등과 같이 업무획득 결과로 보여지는 것과 같이 '지도력 증가'라는 단어로 진술될 수 있는 것이다. 결국, 목표를 진술할 때는 보이지 않는 목표를 보이는 목표로 변화시키도록 한다.

요약하면 프로그램 개발자는 조사된 요구를 프로그램 목표로 전환할 때 조직의 가용자원과 외부로부터 조달할 수 있는 자원을 충분히 고려한다. 아무리 훌륭한 프로그램 목표가 수립된다 하더라고 자원이 부족할 경우, 결국 프로그램의 성공은 보장될 수 없기 때문이다. 프로그램 목표는 실천 가능한 것이라야 한다. 프로그램 목표는 가시적인 것과 비가시적인 것으로 구분되어 진술되는 것이 바람직하다. 프로그램은 재정을 지원받고, 재정을 지원하는 조직은 다소나마 가시적으로 드러나는 프로그램의 결과를 보고자 하기 때문이다. 그 이유는 프로그램이 지속적으로 생존될 수 있기 위한 기본 요건이기 때문이다. 프로그램이 처음 생성된 경우, 프로그램의 가시적인 효과가 드러나지 않는다면, 그 프로그램은 지속되지 못하고 없어져 버리게 된다. 그러므로 프로그램 개발이 정치적인 측면을 다소 내포하고 있다는 점을 고려하여, 목표가 가시적으로 드러날 수 있게 한다.

제 8 장 학습내용과 교수방법

이 장의 목표

1. 프로그램의 요구와 목표에 따른 학습내용을 선정한다.
    1) 학습내용의 선정기준
    2) 학습내용 형성양태
2. 프로그램의 학습내용을 조직한다.
    1) 학습내용 조직원리
    2) 학습시간 결정
3. 학습내용과 이를 실행하는 교수방법간의 관계를 인식한다.
    1) 학습내용에 따른 교수법선정
    2) 교수법에 따른 학습효과
4. 적절한 교수방법을 익힌다.
    1) 지식과 정보중심의 교수법
    2) 기술과 기능중심의 교수법
    3) 태도와 가치중심의 교수법

조별작업을 위한 가이드

1. 각 조는 학습내용 선정의 의미에 대해 논의한다.
2. 프로그램의 내용을 논의하기 전에 각 조는 프로그램 주제선정시 그리고 목표를 설정할 때 무엇이 언급되었던가 평가한다.
3. 각 조는 프로그램 내용선정 기준을 정한다.
4. 각 조는 프로그램의 내용을 구체적으로 논의한다.
5. 프로그램의 내용에 따른 시간을 배분한다. 가능한 세부적인 학습내용으로 구분하여 시간을 할당한다.
6. 교수자는 각 내용별로 적절한 교수방법을 각 조별로 토의하게 한다.
7. 각 조가 논의한 교수법을 발표하고, 교수자는 요약정리한다.
8. 각 조는 이미 선정한 학습내용별로 교수법을 선정한다.

프로그램 목표와 학습목표가 정해지면, 프로그램 개발자는 그 목표를 달성하기 위한 학습내용과 교수방법을 설계한다. 이는 학습자가 학습목표를 성취하고, 조직이 프로그램 목적을 달성하도록 교육기회를 구조화하는 활동으로 프로그램의 목표에 따라 학습내용의 단위나 시간, 학습형태를 선정하는 과정이다.

1. 학습내용 형성양태

학습내용은 몇 가지 기준에 의해 형성된다. 파머(Farmer)와 블래니(Blaney)의 기준이 일반적으로 사용된다. 이들은 요구분석에서 밝혀진 문제나 요구에 바탕을 두고 다른 사항을 고려하게 했다. 파머는 학습의 목적에 따라, 블래니는 내용의 결정자에 따라 학습내용이 달리 형성됨을 제시했다.

파머(1974)는 학습내용의 형성과정에 따라 그 유형을 세 가지로 구분했다. 주입내용 중심형, 요구중심형, 문제중심형이 그것이다. 그 내용은 학습자의 요구나 문제를 해결하기 위한 것인가 혹은 주입식 전달을 목적으로 하는가에 따라 달라진다. 주입내용 중심형은 지식, 기술, 태도 혹은 정보 등을 학습자에게 주입시키는데 프로그램의 목적을 두고 있다. 대학생들의 인턴활동 혹은 교생실습 등이 그 예이다. 주입내용 중심형은 일반 학교에서 사용하는 커리큘럼 구성과 같은 방법이다. 요구중심형은 학습자 자신이 진단한 학습요구를 충족시키기 위한 학습내용을 형성한다. 이 경우 학습자 개인은 내용에 관한 전적인 책임을 지고 있다. 해외교환학생 프로그램이 그 예이다. 마지막으로 문제중심형은 조직 혹은 집단의 문제를 해결하기 위한 내용이 주를 이룬다. 이 경우 학습내용은 문제해결을 위한 현재상태와 이상상황간의 갭을 메우는 학습내용이 중심이 된다. 예컨대 퇴직준비교육이 그것이다. 일반적으로 프로그램의 학습내용은 학습자중심형과 문제중심형이다.

블래니(1974)는 학습자 개인에 의해 혹은 조직에 의해 형성되는가에 따라 학습내용을 다른 형태로 구분했다. 개인형, 기관형, 공유형이 그것이다. 학습내용 형성양태는 프로그램의 구성과 실행, 평가 전 과정에 영향을 미치는 요인을 중심으로 분석되었다. 학습자가 전 과정의 의사결정권을 갖고 있을 때 학습내용 형성은 '개인형'으로 명명되었다. 개인이 모든 것을 결정하고 관리하며, 그 개인을 위한 학습내용이 형성되기 때문이다. 자기주도학습이 그 대표적인 예이다. 개인이 자신의 요구를 파악하고, 개인이 학습목적을 설정하고, 어떤 내용을 섭렵할 것인지, 그 평가방법 등을 결정한다. '기관형'은 개인형과 달리 모든 학습내용이 전적으로 기관에 의해 결정되는 경우이다. 기관형과 개인형이 혼합된 것이 '공유형'이다.

<표 8-1> 학습내용 형성모드

변 인	기관형	공유형	개인형
권위의 소재	기관	교수자와 학습자	개인
목 적	기관의 목적에 부합되는 학습목표가 외적으로 명시된다.	명시되지 않지만 집단활동으로 드러난다.	외적으로 드러나지 않고, 개인의 활동으로 추론된다.
교수방법	과학적/체계적 방법	집단/과정중심방법	개인중심방법
교수자 역할	학습과정을 기획, 통제 관리	격려자, 자원제공자	학습자가 교수자
학습자 역할	의존적	독립적, 협력적	독립적
교수매체	교수공학 사용	집단이론에 근거	개인에 의해 선정
학습조건	명료한 목표, 학습자의 지식, 피드백, 동기부여	긍정적 수용적 학습분위기	자율적, 자료의 유용성

출처 Blaney, J.(1974) 『A Monograph on Program Development in Education』. pp.20-21

그러나 프로그램의 학습내용은 파머나 블래니가 언급한 그 어느 것으로 정해지는 것은 아니다. 학습내용은 학습자와 프로그램 진행자, 조직간의 상호작용과 그 권력관계에 의해 결정된다. 이 점은 프로그램 개발의 이론적 접근과정에서 윌슨과 서베로(1994; 2000)에 의해 깊이 논의되었다. 니에이미와 나글은 파머와 블래니의 분류를 서로 결합시켜 학습내용 형성양태를 도식화했다. 다음의 <그림 8-2>에 드러나 있다.

<그림 8-2> 학습내용 형성양태

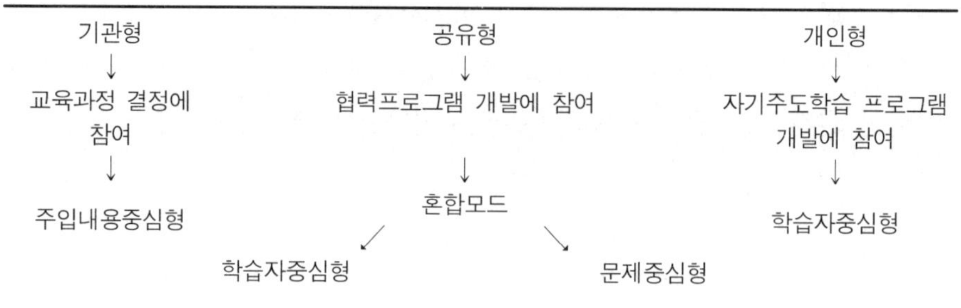

출처 Nieme & Nagle(1974) 『Managing Adult and Continuing Education Program and Staffs』 p.146.

니에미와 내겔(1974)의 위 그림에 의하면 학습내용형성은 학습목적과 의사결정권자가 그 형성은 영향을 미친다. 먼저 프로그램 학습내용에 관한 의사결정권이 개인에게 있는 경우이다. 파머의 요구중심형 학습내용이다. 개인이 학습 전 과정에 모두 책임을 지고 있다. 학습내용은 학습자 개인의 요구를 실현하는 것이다. 반면에 조직이 그 과정에 의사결정을 주도할 경우는 블래니의 '기관형 혹은 조직형'에 해당된다. 조직이 학습내용을 결정한다. 학습내용은 파머의 주입내용 중심형에 해당한다. 일반적으로 개설되는 많은 프로그램들이 이 유형이다. 예컨대 대학의 평생교육원에서 제공되는 프로그램을 들 수 있다. 평생교육원의 프로그램들의 학습내용은 전문가에게 의뢰하여 정해지거나 혹은 조직에서 사용가능한 자원을 고려하여 조직의 입장에서 결정된다. 그렇게 개설된 프로그램에 일반 학습자들이 참여 여부를 결정하는 역할만 부여된다. 조직이 학습의 운용에 관한 전적인 책임을 지고 있다. 마지막으로 개인형과 조직형의 융합형태가 공유형이다. 공유형은 개인들의 의견을 충분히 섭렵하고 더불어 조직의 입장을 반영하여 양자간의 합의에 의해 학습내용이 형성된다. 파머의 요구중심형과 문제중심형이 이에 해당된다. 방과후 학습활동이 그 예이다. 방과후 교육은 학교가 부모들에게 자녀들의 학습내용에 관한 의견을 조사하고, 그것을 토대로 학교가 운영가능한 학습내용으로 프로그램을 구성한다.

이들은 학습자와 강사의 상호협력에 의해 형성된 프로그램을 가장 바람직한 것으로 제시하고 있다. 왜냐하면 학습자들의 요구와 전문가의 판단에 의해 프로그램 목표가 설정되고 교육내용이 정해지므로 개인형이나 기관형이 갖는 단점을 보완할 수 있기 때문이다. 이때 특히, 성인교육자는 학습자들을 격려하고 동기를 부여하는 역할과 더불어 학습자들의 요구를 판단할 의무가 있다. 이를 위해서는 성인교육자에게 탁월한 지식, 기술, 태도가 요구된다. 성인교육자는 교과목이나 성인의 특성, 성인학습원칙 등에 관련된 지식과 기술, 태도와 함께 해당 기관의 특성을 파악해야 한다.

2. 학습내용조직 및 선정

1) 학습내용조직

학습내용은 다양한 방법들로 조직된다. 기관의 스태프 혹은 전문가로부터 학습참여자가 직접 결정하는 등 다양하다. 학습내용은 사람에 의해 조직되지만, 조직의 가용자원을 고려하여 이뤄진다. 조직이 학습내용을 운용할 능력과 자원을 가지고 있는가가 학습내용을 결정하는 주요 변인이다. 일반적으로 학습내용 결정상황은 제한되어 있어, 교육 프로그램에 어떤 내용을 제공할 것인가는 중요한 문제가 된다. 예를 들면, 기업체에서의 훈련 프로그램은 자연스럽게 직무기술과 관련된다. 이 경우 학습내용은 직무기술로 제한되지만, 기술종류를 선택하는 폭은 넓어야 한다.

프로그램 내용조직은 자원과 상황에 따라 다른 요인들이 작용한다. 학습내용은 다음과 같은 몇 가지 기본원리를 고려하여 조직하는 것이 바람직하다.

첫째, 학습내용은 프로그램 목적을 고려한다. 학습목적은 스태프 능력, 강의실

수, 잠재적 학습자의 요구, 재정적 능력과 경험에 기초하여 설정된다. 그러므로 학습내용을 조직할 때 프로그램 목적을 검토하는 것에서 시작하는 것이 바람직하다.

둘째, 모든 프로그램은 각 분석된 요구에 따라 핵심내용을 조직하면서 동시에 새로운 욕구를 드러낼 가능성이 있는 학습내용도 실험적으로 개설하도록 한다. 예를 들어, 실내장식을 전공한 강사가 '골동품 구매법' 프로그램의 개설을 제안한 경우를 보자. 지금까지 이 기관에 아무도 골동품 구입에 대해 문의한 적이 없으므로, 이 프로그램은 요구가 없는 것으로 가정되기도 한다. 더욱이 프로그램 담당자는 이 학습내용에 대한 잠재적 학습자들의 관심을 실제로 확인할 수도 없다. 이 경우 프로그램 개발자가 골동품 구매 강좌를 개설하는 것은 위험을 수반하기도 한다. 그럼에도 불구하고 프로그램 개발자는 실험적으로 골동품구매 프로그램을 개설할 필요가 있다. 사람들의 요구가 실제로 파악되지는 않았지만 등록이 끝난 후, 골동품 강의에 많은 사람들이 몰려온 반면에 실내장식 강의에는 평범한 수준으로 등록되어 있을 수 있다. 이런 경우를 고려하여 학습내용은 보다 새로운 흥미와 요구를 반영하도록 해야 한다.

셋째, 일반 프로그램에는 다양한 주제의 과목들을 균형을 맞추어 학습내용을 조직해야 한다. 학습자들은 직업이나 생존을 위한 요구뿐만 아니라 다른 종류의 흥미도 갖고 있다. 한 사람이 서로 대조되는 학습내용에 관심을 갖는 경우도 있다. 예를 들면, 대중연설, 사교춤 등의 프로그램에 참여자들이 세계 시사에 관한 학습에도 등록하고 있다. 학습내용은 참여자들의 관심범위를 넓혀주도록 다양한 과목들을 개설해주는 것이 필요하다.

넷째, 학습내용은 프로그램의 목표와 후원기관의 정책에 따라 조직되어야 한다. 학습내용 담당자는 그 내용이 프로그램 목표를 실현하는지 알 수 있는 기준을 갖고 있어야 한다. 예컨대 지역사회를 위한 프로그램이 결정된 경우, 여러 이익집단과 사람들로부터 많은 학습내용을 요구받게 된다. 이 경우 어느 요구를 학습내용에 편입할 것인지를 판별하도록 정책준거가 필요하다. 만약 그 기준이 없다면 프로그램 내용의 통합성은 결여될 것이다.

다섯째, 조직이 개설할 학습내용이 인근 다른 조직 프로그램과 중복되지 않도록 한다. 학습내용이 중복될 경우, 그 수익성의 감소는 물론 장기적으로 프로그램의 생존도 어려울 것이다. 또한 인근 조직의 학습내용과 갈등의 소지가 있는가 하는 점이 검토되어야 한다. 다른 조직의 학습내용과 상반되거나, 갈등의 소지가 있을 경우, 조직간의 협력이 어려워질 수 있기 때문이다.

여섯째, 개설될 내용이 제한된 시간에 실행될 수 있도록 제한해야 한다. 시간은 학습내용의 종류와 자원 및 진행자에 따라 달라질 수 있다. 일반적으로 강의는 6-45시간으로 제공되고 있다(Caferalla, 1997). 어떤 내용은 수준에 따라 초급, 중급, 고급 등의 과정으로 구분되어 개설되기도 한다.

일곱째, 학습내용은 개설강좌 이름을 고려하여 조직되는 것이 효율적이다. 과목명은 현대사회에 필요한 기능적 문제나 즉각적인 요구충족 혹은 다른 곳에서 충족될 수 없었던 것을 명시하는 것이 좋다. 예를 들면, '뉴 밀레니엄 시대의 인간관계 오픈'이라는 명칭은 기존의 '인간관계법'보다 훨씬 많은 관심을, '영작문'보다는 '생활 속의 영어 한 마디'가 효율적이다. 기본적으로 학습내용이 유사하게 조직된다 할지라도 학습자들의 관심과 호기심을 끌 수 있기 때문이다. 성인학습자들은 기능적이며 추상적인 지식보다 실제 생활문제에 더 관심을 두고 있기 때문이다.

여덟째, 학습내용은 조직의 수익을 올리는 내용과 외부의 보조금을 지원받을 수 있는 내용을 균형있게 조직한다. 어떤 내용은 많은 사람들을 끌어들이면서도 운영비가 저렴해 수입을 증가시킨다. 문화센터의 '주부 노래부르기' 프로그램이 예이다. 강사와 장소를 1회 대여하면서 많은 사람들이 한꺼번에 참여 가능하기 때문에 저비용, 고효율 프로그램이다. 반면에 어떤 내용은 소수의 사람만이 등록하고, 운영비가 많이 들어 경비를 보조해야 하는 경우도 있다. 예를 들면 '집안에서 활용할 수 있는 장애자 물리치료법' 혹은 예술관련 프로그램이 그것이다. 따라서 프로그램 내용과 예산의 균형을 고려해야 한다.

아홉째, 학습내용은 계절과 현재 관심사를 반영하여 조직되는 것이 바람직하다. 예컨대 '화단가꾸기'는 늦은 겨울이나 이른 봄에 하는 것이 계절적으로 유용성이 높다. '실내장식'은 봄에, '스키'는 가을에, 수영은 여름에 참여를 높일 수 있다. 학습내용 선정자는 또한 최근 신문의 주요 사건에도 관심을 두고, 학습내용에 반영하도록 한다. 예컨대 국제적으로 주식이 증가하는 성향이 주요 이슈라면 학습자들은 '주식의 관리' 라는 학습내용에 관심을 가질 것이다. 학습내용은 새로운 흥미를 유발시키고 자연스럽게 강의에 대한 자극을 제공할 수 있게 한다.

마지막으로, 학습내용은 외적으로 명시된 정책준거나 기준에 의해 조직되도록 한다. 프로그램의 성패는 학습내용간의 객관적이고 효율적인 조직에 따라 달라질 수 있기 때문이다.

2) 학습내용 선정

학습내용은 참여자들이 학습결과에 대한 청사진을 갖게 한다. 학습자가 학습에 참여하면, 무엇이 변하고 그것이 어떤 과정을 거쳐 일어나게 되는지를 명료하게 보여준다. 학습내용은 결국 학습자들의 요구를 충족시킬 것으로 구성된다.

프로그램의 학습내용은 학습자의 경험과 잠재적 학습자들의 참여 정도, 학습자의 실행 정도와 피드백을 포함해 다음과 같은 기준에 의해 선정된다.

첫째, 학습의 내용은 학습자의 사전경험과 관련될 때 효과적인 학습이 이루어진다. 학습자의 사전경험은 학습자가 새로운 학습내용을 접할 때 기존의 데이터에 연결하여 구성할 기초자료를 제공할 수 있기 때문이다. 예컨대 다도(茶道)에 관한 프로그램이 개발되는 경우를 가정해 보자. 참여자들이 이미 일본을 여행한 적이 있거나 혹은 거주경험이 있는 자들이라면, 그렇지 않은 자들을 대상으로 하는 경우와 학습내용이 달라진다. 일본여행 경험이 있는 학습자들은 차를 마시는 것이 일상생활의 한 부분임을 보았을 것이다. 그것이 다른 일상습관을 형성하는 것과 다를 바 없다는 점을 인식할 것이다. 그러나 일본여행 경험이 없는 학습자들의 경우는 차를 마시는 데 예의가 왜 필요하고, 그에 대해 시간을 할애해가며 학습해야 할 것인가에 대해 교수자의 사전설명이 필요할 것이다. 이렇듯 학습자의 경험은 학습내용 선정시 중요하게 고려되어야 한다.

둘째, 학습자가 학습내용의 계획과 실행에 참여 정도이다. 학습자가 학습내용

선정에 참여하면 학습내용은 학습자들의 요구와 바램을 많이 반영할 수 있을 것인가. 이 부분은 누가 학습내용을 선정할 것인가 라는 이슈와 관련된 것이다. 학습내용은 전문가에 의해 형성되는 것이 학교교육에서 원칙이었다. 그러나 성인학습은 학교교육과는 달리 학습자들이 원하는 것을 구성할 수 있는 능력을 스스로 지니고 있고, 학습요구는 학습자 스스로 가장 잘 파악할 수 있다는 전제에서 선정된다. 이 전제에 따르면 학습내용은 학습자들이 직접 선정하는 것이 바람직한 것처럼 보인다. 그러나 프로그램 개발과정에 학습자는 대부분 잠재적 학습자로 확정적이지 않기 때문에 프로그램 개발자가 그 작업을 수행한다. 다른 측면에서 선정된 학습내용의 실천은 또 다른 이슈를 제기한다. 즉 교수자에 의해 학습내용이 실행되기 때문이다. 교수자가 실행할 수 없는 학습내용이 선정되면, 그 학습내용은 무의미한 것이 되고 만다. 그러므로 학습내용의 선정은 잠재적 학습자, 교수자, 프로그램 개발자의 공동협력 작업이다. 특히 학습자의 참여는 그들의 요구가 반영한 프로그램이라는 홍보효과도 있어 적극적인 참여를 유도할 수 있다.

셋째, 학습내용은 학습자가 실행가능한 것이라야 한다. 학습자의 실행가능성은 프로그램의 유용성과도 관련되어 있다. 학습내용이 학습자에게 지나치게 어렵거나 쉬운 경우 혹은 학습내용을 실시하는 각종 시설설비가 지원되지 않는 경우, 학습은 진행되지 못한다. 따라서 학습내용은 실행가능성을 고려하여 선정되어야 하고, 학습자들에게 피드백하는 과정이 있어야 한다. 학습내용의 피드백은 학습자들에 새로운 학습동기를 부여하기 때문이다.

프로그램 개발자는 이상의 학습내용 선정원리를 고려하여 학습활동을 구조화하게 된다. 학습내용을 구성할 때는 학습내용의 특성을 분석하여 이루어진다. 먼저 학습내용이 지식이나 정보, 기술, 기능, 태도 혹은 가치 중 어떤 영역에 초점을 두고 있는가가 결정되어야 한다. 그 영역의 분류는 학자와 사용하는 사람에 따라 달리 분류되고 프로그램 개발자의 편의에 의해 사용될 수 있다. 지식과 정보영역은 지식의 기억과 인식, 지적인 기술과 능력의 개발 혹은 새로운 정보 등과 관련된 것을 다룬다. 기술과 기능영역은 기술과 능력의 개발 및 변화에 대응하는 기능을 포함한다. 태도와 가치영역은 사물을 바라보고 대하는 방법이나 의식에 관련된 것이다. 각각의 영역에는 실제 수준과 바라는 수준이 있다. 그 차이가 바로 프로그램 학습내용으로 편성된다. 학습내용은 프로그램이 실시된 후 참여자가 얻을 변화와 조직이 요구하는 변화로 구성되어야 한다.

프로그램 개발자는 학습내용의 영역이 드러나면 그와 관련된 구체적인 내용을 설계하기 위해 잠재적 학습자의 참여와 전문가의 도움을 필요로 한다. 이 부분은 공동작업으로 이루어지는 것이 바람직하다. 상황에 따라 학습내용의 선정은 전문가 혹은 학습실행이 담당할 교수자에게 직접 위임되기도 한다. 그러나 프로그램의 파급효과가 큰 경우는 학습내용이 조직의 이념 혹은 정책과 갈등의 소지는 없는지, 혹은 학습을 실행할 수 있는 시설과 자원이 충분히 고려된 것인지가 프로그램 개발자에 의해 반드시 검토되어야 한다.

3. 학습시간 결정

학습시간은 참여자들이 가장 편리한 시간에 제공하면 된다. 가정주부나 노인들은 낮시간에 제공되는 프로그램에 참여하지만, 대부분의 성인들은 저녁시간이 편리하다. 성인들은 직업을 갖고 있어 학습이 부가적인 생활인 경우가 많기 때문이다. 물론 직장이 밀집된 지역이나 혹은 소속된 기관에서 운영되는 프로그램은 점심시간 등을 이용하여 개설되기도 한다. 그러나 대부분 성인들이 이용하기 편리한 프로그램은 퇴근 이후의 시간으로 주 1회 정도의 참여가 선호되고 있다. 어떤 프로그램은 격주에 1회 진행되기도 한다. 특히 학습자들의 준비를 많이 필요로 하는 예술관련 프로그램의 경우가 해당된다.

학습내용은 학습시간의 길이에 따라 달라진다. 역으로 학습내용에 따라 학습시간이 달라지기도 한다. 학습내용을 조직하는 자는 학습내용과 학습시간의 상보성을 고려해야 한다. 학습시간은 다음의 몇 가지 요인을 고려하여 정해진다.

먼저 학습자들의 피곤함 정도를 고려하는 것이 바람직하다. 예컨대 월요일은 다른 날에 비해 일반적으로 직장인들의 피로도가 높은 날이다. 반면 수요일과 금요일은 그 정도가 낮다. 강의요일은 이런 점을 반영하고 있다. 예컨대 하루종일 과도하게 일한 사람은 퇴근 후 1시간 30분 이상 집중수업을 하기 어렵다.

둘째, 학습내용의 유형을 고려한다. 학습내용이 일반적인 정보를 전달받는 것인지 혹은 학습자가 개인별로 시간을 할애하여 프로젝트를 실시해야 하는 것인지에 따라 달라진다. 정보가 주내용인 경우, 10분간의 휴식은 참여자들에게 수업준비를 위해 유용하지만, 실험이나 공예 등의 내용은 장비설치와 작업시간을 필요로 한다. 특히 할당된 프로그램시간 이외에 더 많은 시간을 요구하기 때문에 학습자들의 부담은 더 크게 느껴진다. 따라서 학습시간은 학습내용유형을 고려하여 정해져야 한다.

셋째, 프로그램 강좌수와 시간을 고려한다. 예컨대 학습시간이 1시간일 경우 저녁마다 3강좌를 듣는 것이 가능하다. 1시간 30분일 경우에는 2강좌를, 더 길면 1강좌만 수강할 수 있다. 일반적으로 2강좌를 들을 수 있도록 하는 것이 바람직하다. 강좌의 구성도 앞뒤 강좌의 내용을 고려하여 균형을 이루는 것이 좋다. 2강좌로 구성된 프로그램의 경우, 첫시간이 강의로 진행된다면 다음 강좌는 도론 등 학습자가 직접 참여하게 하는 것이 효과적이다. 프로그램은 일반적으로 6-16주로 진행된다. 학습시간에 적용된 원리가 프로그램 기간에도 그대로 적용된다.

4. 교수기법

교수기법은 학습활동 진행방식과 교수매체를 포함한다. 교수기법은 성인학습자들의 다양한 경험과 배경을 활용하여 선정된다. 교수기법은 학습자의 경험을 학습자원으로 활용될 수 있도록 각 상황에 따라 다른 방법을 사용한다.

교수기법은 집단의 크기와 학습내용, 학습자의 참여도에 따라 다른 유형으로 분류되고 있다. 예컨대 학습자 집단의 크기에 따라 개인형, 소집단형, 대집단형으로 구분되기도 하고, 학습내용에 따라 지식, 기술, 태도 등으로 제시되기도 한다. 학습자 집단의 크기에 따른 분류는 집단크기가 학습내용과 상황에 따라 달라지므로 일반화하기 어렵다. 집단의 크기는 교수자의 능력에 따라 통제 정도가 다르기 때문이다. 예컨대 초심자의 경우 집단을 다루는 데 익숙하지 못하고 참여식 교수기법에 숙달되어 있지 못하다면 집단의 크기는 더욱 작아질 것이다. 반면에 집단학습자에 대한 경험이 많고, 집단의 참여를 유도하는 데 숙달된 교수자라면 집단의 크기는 더 늘어날 것이다. 이런 이유로 교수기법은 집단의 크기에 따라 분류하기보다는 학습의 내용에 따른 분류가 많이 사용되고 있다.

학습내용에 따른 교수기법은 그 내용이 지식과 정보, 기술, 태도와 가치의 습득에 초점을 두는 것으로 분류된다. 지식과 정보가 그 내용인 경우, 교수기법은 교수자중심으로 집단의 크기는 소집단 혹은 대집단으로 융통성있게 사용될 수 있다. 기술과 기능의 습득이 목적인 경우, 경험중심의 개별 교수기법이 효과적이다. 마지막으로 태도와 가치의 경우, 토론형의 기법을 활용하여 다른 사람의 생각과 가치에 노출되는 방법이 사용된다.

효과적인 학습을 위해 프로그램 개발자는 학습기회, 방법, 기술, 고안물, 학습경험을 신중히 고려해야 한다. 예컨대 3일의 워크숍은 아마도 제한된 개별접촉과 함께 집단접촉방법을 사용할 것이다. 프로그램 개발자는 강의, 소그룹 토론, 게임 시뮬레이션, 패널을 사용하기 위해 계획하고, 고안물이나 교수재료로는 영화, 슬라이드, 게임 시뮬레이션을 위한 자료, 차트 등이 포함된다. 다음의 교수기법은 그것을 사용하는 교수자의 능력과 학습자의 특성, 학습목표, 학습상황에 따라 달리 활용될 수 있다.

1) 지식과 정보

학습내용이 지식과 정보가 중심인 경우 효과적인 교수기법은 개인과 소집단 중심의 토론기법이나 개별강의기법이 효과적이다.

(1) 개별학습 형태

통신학습, 상담, 코칭, 멘토링, 자율학습은 정보나 지식을 습득하는 데 활용되는 개별교수 기법이다. 개별교수 기법은 학습자의 능력, 나이, 배경 등으로 구분하지 않고, 학습자의 형편을 고려한 교수를 실시한다.

통신학습 통신학습은 통신매체를 통해 학습활동이 진행되는 교수기법이다. 학습자는 교수자와 면대면 만남을 하지 않는다. 교수자는 학습자에게 학습활동을 위한 내용을 구체적으로 정하고, 학습자는 정해진 내용을 습득한다. 학습자는 통신으로 그 내용을 주고받으며, 통신매체를 통해 언제든 교수자를 접촉할 수 있는 장점이 있다. 교수자는 학습자에게 즉시 피드백을 주며, 학습상황이 교수자에 의해 확인된다. 방송통신대학의 프로그램이 그 예이다. 반면 학습자가 학습에 대한 욕구가 적거나 혹은 저해요인이 있을 때 학습자를 격려하거나 동기를 부여할 수 없는 단점이 있다.

코칭과 멘토링 코칭과 멘토링은 이미 경험자가 개별적으로 지식이나 정보를 전달하기 위해 면대면 상황에서 이루어지는 교수기법이다. 코칭(Coaching)과 멘토링(Mentoring)은 현장의 동료, 상사 혹은 전문가가 개별학습자를 직접 살피보고, 필요한 지식과 정보를 전달할 수 있다. 이 방법은 개별학습을 위해 즉각적인 피드백이 가능하고 교수자가 촉진자와 동기부여자의 역할을 하는 장점이 있다. 그러나 교수자는 전문가라기보다 미리 경험한 자로 학습활동을 효율적으로 조직되기 어렵다.

계약학습 계약학습(Contract Learning)을 학습자 주도적인 학습형태이다. 학습자가 전 학습과정을 통제관리하며, 교수자는 학습자의 격려자로서 참여한다. 학습자는 촉진자의 협력에 의해 학습목표와 내용, 평가방법을 정한다. 이 경우 교수자는 학습자가 계획한 전 학습과정을 실천해 학습에 관한 계약을 확인하는 역할을 한다. 교수자는 학습목표를 실현하는 학습내용이 제대로 계획되었는가, 필요한 정보와 지식이 포함되어 있는가를 확인한다.

프로그램 학습과 컴퓨터보조학습 프로그램화된 학습(Programmed Instruction)은 프로그램화된 교재를 사용하여 개인의 능력에 따른 즉각적인 피드백과 계획된 단계적 학습을 제시한다. 학습내용은 계획된 과정에 학습자의 습득 정도에 따라 제시되고, 각 단계별 학습자의 이해 정도가 평가되고, 즉시 피드백을 받는다. 일종의 완전학습(Mastery Learning) 방법이다. 학습자가 제시된 내용을 습득하였을 때, 다음 과정으로 옮겨가게 한다. 이 경우 교수자는 학습자가 능력에 적절한 학습을 하도록 프로그램화된 교재를 선정하고, 학습목표를 달성할 수 있는 내용을 선별한다. 최근 프로그램화된 교수기법은 컴퓨터 보조학습(Computer-Aided Learning) 프로그램으로 개발되었고 인터넷의 발달로 인한 위성학습(Satellite Communication)까지 실시되고 있다. 위성학습은 인공위성을 통해 비디오, 오디오 교육 프로그램을 전달받아 직장, 가정 등의 다양한 장소에서 학습을 가능하게 한다.

(2) 집단학습 형태

강의 강의는 형식적 학습상황에서 가장 많이 사용하는 방법이다. 교수자중심의 기법으로 지식이나 정보가 학습자에게 전달된다. 학습자는 전달된 지식이나 정보를 습득한다. 강의는 단시간에 많은 학습자에게 지식과 정보를 전달하는 효과적인 방법으로 비용을 절감할 수 있다. 강의는 지식이나 정보를 체계적으로 제공할 수 있고, 사실적인 정보를 가르치는 데 효과적이다. 한 사람의 교수자가 동시에 많은 사람들을 대상으로 할 수 있으므로 경제적이다. 전달되는 지식이나 정보는 모든 참여자에게 동시에 행해지므로 내용에 통일성이 있다. 그러나 학습자의 참여가 제한되어 있어 지속적으로 학습자의 주의를 집중시키기 어렵고, 학습자의 개별 상황이 반연되지 않아 학습자를 능동적으로 참여시키기 어렵다. 특히 강의는 교수자에게 전적으로 의존하고 있다. 교수자는 강의에 대한 개요를 미리 주고 학습자가 학습개요를 갖게 하고 학습자의 반응을 수시로 살피도록 한다.

컨퍼런스와 컨벤션 컨퍼런스(Conferences)와 컨벤션(Convention)은 몇 시간 혹은 며칠간의 만남으로 지식과 정보를 제공하는 방법이다. 컨퍼런스는 소집단만이 아니라 거대집단에까지 사용되고 있다. 컨퍼런스는 참여자들이 경험을 교환하며 새로운 정보를 습득하게 한다. 컨퍼런스와 컨벤션은 때로 컨퍼런스 계획자들에 의해 학습형태로 인지되고 있지 못하다. 그러나 단시간에 많은 참여자들에게 정보와 지식을 전달하는 효과적인 방법이다. 컨퍼런스는 다음과 같은 기능을 하고 있다.

첫째, 정보와 지식제공의 기능이다. 전문가가 연속적으로 학습활동에 투입되고 참여자는 자유롭게 질문과 토의를 할 수 있는 기회가 부여된다. 컨퍼런스가 제공하는 정보는 다른 유형의 기법보다 사실적이고 현장에서 바로 도출되는 장점을 갖고 있다.

둘째, 경험을 교환하고, 그것을 기초로 비전을 제공한다. 컨퍼런스 참가자들은 교수자이면서 참여자의 역할을 동시에 수행한다. 참가자들은 발표자로 혹은 학습자로 참여하여 각각의 경험을 교환하고, 연설이나 토론을 통해 시각을 넓히며, 새로운 아이디어를 가질 수 있게 한다. 경험의 교환은 지식이나 정보만이 아니라 새로운 기술을 습득할 수 있는 기회까지 제공한다.

셋째, 문제해결의 기능이다. 실제문제와 관련된 컨퍼런스에 참여한 사람들은 전문가로부터 혹은 이미 유사한 문제를 경험한 다름 참가자들로부터 실제문제를 해결할 수 있는 기회를 갖기도 한다. 문제가 해결되지 않은 경우, 동일한 문제를 가진 사람들은 집단을 형성해 공동으로 문제를 숙고하고, 해결책을 발견하는 과정에 이르게 된다.

콜로키움(대담학습) 콜로키움은 6-8명으로 구성된 일종의 패널이다. 3-4명의 학습자 대표와 3-4명의 전문가와 사회자로 구성된다. 학습자 대표는 전문가에게 질문을 하고, 전문가는 질문에 답하는 과정에서 지식과 정보를 전달한다. 콜로키움은 주제에 대한 관심을 부각시키거나, 문제를 해결하기 위한 정보와 지식을 얻기 위해 사용된다. 학습자들은 콜로키움의 청중으로 직접 참여하는 기회가 제공된다. 이런 과정에서 학습자와 전문가간의 거리를 좁힐 수 있고, 사회자가 모든 상황을 통제할 수 있어 독단적인 의견을 제거할 수 있다.

심포지엄 심포지엄은 한 주제를 전문가들이 서로 다른 측면에서 다루는 방법이다. 심포지엄의 참여자는 전문가로 서로의 의견을 반대없이 피력함으로써 학습자들로 하여금 하 주제에 대해 다양한 지식과 정보에 노출될 수 있는 기회를 제공한다. 심포지엄은 조직적인 방법으로 정보를 제시하거나, 쟁점에 관해 다양한 의견을 제공하고자 할 때 효과적이다. 청중의 참여가 제한되어 있고, 발표자가 일방적으로 청중에게 의견을 표명하는 방법으로 짧은 시간에 많은 정보를 전달할 때 효과적이다. 그러나 학습자들이 능동적으로 참여할 수 없는 것이 단점이다.

2) 기술과 기능

기술과 기능은 주로 체험학습 형태로 실현되고 있다. 기술과 기능습득을 위한 교수기법은 도제와 인턴제, 실물교수, 지도감독, OJT 등의 방법이 사용된다.

(1) 개별학습 형태

도제제도, 인턴십, OJT 도제제도(Apprenticeship)는 고용인이 공식기관이나 숙련공의 감독 아래 규정된 일을 실제로 경험하며 훈련받는 고용주와 고용인 사이의 형식적인 계약관계를 의미한다. 대부분의 도제제도는 업무에 종사하는 시간, 임금, 습득시간 등을 미리 정한다. 도제제도는 가장 오래된 기술습득 기법의 일종으로 기술훈련에 보편적으로 쓰이는 학습형태이다. 기업의 경우, 도제제도는 인턴사원제, OJT 혹은 수습기간 등으로 지칭되어 실시되고 있다. 직장 내에서 직급별·직능별 이동으로 인해 수습기간을 정해준다. 이 방법은 유경험자가 업무를 통해 신임자를 교육 훈련시키는 현장중심의 체험교수기법이다.

지도감독(Supervision) 지도감독은 상사가 감독자로서 부하직원들의 교수자 역할을 수행하게 하는 방법이다. 직장에서 감독자는 부하직원의 행동을 통제하는 자가 아니라 일종의 멘토역할을 하여 부하직원들의 능력을 개발시키도록 요구되고 있다. 이런 상황에서 감독자는 교수자의 역할을 하며, 부하직원의 조력자 혹은 자원인의 역할을 한다. 직원은 상관으로부터 경험을 통해 지식과 기술을 습득하고, 실제 행해 보고 시행착오를 하는 기회를 갖게 된다.

(2) 집단을 위한 학습형태

활동 프로젝트(Action Projects) 대부분의 조직은 몇 가지 사회적 행동을 목적으로 이루어진다. 예를 들면, 교회에는 선교를 목표로 하는 집단, 도덕성을 회복시키고자 하는 집단, 병을 치료받고자 하는 집단 등이 있다. 활동집단 구성원들은 그들의 행동목표를 위해 헌신한다. 이러한 활동집단들을 학습형태로 분류할 수는 없지만, 대부분의 활동집단들이 직면하고 있는 문제에 대해 그들의 지식을 향상시키거나 또는 그들의 기술향상 변화를 목표로 하고 있다. 이러한 교육적 구성요소가 활동집단 프로그램에 포함되어 있으므로, 이러한 면에서 학습형태로 볼 수 있다.

임상강의, 워크숍, 세미나 임상강의(Clinic)는 참여자의 현장경험에서 발생하는 단일적 문제 혹은 기술들을 진단, 분석, 해결하는 것을 강조하고, 워크숍은 다양한 소집단의 정해진 영역에서 개인의 기술과 능력개발을 강조하는 그룹활동이다. 이는 짧고, 집중적이며, 다양하고, 대규모 집단학습 경험에 관계된 것을 의미한다. 일정한 회기를 갖는 큰 규모의 모임, 토론집단, 실험집단, 흥미집단, 문제해결집단, 계획집단, 기술훈련집단, 교수집단 등의 소집단, 개인상담, 워크숍, 명상기간, 오락활동 등을 포함하는 활동유형의 성격을 갖는다. 하루부터 몇 주일에 이르기까지 기간은 매우 다양하다. 모임장소는 참여자들이 살고 있는 지역의 호텔, 리조트, 컨퍼런스센터 등에서 이루어진다. 한편, 세미나는 지식이나 경험, 그룹 구성원의 프로젝트 토론에 초점을 맞춘다. 이를 위해 참가자들은 세미나 내용에 관한 지식과 기술을 갖추고 있어야 한다.

스터디서클 소집단의 모임으로서 클럽(Club)은 조직의 유형에 따라 다르다. 이웃끼리 모이는 비형식적 모임으로부터 구조화된 우애조직이나 봉사클럽이 있다. 어떤 모임들은 자발적으로 이루어지며 개인의 이익을 위해 프로그램을 결정하는 반면, 어떤 클럽은 조직으로부터 프로그램이 통제받는다. 클럽형태의 학습은 비형식적이고 사회적인 친분요소를 갖는 사람들의 모임으로, 학습자들은 교육경험에 대해 두려움을 갖지 않는다는 장점이 있다. 예를 들면, 사진클럽이나 영어회화클럽은 프로그램 내용에 많은 유연성을 갖고 구성원들이 새로운 흥미를 탐구하도록 한다. 클럽은 다른 학습형태보다 자기중심적이며, 자기통제적인 경향이 있고, 적은 행정 서비스를 가지고 포괄적인 프로그램을 이끌어갈 수 있다.

시범학습 시범학습은 기능과 기술을 습득하기 위해 집단학습자들에게 교수자가 직접 행해 보이고 학습자가 그에 따라 체험해보는 방법이다. 학습내용의 진행과 학습자들의 실습기회를 주기 위해 사전에 준비된 학습활동이다. 시범학습은 교수자의 설명과 예증 학습자의 질문이 포함된다. 먼저 학습자는 전문가의 시범을 보고 설명을 듣는다. 그런 후 학습자가 실제로 해보는 기회를 갖는다. 학습자들은 시범자의 지도 아래 시범이 끝난 즉시 진행의 각 단계를 실제로 체험한다. 이 방법은 새로운 방법을 사람들에게 가르칠 때 혹은 학습자의 실제동작이 필요한 학습내용일 때 효과적이다. 시범은 미리 계획되어야 하고 학습자의 실습을 위한 각종 재료가 미리 준비되어야 한다. 학습자는 시범자의 지도 아래 직접 실행하고, 즉시 수정가능하며, 효율성을 시험해볼 기회를 갖는 장점이 있다. 그러나 시범이 끝난 뒤 모든 학습자가 실제로 해볼 수 있는 장소와 시설을 마련하기가 어렵다.

전람회, 박람회, 페스티벌 전람회, 박람회, 페스티벌 등은 아이디어, 생산품, 과정들을 전시하여 보여준다. 전람회는 고정되어 있으며 연속되는 전시회를 말한다. 박람회는 비연속적으로 이루어지며, 페스티벌은 이동하는 전시회를 의미한다. 이러한 학습형태는 신문을 읽지 않거나 뉴스를 듣지 않거나, 모임에 참석하지 않는 사람들에게 정보습득, 문제해결을 위한 흥미유발, 능력향상, 실물교수 등을 목적으로 할 때 효과적이다. 이러한 학습형태는 일시적인 학습조건을 조성하기 때문에 복잡한 과정에는 적합치 않다. 이 방법은 흥미를 유발시키는 데는 효과적이다. 박물관과 도서관은 상시 활용가능하다.

여행, 견학, 현장답사 여행, 견학, 현장답사는 학습관련 내용을 직접 관찰하기 위해 관심대상이나 장소를 방문하는 계획된 교육여행이다. 교수자는 방문지역을 사전에 파악하여, 학습자들에게 사전정보를 제공한다. 교수자는 학습자들의 질문에 응답하고 학습자들이 쉽게 볼 수 없는 것들을 가르쳐준다. 현장답사는 방문하는 장소와 수집된 정보에 대한 세심한 분석과 해석, 토의가 병행되어야 한다. 이 방법은 그룹토의, 패널, 강연 등의 다른 기법들을 병행하여 여행중 관찰한 것의 의미를 탐구한다. 여행, 견학, 현장답사는 학습자가 쉽게 접할 수 없는 것을 직접 관찰하거나, 이론과 현장에의 적용을 관련시키고자 할 때 효과적이다.

3) 가치, 태도

가치와 태도의 학습은 체험과 토론 혹은 타인의 상황에 직간접적으로 이입되는 방법이 사용된다. 포럼, 역할극, 토론, 답사 등이 그것이다.

포럼 포럼은 25명 이상의 집단이 전문가들과 함께 하는 공개적인 토론이다. 포럼은 사회자에 의해 중재되며, 학습자들이 직접적으로 참여하는 대단위의 공식적 회합을 의미한다. 포럼은 단순히 질문하고 대답하는 것만이 아니라 청중이 논평하도록 자극하고, 정보를 제공하며 토론과정에 다양한 입장이 제시된다. 이 과정에서 참여자는 자신의 가치와 타인의 것을 비교하고 생각하는 기회를 갖는다.

집단토의 집단토의는 전문사회자의 지도 아래 공동관심사를 대화를 하는 방법이다. 개인학습자는 자신의 생각과 경험을 다른 사람과 공유할 수 있는 최대한의 기회를 제공하는 기법이다. 일반적으로 집단토의는 서로 다른 견해가 제시될 수 있는 주제 혹은 성숙한 삶을 위한 문제를 확인하고 해결하고자 할 때 효과적이다. 토의참여자들은 서로에게 이야기하고 참여자에게 학습에 대한 개인적 책임을 인정하게 하는 최대한의 기회를 제공한다. 개인은 자신의 경험과 의견을 다른 사람들과 공유할 수 있으며 그들의 반응을 얻는다. 자신의 행동에 대한 반성 기회를 얻을 수 있다.

브레인스토밍 브레인스토밍은 비판적 판단과 독창력을 융합한 창조적 사고의 한 형태이다. 참여자들은 일정시간 동안 어떤 문제에 대해 모든 사람들이 자유롭게 상상하며 그 생각에 대해 어떤 판단을 내리지 말도록 요청받는다. 모든 참여자들은 자유롭게 상상하며 문제에 대한 해결책으로 다른 사람들의 제안에 시비하는 것을 금지함으로써 타인의 생각을 억제하지 못하게 한다. 기본원칙은 표현의 자유이다. 참여자는 최종결과보다 과정에 초점을 두고 타인의 생각과 가치를 접하게 된다.

역할극 역할극은 인간관계 문제를 해결하기 위해 선발된 집단성원들이 어떤 사건이나 상황을 자발적으로 연출하는 것이다. 역할들은 보통 문제상황을 연출하는 집단의 여러 구성원들에게 부여된다. 대부분의 경우 대본이 사용되진 않지만 주된 이야기와 진행계획은 실제 역할극 장면에 선행될 수 있다. 역할극은 학습하고자 하는 상황을 2-5명의 구성원이 실생활에서 일어난 것처럼 연출한다. 시간은 10분 이하로 진행된다. 교수자는 토의를 위한 자료를 제공하기에 충분한 행동이 일어난 시점에서 장면을 중단시키고 집단토의에 들어간다. 역할극은 학습자들을 적극적으로 참여시키고, 쉽게 표현할 수 없는 인간관계와 가치 등의 실례를 제시하기 용이하다. 역할극의 상황은 학습자들을 지적인 경험에서 정서적인 경험으로 이끈다.

제 9 장 자원확보 및 관리

이 장의 목표

1. 프로그램 실행에 필요한 자원을 선별한다.
1) 프로그램의 성공과 자원의 관련성
2) 프로그램에 적합한 인적 자원의 요건
3) 프로그램 자원의 목록화
4) 프로그램에 필요한 물적 자원의 종류

2. 인적 자원의 확보와 관리방법을 논의한다.
1) 인적 자원의 선발
2) 인적 자원의 기능
3) 물적 자원의 관리

3. 물적 자원의 확보전략과 기존자원의 활용방안을 모색한다.
1) 물적 자원의 확보방법
2) 물적 자원의 관리방법
3) 물적 자원의 활용방안

4. 프로그램의 예산수립 및 재원확보방법을 익힌다.
1) 수입과 지출의 계상
2) 학습자의 등록료 결정
3) 기부금과 보조금의 확보

조별작업을 위한 가이드

1. 각 조는 자신들의 프로그램에 필요한 자원을 논의한다.
2. 조의 프로그램에 필요한 모든 자원을 목록으로 만든다.
3. 필요한 자원을 인적 자원과 물적 자원으로 구분한다.
4. 프로그램에 요구되는 인적 자원의 요건을 나열하고,
5. 인적 자원을 확보할 방법을 논의한다.
6. 프로그램에 필요한 물적 자원의 출처와 확보방법을 논의한다.
7. 물적 자원의 활용방안을 모색한다.

프로그램 개발은 인적 자원과 물적 자원에 대한 설계관리를 포함하고 있다. 프로그램이 교육과정설계나 ISD와 구별되는 점이다. 자원확보는 프로그램의 성패를 좌우하는 중요한 요소로서 아무리 훌륭한 프로그램도 자원이 확보되지 않으면 실현될 수 없다. 자원의 확보는 경영 마인드가 필요한 작업으로 프로그램 개발자들의 자원동원 능력은 프로그램의 성패를 결정하기도 한다.

인적 자원은 프로그램 설계자, 프로그램 관리자, 교수자 및 프로그램 평가자의 역할을 담당하는 사람을 말한다. 프로그램 설계자(Program Designer)는 먼저 아이디어를 수집하고 프로그램으로 개발될 아이디어를 선정하고 목표를 설정하고, 학습내용을 전달하며, 예산과 마케팅 계획을 세운다. 프로그램 관리자(Program Coordinator)는 프로그램의 기획과 조정, 평가와 관련된 업무를 수행한다. 시설물 배치와 참가자 등록, 프로그램 모니터 등이 포함된다.

프로그램 관리자는 시설의 관리와 함께 정보전달자, 브로커, 카운셀러의 역할을 수행하기도 한다. 교수자(Instructor/Facilitator)는 다양한 학습기법을 사용하면서 학습자들에게 교육내용을 전달한다. 프로그램 평가자(Program Evaluator)는 프로그램의 가치와 결과를 평가하는 역할을 한다. 이런 역할은 한 사람에 의해 모두 수행될 수도 있고, 몇 사람에 의해 분담되어 수행될 수도 있다. 프로그램의 크기에 따라 필요한 인적 자원의 수도 달라진다. 대부분 성인교육을 전담하는 조직은 많은 인적 자원을 확보하고 각 프로그램의 특성에 따라 적절히 인적 자원을 혼용하여 활용한다.

물적 자원은 조직차원에서 확보된다. 프로그램 개발자는 조직이 이미 확보하고 있는 자원과 새롭게 확보해야 할 자원으로 구분한다. 이미 확보된 자원은 자원의 가용성 여부와 시기를 확인한다. 확보되지 않은 물적 자원은 기부나 무료로 사용할 수 있는 방법을 모색한다. 물적 자원의 확보는 조직의 예산과 밀접하다. 프로그램 개발자는 예산을 미리 확보하여 프로그램의 자원을 조달할 수 있어야 한다.

1. 인적 자원의 선정과 관리

인적 자원은 프로그램 실행에 필요한 지도자, 관리자, 교수자이다. 교수자는 더 이상 단순히 지식이나 기술, 태도를 일방적으로 전달하는 사람이 아니다. 교수자는 일반적으로 학습과정을 도와주는 조력자로, 자원인의 역할을 한다. 교수자는 프로그램의 특성에 따라 다른 역할이 요구된다. 프로그램 개발자는 프로그램이 요구하는 교수자의 자질을 고려하여 선정한다.

1) 교수자의 요건

교수자는 학습자를 돕고 학습을 관리할 책임이 있다. 프로그램 개발자는 적절한 교수자를 선별하기 위해 프로그램의 목적과 학습자들의 특성을 분석한다. 성공적인 프로그램을 위해 교수자는 다음의 요건을 갖춘 자라야 한다.

첫째, 주제에 관해 충분한 지식을 갖추었는가? 교수자는 무엇보다도 진행하는 주제에 능통하여야 한다. 교수자가 충분한 지식을 갖추지 못한 상황에서 학습자와 신뢰를 형성하기 어렵다. 교수자가 충분한 지식을 갖추지 못한 상황에서 학습자들의 학습요구는 충족되지 못하며, 이로 인해 후속 프로그램에의 참여에 영향을 미친다.

둘째, 다양한 교수기법에 숙달되어 있고, 학습자의 특성과 상황에 따라 다른 교수기법을 사용할 수 있는가? 교수자는 학습자들의 특성과 학습여건에 따라 혹은 학습의 내용에 따라 다른 교수기법을 시도할 수 있어야 한다. 교수기법은 학습을 효과적으로 만드는 윤활유의 역할을 한다. 학습자들이 초보자들로 지식과 정보가 부족한 상황에서 교수자가 특정한 학습자를 지적하여 질문을 하는 경우, 학습자들은 긴장하고 학습효과는 떨어진다. 반면에 학습자들이 이미 습득하고 있는 정보를 교수자가 파악하지 못하고 그대로 진행하는 경우도 역시 학습효과는 거두기 어렵다. 교수자는 학습상황에 따라 다른 교수기법들을 융통성있게 사용할 수 있도록 다양한 교수기법에 능통해야 한다.

셋째, 학습자의 배경과 경험에 따라 융통성있게 반응할 수 있는가? 교수자는 학습자들의 배경과 경험에 따라 신속하게 반응할 수 있어야 한다. 예컨대 성차별 문제를 다룰 경우, 학습자들이 이미 성차별을 경험한 경우와 그렇지 않은 경우, 학습내용과 교수기법은 다르다. 교수자가 학습자들의 모든 경험과 배경에 대한 정보를 사전에 확보하기는 어렵다. 이 경우 교수자는 학습자들의 경험을 고려하여 상황에 따라 대처할 수 있는 유연성을 가져야 한다.

넷째, 학습자들의 상황과 경험을 진심으로 이해하고, 그들과 공감대를 형성할 수 있는가? 학습자들의 참여는 지식과 정보를 얻기 위한 것만이 아니다. 어떤 경우 학습자들은 교수자와 인간적인 교감을 원한다. 실제 학습자 자신이 교수자에게 어느 정도 이해받고 있다고 여기는 경우, 학습자는 적극적으로 학습에 참여한다. 반면에 학습자는 교수자에게 이해받지 못하다고 여기는 경우, 폐쇄적이고 소극적으로 학습활동에 개입한다. 교수자는 학습효과를 높이기 위해 자신이 학습자와 공감대를 형성하고 있는가 수시로 점검하여야 한다.

다섯째, 가르침과 학습자에 대한 열정을 갖고 있는가? 교수자는 학습자에게 관심을 갖고 있어야 한다. 교수자가 학습자와의 만남을 즐기지 않는 경우, 기계적인 관계가 형성되고, 이 경우 학습효과는 떨어진다. 그러나 교수자가 학습자에게 관심을 갖고, 교수 자체에 열정을 갖고 있는 경우, 그 열정은 학습자에게 전이되어 공감대를 형성하고 학습효과가 증가한다.

여섯째, 유머를 효율적으로 사용할 수 있는가? 교수자는 단순한 정보나 지식전달자가 아니다. 교수자가 유머를 적절하게 사용함으로써 학습자들의 긴장감을 해소시킬 수 있다. 유머는 학습자와 교수자의 관계를 긴밀하게 한다.

일곱째, 학습활동을 전개하는 조직과 환경에 대한 정보를 갖고 있는가? 교수자는 프로그램이 소속된 조직에 대한 정보를 갖고 있어야 한다. 교수자는 조직의 이념과 철학 등을 파악하여 학습상황에서 이를 실현할 수 있게 한다. 교수자가 조직에 대해 충분한 정보를 갖지 못한 경우, 의도치 않게 조직의 이념과 상치되는 문제를 다룸으로써 프로그램을 갈등상황으로 끌고 갈 수도 있다. 이런 상황은 교수자들이 사전에 조직에 관한 오리엔테이션을 받음으로써 방지될 수 있다.

마지막으로, 상황에 따라 학습활동을 변경할 수 있는 능력을 갖고 있는가? 교수자는 프로그램과 학습자들의 상황에 따라 학습내용과 교수기법을 바꿀 수 있는 능력을 갖고 있어야 한다. 예컨대 강의실에 갑자기 벌이 들어온 경우, 학습자들은 벌에 관심이 쏠린다. 교수자가 이런 상황을 고려하지 않고 학습을 진행한다면, 학습은 효과를 거두기 어렵다. 오히려 교수자는 벌을 유리창 밖으로 쫓아내고, 잠시 벌에 대한 에피소드를 다루고 학습내용으로 되돌아옴으로써 학습효과를 높일 수 있다.

이상과 같은 요건을 갖춘 선별된 교수자는 프로그램을 성공하게 만드는 핵심요소이다. 실제 프로그램이 학습자들의 관심을 끌지 못했던 경우라도, 학습에 열정적인 교수자가 투입되어 학습자들의 만족도를 높일 수 있다. 이 경우 프로그램 평가는 긍정적이며, 참여자들은 다음 프로그램을 위한 홍보자 역할을 사원하기도 한다. 기존의 참여자가 다른 사람에게 프로그램의 효과를 전달함으로써 참여를 증가시킨다.

2) 교수자의 선정

프로그램 개발자는 교수자를 선정하기 위해 교수자의 자질과 보수, 요건에 대해 명확한 기준을 갖고 있어야 한다. 놀스(Knowles, 1980)는 교수자를 선정하기 위해 다음의 사항에 대해 미리 기준을 설정하고 있도록 강조했다.

교수자의 자질 교수자의 자질은 프로그램의 내용에 따라 달라진다. 예컨대 학문적인 주제인 경우, 교수자는 공식 교육기관을 거쳐 인증된 자라야 한다. 반면에 일상생활과 관련된 경우, 교수자는 직접 그것을 경험하고 현재 종사하고 있는 자가 적절하다. 예컨대 꽃꽂이 강좌는 현재 화원에서 꽃을 꽂아 팔고 있는 사람이 적절할 것이고, 원예에 관한 기본원리 습득을 원하는 경우, 대학의 원예학과 교수가 적절한 교수자가 된다. 프로그램은 대부분 공교육 밖에서 진행되고 있는 점을 고려하면, 현업에 종사하는 경험자가 교수자로 선호된다. 만약 프로그램 관리자가 지식에 대한 사회적인 신임도만을 고려하여 대학교수를 선호한다면 자칫 프로그램의 당초 효과를 놓칠 위험이 있다. 대학생들과 프로그램에 참여한 성인학습자들의 특성은 다르기 때문에 이런 요인이 고려되어 선임되어야 한다. 만약 성인들을 대상으로 학생들에게 하는 강의를 하게 될 경우, 성인학습자들의 참여는 감소할 것이다. 따라서 프로그램 관리자는 프로그램에 필요한 교수자의 자질이 무엇인가를 고려하여 교수자를 선정한다.

교수자의 선정 누가 프로그램에 필요한 훌륭한 강사인지 어떻게 결정할 것인가? 일반적으로 교수자의 교육 정도, 경험, 성격을 드러내는 추천서나 성적표 등을 참고로 한다. 그러나 이런 정보가 교수자에 대한 특성을 있는 그대로 드러내지는 못한다. 교수자와 관련된 모든 정보를 찾고, 실제 교수자를 면담하는 것이 바람직하다. 해당자가 교수자로서 적절한지, 프로그램이 요구하는 특성을 갖추었는지 직접 대화를 통해 결정할 수 있게 한다.

프로그램 담당자는 강사후보자들의 자질을 판단할 수 있는 분명한 준거를 설정해 놓아야 한다. 성인교육 프로그램에서 세워 놓은 준거체제의 예는 다음과 같다.

첫째, 교수자는 지식을 갖고 있을 뿐만 아니라 그 분야에서 성공적으로 실행할 수 있는 실무자가 되어야 한다.

둘째, 교수자는 자신의 일에 열정적이어야 하며, 다른 사람들을 가르치는 일에 대해서도 열정적이어야 한다.

셋째, 교수자는 사람들에 대해 긍정적인 태도와 이해하려는 태도를 가져야 한다. 교수자는 성인학습을 효과적으로 이끌기 위해 다정함, 유머, 따뜻한 마음과 다른 사람에 대한 흥미를 갖고 있어야 한다.

넷째, 교수자는 교수방법에 대해 창의적인 생각을 갖고 있어야 한다. 성인들의 변화하는 욕구와 흥미를 만족시킬 수 있도록 언제나 새로운 방법을 시도할 준비를 해야 한다. 교수자는 사실을 전달하는 것보다 개개인의 성장에 더 많은 관심을 가져야 한다.

다섯째, 교수자는 지역사회나 직장 내에서 요구하는 자신의 위치와 위에서 기술한 성인교육자의 특징들을 잘 조화시킬 수 있어야 한다.

여섯째, 교수자는 성인들이 아동학습자와 다르다는 개념을 인식하고 있어야 한다. 또한 성인교육 프로그램에 봉사하고 있음을 즐거워하는 사람이어야 한다.

계약서작성 교수자는 조직과 공식적인 계약을 맺는 것이 바람직하다. 특히 자원봉사로 교수자가 충원될 경우 이들을 강제하는 것이 없어 수시로 떠나가 프로그램의 실시가 어렵게 되는 경우가 있다. 프로그램 관리자는 이런 경우를 방지하기 위해 교수자들과 계약서를 작성하는 것이 바람직하다. 계약서의 작성은 프로그램이나 조직과 관련된 오해를 피할 수 있는 방법이기도 하다. 교수자와 기관 사이에 협약서나 계약서를 작성함으로써 고용과 해고에 대해 최종적인 권한을 명시하는 것이 바람직하다.

계약서는 프로그램과 관련된 교수자의 책임을 규명하고 있어야 한다. 교수자는 프로그램과 관련된 업무와 학습을 촉진해야 하는 이중의 책임을 갖고 있다. 다시 말하자면 교수자는 행정적 책임과 지적 책임이 있다. 행정적 책임은 학습개시와 협조, 의사소통 등이며, 지적 책임은 정보제공, 학습자료의 조직, 평가 등이다.

교수자의 보수 교수자는 자원봉사자로 충원할 것인가 혹은 보수를 지급할 것인가 결정해야 한다. 조직에서 운영되는 프로그램은 대부분 교수자에게 보수를 제공한다. 교육을 일차 목적으로 하는 조직들의 경우 급여를 지급하는 교수자를 채용하고 있다. 예컨대 기업의 인력개발부서나 각종 행정연수원들이 이에 해당된다. 이 경우 교수자는 학습활동에 보다 행정적인 관계로 접근한다. 반면에 교육이 일차적인 목적이 아닌 조직의 경우, 급여를 지급하는 교수자를 채용하기 어렵다. 이 때 자원봉사자는 기관의 프로그램 실시를 위해 귀중한 인적 자원이다. 교수자가 자원봉사자로 충원될 경우, 이들은 경제적 보상을 받지 않기 때문에 공식적으로 통제하기 어렵다. 이 때 집단에 대한 강한 소속감은 자원봉사 교수자들에게 동기를 부여하게 된다.

보수는 시간당, 강의시간 기준당, 학생수에 따른 수입의 비율당, 일률적인 임금 등으로 지급할 수 있다. 전일제 강사들은 정해진 정규강의를 하거나 정해진 강의 이외에 더 많은 시간을 투자하게 될 때 추가시간에 대한 수당을 받게 된다. 일반적으로 시간제 강사들은 시간당이나 강의시간에 따라 보수를 받는다. 이 경우 강사의 보수를 지불하는 것만큼 참여자들이 많이 등록을 해야 한다는 문제를 갖고 있다. 강사가 원하는 만큼 보수를 줄 수 없을 때, 프로그램 담당자는 보조금을 끌어오거나 폐강을 하게 된다. 강사가 충분한 학생수를 확보하지 못했을 때, 주어진 강의수에 대한 보수가 취소될 수도 있다. 학생수나 각 강좌에 들어오는 수입 비율에 따라 보수를 받는 강사들은 학습자들을 상업적인 시각에서 보는 문제가 있을 수 있다. 학생들을 학습자라기보다는 경제적 단위로 간주할 수 있다.

교수자의 보수와 관련해 다음과 같은 질문이 제기된다. "모든 강사들이 동일한 보수를 받아야 하는가?" 혹은 "유능한 강사는 다른 강사보다 더 높은 보수를 받도록 융통성있는 기준을 가져야 하는가?" 등이다. 교수자들의 보수는 몇 가지 기준에 따라 정해진다.

첫째, 유사한 조직들과 같은 기준으로 책정한다. 같은 지역에서도 조직에 따라 보수의 차이가 크다. 교수자의 보수는 표준화된 척도에 근거해 그 차이가 좁혀지고 있는 경향이다. 어떤 경우는 학문적인 위신을 세우거나 유명한 강사를 끌어들이기 위해 높은 보수를 지급하기도 한다.

둘째, 특별한 자질을 가지고 있는 강사를 유입하기 위해 필요한 보수를 책정한다. 예를 들면, 전문심리학자의 서비스를 받기 위해서는 일반강사에게 지급하는 것보다 더 높은 보수를 지급한다.

셋째, 참여자들의 수업료에 따라 강사의 보수를 결정할 수 있다. 프로그램에 보조금이 없을 때는 수업료에 의존해서 보수를 결정할 수밖에 없다. 강의에 참여하는 사람들이 수입이 많은 사업가들이라면 훌륭한 강사를 선정해서 높은 보수를 줄 수도 있다. 각 대학의 최고경영자과정이 그 예이다. 반면에 지역주민들이 학습자인 경우에는 수업료가 낮아질 것이며, 그에 따라 강사의 보수도 낮아질 것이다.

3) 교수자 오리엔테이션

훌륭한 교수자는 프로그램이 실시되는 조직과 환경에 대한 정보를 미리 갖고 있어야 한다. 조직이 전임교원을 고용하고 있는 경우, 교수자의 오리엔테이션은 요구되지 않는다. 그러나 교수자가 그 조직에 소속된 전일제 직원이 아닐 경우, 조직에 관한 정보를 얻기란 쉽지 않다. 이 때 프로그램을 제공하는 조직은 교수자를 대상으로 오리엔테이션을 실시한다. 교수자의 오리엔테이션은 학습활동의 효과를 증진시키기 때문이다. 흔히 대학의 신임교수들을 대상으로 실시되는 오리엔테이션이 그 예이다. 신임교수는 대학의 이념과 학생들의 특성, 역사 등에 관한 1-2일의 워크숍을 받는다.

교수자의 오리엔테이션은 그 조직에 관한 정보만이 아니라, 프로그램의 전 과정에 대한 이해를 포함한다. 만일 프로그램 강사들이 프로그램에 대해 이해하지 못하고 있다면, 명성있는 교수자라도 프로그램의 당초 의도한 목적을 달성하기가 쉽지 않기 때문이다.

교수자는 프로그램의 활동목적과 철학 및 참여자들의 특성을 파악하고, 프로그램이 조직 내에서 갖는 의미도 이해해야 한다. 또한 교수자의 오리엔테이션은 교수자들로 하여금 자신들이 소속된 조직에 대한 자긍심을 갖게 하는 과정이기도 하다. 교수자들의 자긍심은 바로 학습과정에 참여자들에게 전이되는 효과가 있다.

교수자들의 오리엔테이션은 1회의 워크숍으로부터 개별적인 면담 혹은 인쇄자료를 통해 실시되고 있다. 프로그램을 실시하는 조직은 몇 차례 교수자와 개별적인 면담을 통해 조직의 역사와 목적, 전체 프로그램의 배경을 알려준다. 이 과정에서 교수자들은 자신의 프로그램에 참여할 학습자들의 특성에 관해 대해 알게 된다. 또한 자신들이 활용할 수 있는 물적 자원과 스태프들도 알게 된다. 인쇄자료는 교수자들의 오리엔테이션에 가장 일반적으로 활용되는 방법이다. 프로그램 담당자는 조직과 프로그램을 설명하는 팜플렛 등의 인쇄자료를 준다.

2. 물적 자원과 시설관리

프로그램은 학습활동을 진행하기 위한 시설과 설비를 필요로 한다. 물리적인 편의시설은 프로그램의 효과에 직접적인 영향을 미친다. 시설물은 참여자의 학습 결과에 영향을 준다. 예컨대 성인학습자들을 대상으로 하는 프로그램이 초등학교 교실에서 진행된다면 참여률은 매우 낮아진다. 실제 성인학습자들을 조사한 결과 과거 학업성취도가 낮았던 경우, 그 당시의 기억이 심리적인 불쾌감을 주어 학습을 피하게 만들었다. 또한 초등학교의 시설은 성인들에게 불편함을 주고 있다. 초등학생용 책걸상은 성인들의 신장에 맞지 않아 학습욕구를 감소시킨다.

물적 자원은 프로그램에 따라 달라진다. 프로그램의 기간과 참여자의 수, 내용과 교수기법에 따라 다른 설비가 갖춰진다. 물리적 시설은 학습자들에게 편안하고 사용하기 편리하며 교수자와 학습자의 상호작용을 극대화시킬 수 있는 것으로 갖춰진다. 각 시설물들은 교육활동목표, 사용되는 구조적 테크닉, 참가자, 지도자, 비용, 접근성, 서비스의 유형에 따라 달리 사용된다. 예컨대 프로그램이 지리적으로 다양한 지역을 포괄하는 경우, 학습장소는 누구나 접근하기 용이한 호텔이나 대학 등의 장소가 활용되고, 기관 내의 사람들이 참여자인 경우 기관 내의 장소로 정해진다.

프로그램 개발자는 시설물에 대한 통제권을 갖고 있지 않다. 조직이 제공하는 시설은 이미 조직이 보유하고 있는 것으로 프로그램 개발자는 이런 시설을 필요에 따라 적절히 변형하여 사용한다. 조직에서 정한 학습공간이 적절치 않으면 가능한 장점을 살릴 수 있는 공간이용법을 생각해야 한다. 만약 조명이 어두우면, 다른 조명을 추가로 사용할 수 있는가? 혹은 편안한 의자로 교체가능한가 고려한다. 프로그램 개발자는 학습활동을 촉진하기 위해 다음의 시설물을 점검하여야 한다.

첫째, 적절한 주차공간의 확보

둘째, 다양한 크기의 유동적인 배치가 가능한 학습장소

셋째, 적절한 조명과 음향시설

넷째, 의자와 책상, 칠판, 화이트보드 등의 교실 내 설비

다섯째, 휴게실과 공중전화, 음료시설

여섯째, 실내장식은 벽의 색깔은 밝고 명랑한가? 벽에는 흥미를 끌 만한 그림이 붙어 있는가? 조명은 적당한가? 교실의 가구는 편리하고 쾌적한가? 좌석의 배치는 효율성과 외관 모두 중요하다. 책상은 사람들에게 편리하게 서비스를 제공할 수 있도록 놓여져 있는가? 깨끗한가? 책상과 의자는 충분한가? 등을 점검한다.

학습장은 연단과 정면으로 마주보도록 의자를 일렬로 배열해 놓는 것이 관례였다. 호텔, 학교, 대학 등에서 이런 방법으로 좌석을 배치하고 있다. 이 경우 참여자와 교수자가 수평하게 만들어주나, 학습자들간의 의사소통이 어렵다.

학습자들간의 의사소통을 증진하기 위해 원형학습장 배열이 바람직하다. 이때 의자의 앞뒤 움직임이 자유로워야 하고 다른 사람의 뒷머리와 정면으로 배열되는 것을 피한다. 원형배열은 또한 모든 사람들이 동시에 볼 수 있는 시청각 기자재가 설치되어 있을 때 가능하다. 예컨대 오클라호마대학 캘로그센터의 모든 회의실은 육각형 세미나 탁자를 배치하고 청중석은 둥글게 회전의자로 만들어 두고 있다. 성인교육자와 건축가가 함께 계획한 학습장이다. 성인학습자들은 시설과 관련하여 불편하고 고정된 좌석, 부적절한 조명, 변형불가능한 공간배치, 주차시설, 통풍과 방음시설, 부적절한 장비와 기자재 등을 지적하고 있다.

좌석은 언제든 이동시킬 수 있도록 설치되어야 한다. 학습장은 프로그램에 따라 집단토의 혹은 포럼, 역할극 등 다양한 교수기법이 사용된다. 각 학습장의 좌석이 고정되어 있는 경우, 교수법이나 학습자의 수 혹은 학습상황에 따라 조절하기가 어렵다. 이 경우 학습효과는 감소될 수밖에 없다. 좌석은 상황을 고려하여 변화시킬 수 있도록 설치한다. 책상의 배열도 언제든 변화시킬 수 있는 형태가 바람직하다. 네모탁자는 원형탁자에 비해 필요에 따라 책상을 서로 붙이거나 혹은 분리하기가 용이하다. 프로그램 관리자는 이런 시설들을 학습활동 전에 미리 점검되어 학습효과를 증진시킬 수 있게 배치해야 한다.

3. 예산수립 및 재정관리

예산수립은 프로그램 개발의 중요한 작업이다. 스미스(Smith, 1979)는 프로그램이라는 용어 자체가 이미 예산을 포함하고 있다고 지적한다. 그는 프로그램이란 이미 정해진 예산으로 주어진 목표를 달성하기 위한 여러 가지 활동으로 정의했다. 프로그램은 원하는 자원을 활용하여 실시되므로 예산은 정해진 시간과 재원으로 수립된다.

프로그램 예산은 개발비용, 전달비용, 평가비용으로 구분된다. 프로그램 개발비용은 프로그램을 개발하는 데 소요되는 제반 비용이다. 프로그램이 외부 컨설팅회사에 의뢰되었거나 아웃소싱에 의한 경우 지급되는 비용이다. 조직 자체 내의 인력으로 프로그램이 개발되는 경우, 프로그램 개발비용은 따로 계상되지 않는다. 그러나 조직 내부의 인력으로 프로그램 개발이 불가능한 경우가 많다. 프로그램 개발은 프로그램 디자이너와 함께 내용전문가가 공동으로 협력작업이 요구되기 때문이다. 이 경우 프로그램 개발비용은 따로 책정된다.

전달비용은 프로그램을 실시하는 과정에 소요되는 비용으로 직원들의 월급, 참여자 비용, 시설임대료, 수업자료비, 학습비용 등이다. 프로그램 전달비용은 참여자들이 체감할 수 있는 비용이다. 프로그램 전달비용이 충분히 책정된다면 참여자들의 프로그램에 대한 만족도를 높일 수 있는 방법이다.

평가비용은 프로그램의 결과를 사후평가하는 데 소요되는 비용이다. 평가는 다음 프로그램을 위해 필수적인 과정임에도 불구하고, 현장에서 소홀히 되고 있다. 평가비용은 조직내부 인력이 평가하는 경우 따로 계상되지 않는다. 대프로그램인 경우, 객관적인 평가를 위해 조직의 외부로부터 평가전문가를 고용하고 있다.

재정자원을 확보하기 위해 프로그램 개발자는 프로그램의 재정을 지원받을 수 있는 출처를 따져보고, 소요될 비용을 명확하고 간단히 그리고 실제적으로 기록한다. 프로그램 참여자들의 수강료로 비용을 충당하는 경우, 강사와 학습장소, 홍보방법 등에 의해 가격은 달라진다.

1) 예산수립의 원리

프로그램 예산수립은 경영에서와 유사한 원리가 적용된다. 프로그램은 예산에 따라 달리 운영되고, 다음의 요소를 고려하여 수립된다.

첫째, 예산승인과 재정담당자를 고려한다. 프로그램의 재정은 그것을 승인하는 사람이 프로그램에 대해 어느 정도의 신념을 가지고 있는가에 따라 달라지기 때문이다. 예컨대 프로그램 개발자는 문활교육 프로그램에 대한 요구가 높아 개설하는 경우, 재정담당자가 문활교육은 극소수에 해당된다고 판단하여 예산을 삭감할 수 있다. 이 경우 문활교육 프로그램의 실시는 어려워진다.

둘째, 특정 예산항목에 대한 한계액수 설정이다. 프로그램 재정은 개발비용, 전달비용, 평가비용 등으로 크게 구분된다. 각각의 경우 프로그램 비용이 어느 정도 소요될 것인지 그 한계를 미리 정해두어야 한다. 그렇지 않은 경우, 담당자의 편의에 의해 재정이 소요될 수 있어 프로그램이 당초 의도한 목적을 달성하기 어렵다.

셋째, 다른 프로그램에 의해 간접적으로 비용을 충당하는 방법을 고려한다. 프로그램이 실시되기 위한 필요한 모든 경비가 리스트로 작성된 후, 다른 프로그램과 공동으로 사용되는 비용이 있는가 확인하는 작업이다. 예컨대 문활교육 프로그램 진행을 위해 텔레비전을 구입할 필요가 있을 경우, 다른 프로그램들의 예산항목을 확인하는 것이다. 이 때 다른 프로그램이 구입할 경우, 공동으로 액수를 분담할 수 있다.

넷째, 재정의 충당금과 보조금을 고려한다. 프로그램의 재정은 어느 정도 금액이 어디서 확보될 것인가를 고려하는 것이다. 재정은 대부분 참여자들의 수업료 납부와 조직의 보조금으로 충당된다. 프로그램이 조직의 보조금을 받아야 하는 경우, 조직의 요구에 대응하는 프로그램일 것이 요구된다. 반면 참여자들의 수업료로 충당되는 경우, 프로그램은 자율적으로 운영될 수 있다.

다섯째, 회계처리방법이다. 프로그램의 재정은 회계처리방법을 고려하여 수립된다. 회계처리가 조직에 의해 직접 수행되는 경우, 재정은 일찍 수립되어 시간을 충분히 허용하도록 한다. 그러나 재정이 프로그램 담당자에 의해 자율적으로 수행되는 경우, 프로그램실행은 유연성을 가질 수 있다.

여섯째, 참여자들의 수업료 부담 정도를 정한다. 프로그램은 수업료에 의해 충당되는 경우, 납부금의 액수는 높아진다. 이 경우 개인이 납부할 수 있는 한계액수가 설정되어야 하며, 외부의 유사기관 혹은 유사 프로그램과 수업료의 차등도 고려하여야 한다. 수업료가 너무 높다면, 참여자의 수는 적어질 것이므로 적정한 액수를 산정하는 것이 중요하다.

일곱째, 수업료 이외의 수입원을 고려한다. 프로그램은 수업료, 보조금 외에 후원금에 의해 운영된다. 프로그램이 수업료로 충당되기 어려운데, 보조금이 지원되지 않는다면 프로그램 담당자는 후원금을 확보하는 방안을 고려해야 한다. 후원금은 정해진 출처가 있는 것이 아니다. 프로그램 담당자는 지역사회와 관련조직에 관한 정보를 추적하고, 프로그램의 후원 여부를 요청하는 방법이다. 이 방법은 예상치 않게 많은 재정을 확보할 수 있는 방법으로 활용되고 있다.

2) 재정확보 및 관리

재정은 의도된 프로그램 활동을 금전상의 용어로 전환시키는 것이다. 프로그램은 재정에 따라 다른 형태로 실시된다. 같은 내용의 프로그램인 경우에도, 프로그램의 효과와 참여률은 확보된 예산 정도에 따라 달라진다. 예컨대 '주택관리사' 프로그램의 경우를 보자. 예산이 충분히 확보되었다면 참여자들은 다양한 종류의 주택을 직접 방문하여 현장에서 그 관리의 문제점과 관리 특이사항 등을 직접 확인하며 학습할 것이다. 그러나 재정이 제한된 경우, 학습자들은 슬라이드나 비디오를 통해 혹은 이론 강의가 실시될 것이다. 이런 경우 학습의 효과는 달라진다.

재정은 프로그램의 유형과 후원기관에 따라 매우 다양하다. 전액 보조로 운영되는 프로그램이 있는가 하면, 스스로 재정을 충당해야 하는 프로그램도 있다. 예컨대 교회 등의 비영리조직은 자원봉사자를 많이 확보할 수 있기 때문에 충분한 예산없이도 프로그램을 실시할 수 있다. 그러나 일반 프로그램은 조직으로부터 보조금을 받아 프로그램을 운영한다. 프로그램의 재정을 확보하는 방법은 다음과 같다.

첫째, 참여자의 수업료 부담을 증가시킨다. 예컨대 연속되는 장기 프로그램은 수업료를 내게 한다. 강의나 포럼 등의 일회적 프로그램은 참가비나 기부금을 내게 하거나 조직적인 프로그램의 경우 회비를 받는다.

둘째, 조직의 일반재정으로 충당하는 방법이다. 교회와 YMCA, YWCA 등의 대규모 조직에 속한 프로그램은 조직의 전체 수입의 일부를 프로그램에 투자하게 할 수 있다. 기업 프로그램도 조직의 목적을 위해 학습을 실시하도록 일반재정으로 충당한다.

셋째, 기부금을 획득하는 방법이다. 대기업들은 직접 혹은 간접적으로 지역사회를 후원하고 있다. 이들 기업은 프로그램을 공개심사하여 후원하고 있다. S기업의 복지재단 프로그램 후원이 그 예이다. 이 경우 프로그램의 목적이 명백해야 하고, 후원하는 조직의 이념에 부합되는 것이라야 한다. 개인독지가의 지원을 받는 경우도 있지만, 우리 나라의 경우 아직 미흡하다.

다양한 조직들은 프로그램의 재정관리에 대해 다양한 의견을 갖고 있다. 구체적으로 강사의 비용, 스태프의 월급, 마케팅 비용, 시설임차료의 수준을 정하는 것은 쉽지 않다. 프로그램 재정의 적정수준을 결정하기 위한 일반원리를 제시하면 다음과 같다.

첫째, 프로그램에 필요한 비용과 수입을 고려하여 재정운영목적을 수립해야 한다. 프로그램이 많이 운영되는 조직의 경우, 재정관리의 목적은 명백하다. 그러나 프로그램이 적게 운영되는 조직의 경우, 재정관리의 목적을 소홀히 하기 쉽다. 재정운영의 목적이 수립되지 않고 재정을 계획하는 것은 불가능하다. 만약 재정이 열악한 상태에서 프로그램이 진행된다면 프로그램의 질은 떨어질 것이다. 프로그램 관리자는 성공적인 프로그램을 수행하기 위해 재정을 충분히 확보하고, 재정확보는 재정운영의 목적이 명백해야 한다.

둘째, 수입을 확보하기 위한 세부계획을 세워야 한다. 재정이 전적으로 지원되거나 혹은 후원금으로 운영되는 경우 혹은 참가자가 의무적으로 참여해야 하는 프로그램의 경우, 재정확보에 대한 압력은 상대적으로 적다. 그러나 다양한 수입을 확보하여 운영해야 하는 프로그램은 재정확보를 위한 세부계획이 필요하다.

셋째, 예산은 재정관리와 통제를 위한 기준으로 활용되도록 준비되어야 한다. 구체적인 항목에 따라 수입과 지출이 합리적으로 설정되어야 한다.

넷째, 비용은 공인을 받아 사용되어야 한다. 재정담당자가 승인한 예산은 공인된 비용이다. 그러나 이 범위를 넘어섰을 때는 누구의 승인을 받고 사용했는지에 대한 분명한 이해가 이루어져야 재정보고가 용이하다.

다섯째, 모든 재정상의 거래는 정확하게 기록되어야 한다. 재정기록들은 정확하고, 분명하고, 완벽해야 한다.

여섯째, 모든 금전거래는 적어도 1년에 한 번씩 발표해야 하며, 이러한 기록은 실제비용과 수입의 항목에 따라 구성되어야 한다. 필요한 경우 설명이나 주석이 첨부되어야 한다.

3) 예산편성의 과정

프로그램의 예산은 이미 언급된 제반 원리를 고려하여 편성된다. 구체적인 예산편성과정은 다음과 같다. 첫째, 프로그램의 목표를 검토하고, 둘째, 프로그램 실행에 사용가능한 자원을 확인하며, 셋째, 재정을 배분하며, 넷째, 예산관리하고 평가하는 작업이다.

목표검토 프로그램 목표는 예산을 편성하는 근거이다. 프로그램 목표는 예산편성의 기본방향을 제시해주고, 재정지출의 우선순위를 설정하는 기준이기 때문이다. 프로그램 관리자는 예산을 수립할 때 프로그램 목표개발과정과 방법 그리고 누가 목표를 설정하는 데 영향력을 발휘하였는가를 파악한다.

가용자원 파악 프로그램 비용을 산출할 때는 조직 외의 이용가능한 자원을 파악한다. 조직의 인적, 물적 자원과 시간, 공간 등의 이용가능한 기존자원과 프로그램에 요구되는 자원을 서로 결합시키면 새로운 자원목록이 정해지고 예산편성도 달라지기 때문이다.

예산 배분 예산분배는 프로그램을 실행하는 데 소요되는 비용을 항목별로 나누는 과정이다. 예산분배는 먼저, 각 프로그램에 대한 정확한 기록이 필요하다. 예를 들면, '1시간강좌 = 50분', '1과목 = 10시간강좌', '총수업시간 = 각 강좌수업×총 등록강좌수' 등이다. 둘째, 각 프로그램의 수입과 경비에 대한 정확한 기록이 필요하다. 수업교재비(교과서, 시청각자료 등), 관련비용(숙박비, 식비, 교통비, 광고료 등)과 간접비용 등을 산출하여 각 강좌 과목별, 시간별로 비용을 산출해야 한다.

재정은 프로그램의 개발비용, 전달비용, 평가비용으로 할애된다. 개발비용은 직원의 급여와 외부컨설팅 비용이 포함되고, 전달비용은 교구비(비디오, 오디오, OHP, 복사자료, 컴퓨터 프로그램, 교재, 사진), 시설비(회의장소대, 교실, 사무실, 취침장소 대여료), 음식(음료, 식사), 여행경비(관람, 외부강사 및 전문가 초빙경비), 장비임차 및 구입이 포함된다. 평가비는 평가전문가 비용, 광고비, 보고서 작성이 포함되며, 기타 예비비가 배분된다.

재정은 주어진 예산을 갖고 분배되므로 프로그램 관리자는 각 항목에 따라 재정을 배분하는 데 신중을 기해야 한다. 평생교육기관들은 예산이 부족한 경우가 많으므로, 재정을 배분할 때 다음의 사항에 유의해야 한다.

첫째, 전국적 혹은 지역사회수준의 평생교육기관들의 동향을 살펴보고, 미래를 관망해 볼 것

둘째, 기관의 전년도 자원배분과정을 검토할 것

셋째, 분배된 재정을 관리할 책임자를 정하고, 업무기한을 정할 것

넷째, 재정의 배분원리가 조직의 목표와 이념에 부합되는지 검토할 것

다섯째, 프로그램의 결과에 대해 합의할 것

여섯째, 프로그램 예산지침을 구체적으로 기술하고, 이에 대해 서로간에 합의를 볼 것(예를 들면 전체 예산의 몇 %는 급여로, 몇 %는 재료비로 구분)

일곱째, 자원배분과정을 구체적으로 기술하고, 이를 시각적으로 보기 쉽게 차트 등으로 작성할 것

여덟째, 자원배분권한의 소재와 권한행사과정을 명백히 기술할 것 등이다.

또한 프로그램의 예산에는 건물임대료, 행정서비스, 간접비 등 전체 기관차원의 비용도 할당해야 한다.

예산관리 및 평가 분배된 재정이 집행되고, 효과적인 프로그램 실시를 위해 예산관리와 그 결과에 대한 평가가 이뤄져야 한다.

제 10 장 마케팅과 홍보전략

이 장의 목표

1. **마케팅의 개념과 의의를 인지한다.**
    1) 마케팅과 홍보의 개념정의
    2) 마케팅의 중요성
    3) 마케팅에 따른 프로그램 효과
2. **프로그램의 마케팅 절차를 수립한다.**
    1) 마케팅 계획절차
    2) 마케팅 집단확정
    3) 마케팅의 기능
3. **프로그램 참가료를 결정한다.**
    1) 수업료 결정기준
    2) 수업료 관리
4. **프로그램 홍보기법을 익힌다.**
    1) 다양한 홍보기법
    2) 신문홍보의 장단점
    3) TV홍보의 장단점
    4) 홍보기법 선정
5. **프로그램을 등록관리한다.**
    1) 등록절차
    2) 등록상담

조별작업을 위한 가이드

1. 각 조는 마케팅의 개념을 논의하고, 홍보 개념의 차이를 논의한다.
2. 각 조는 마케팅의 다양한 기법을 논의하고 노트에 적는다.
3. 조별로 논의된 개념과 기법을 발표한다.
4. 교수자는 마케팅의 개념을 정의하고, 마케팅의 다양한 기법을 세부적으로 소개한다.
5. 교수자는 수업료를 확정하는 원리를 소개한다.
6. 각 조는 프로그램 수업료를 확정한다.
7. 각 조는 자신들의 프로그램 마케팅 방법을 논의하고
8. 선택한 마케팅 기법의 장단점을 토의한다.
9. 프로그램 등록시 유의사항을 점검한다.

프로그램은 개발되고 난 후 누구에게 어떻게 판매할 것인가에 대한 구체적인 논의가 필요하다. 마케팅이 그것이다. 마케팅은 프로그램에 참여자를 모으고 수익을 올리는 수단이다. 아무리 좋은 프로그램도 마케팅을 잘못하여 실패하는 경우가 있다. 마케팅은 단순히 프로그램을 설명하는 것 이상이다. 마케팅은 프로그램의 판매를 포함한다. 프로그램은 판매되어야 재정적 수입을 올린다. 보조금과 후원금에 의해 운영되는 프로그램은 제한되어 있기 때문에 프로그램이 팔리지 않는다면, 프로그램의 운영도 어렵다. 프로그램은 학습에 대한 아이디어를 사람들에게 판매하는 것이다.

1. 마케팅 기능

마케팅은 프로그램의 성공을 위해 필수적인 요소이다. 마케팅은 단순히 홍보책자를 만들어 배포하는 것에서부터 사람들을 프로그램에 참여하도록 끌어들이는 것 혹은 조직과 개인의 다양하고 복합적인 상호작용을 말하기도 한다.

마케팅은 홍보와 혼용되기도 한다. 전통적인 마케팅 개념은 홍보와 같은 의미로 사용되기도 했다. 홍보는 프로그램에의 참여를 설득하는 성격이 강하다. 그러나 마케팅은 홍보 그 이상의 개념으로 사용되었다. 홍보가 단순히 타겟집단에게 일반적으로 의사전달하는 것인 반면, 마케팅은 보다 적극적이고 공격적인 개념이다. 마케팅은 홍보와 함께 소비자를 끌어들일 수 있는 전략과 수업료 책정까지가 포함된다.

코틀러(Kotler)는 마케팅의 요소로 요구, 수요, 문제, 가치, 만족, 교환, 전달을 규명했다. 마케팅은 먼저 소비자들의 요구가 무엇인가에 민감하게 반응해야 한다. 상호작용적인 마케팅은 소비자가 참여하기를 원하는 요구와 관심을 반영하고 있는가, 가격은 적절한가, 소비자에게 적합한 학습서비스를 제공할 수 있는가, 소비자가 사용하기 편한 장소이고, 만족할 수 있는 프로그램인가가 그 속에 포함된다(Beder, 1986). 시멀리는 이를 기초로 마케팅의 개념을 세 가지로 구분했다

(Simerly, 1989). 전통적인 개념, 교환개념과 적응개념이 그것이다. 전통적인 마케팅 개념은 조직이 주체가 되어 환경의 변화에 민감하지 못하다. 교환개념은 소비자와 조직간에 서로 교환하는 것이 있고, 상징적 관계를 중시한다. 마지막으로 적응 개념은 소비자를 중심으로 그들의 요구나 환경의 변화에 대응적이다.

마케팅은 홍보의 대상과 홍보실시자 양자간의 커뮤니케이션을 그 목적으로 한다. 일방적인 전달이 아니라 의사소통을 통한 상호간의 요구와 문제를 반영한 프로그램 판매에 그 목적이 있다. 이런 의미에서 대응적인 마케팅 개념이 현재 사용된다.

프로그램 개발자는 대응적인 마케팅을 위해 프로그램이

첫째, 잠재적 참여자들에게 서비스에 대한 어떤 것이라는 기대감을 줄 것인가?

둘째, 소비자들의 기대를 충족시키기 위해 어떻게 접근할 것인가?

셋째, 소비자들에게 양질의 서비스를 제공하기 위해 어떤 데이터를 사용할 것인가?

넷째, 프로그램은 개인과 사회를 위해 어떤 기여를 할 것인가?

다섯째, 제한된 예산으로 어떤 홍보기법을 사용할 것인가?

여섯째, 간접적으로 사용할 수 있는 홍보자원은 없는가 등을 고려해야 한다.

2. 마케팅 절차

마케팅은 프로그램을 일반에게 알려 잠재적인 학습자들로 하여금 교육의 기회를 인식하고 참여를 유도하는데 그 목적이 있다. 프로그램은 참여자의 문제상황을 고려하고 자신의 문제나 요구를 충족시킬 수 있게 보여져야 한다. 그렇지 않고서는 프로그램에의 참여를 유두하기가 어렵다. 어떤 프로그램을 통해 학습자가 자신의 문제상황을 인식하고 학습요구를 실현시킬 수 있는 정보를 제공함으로써 참여를 유도할 수 있다. 프로그램에의 참여 정도는 마케팅에 의해 달라질 수 있다.

가드너(Gardner)는 효과적인 프로그램 마케팅을 위해 다음의 과정에 유의하게 했다.

첫째, 프로그램을 광고하는 목적이 정해져야 한다. 예를 들면 은행에 근무하는 행원들을 대상으로 프로그램을 제공하고자 할 때 등록인원을 몇 명으로 정하고 있는지, 수업료는 어느 정도로 할 것인지, 그리고 은행기관장들에게 프로그램 개설을 인식시킬지에 대해 정확한 목적이 정해져야 한다.

둘째, 홍보에 어느 정도의 예산을 투자할 것인가 미리 정해야 한다. 일반적으로 홍보비용은 연간예산의 약 3-5%를 투자하는 것이 바람직하다.

셋째, 광고매체를 선정해야 한다. 광고매체는 홍보의 효과를 달리하고, 프로그램의 잠재고객의 특성에 따라 효과적인 매체가 선택되어야 한다.

넷째, 광고매체를 선정한 후, 선택된 광고매체에서 요구하는 형식에 맞게 광고내용을 준비한다.

다섯째, 광고가 나간 후, 그 효과와 비용에 대한 평가가 이루어져야 한다.

이상의 과정을 통해 프로그램 홍보계획을 수립하면서 프로그램 개발자가 동시에 고려해야 할 사항은

첫째, 광고를 통해 어떤 정보를 독자들에게 전하려고 하는가?

둘째, 목표로 하는 대상이 어떤 집단인가?

셋째, 어떤 방법으로 가장 효과적으로 광고내용을 정할 수 있는가?

넷째, 어느 지역을 대상으로 광고할 것인가에 대해 미리 결정해야 한다.

또한 프로그램 관리자는 프로그램 홍보과정에서 다음 사항들에 대해 끊임없이 의문을 제기해야 한다. 다시 말하자면 고객들이 이 프로그램을 다른 것보다 더욱 중요하다고 느낄 것인가? 이 프로그램에 대해 만족할 것인가? 이 프로그램에 참여한 뒤 자신들에게 도움이 되리라 생각할 것인가? 참여자들에게 호감있는 프로그램으로 보일 것인가? 그들의 건강을 유지, 향상시킬 수 있다고 생각할 것인가? 등 끊임없는 질문을 하면서 이에 대한 해답을 성인교육자 스스로 효과적으로 광고할 수 있다. 가장 좋은 광고홍보방법은 첫째, 대상고객확인 둘째, 홍보계획 셋째, 준비 및 배포 넷째 결과평가 등의 네 단계를 포함한다.

1) 대상고객의 확인

고객이 누구인지 확인하는 것이 첫번째 단계이다. 만일 프로그램이 교회나 기업체 등 단일조직의 구성원이라면 작업은 쉽다. 이질적인 구성원인 경우, 프로그램의 마케팅 과정은 복잡해진다. 구성원의 성별, 연령, 결혼유무, 교육적 배경, 경제적 지위, 홍미 등에 대한 정보는 마케팅 계획을 수립하는 데 유용하다. 만일 프로그램이 지역사회 전반에 걸친 것이라면 요구가 많아지고 보다 복잡한 작업이 된다.

가장 효과적인 홍보는 특정 개인이나 집단을 목표로 하는 홍보이다. 만일 젊은 사람들을 대상으로 한다면 젊은 층을 대상으로 서비스하는 기관들의 리스트가 필요하며, 그들에게 전달될 수 있는 특별한 홍보매체를 사용해야 한다. 홍보효과는 보다 정확하게 대상을 확인할수록 극대화된다.

2) 마케팅 예산

마케팅 예산수립은 홍보하는 데 얼마나 많은 비용이 소모되는가를 결정하는 것이다. 마케팅 비용은 어떤 경우에는 상급관리자에 의해 결정되기도 하며, 의견을 수렴해서 이루어지기 한다. 홍보비용은 다양한 방법으로 계산된다. 예를 들면 어떤 기관은 전체 예산의 15%를 할당하고, 다른 기관은 전혀 예산을 배정하지 않기도 한다.

마케팅 비용은 지역사회의 상황과 조직의 유형, 프로그램의 여건에 따라 다르기 때문에 일률적인 기준을 제시하기는 어렵다. 그럼에도 불구하고 일반적으로 다음의 과정을 따라 정해지고 있다.

첫째, 프로그램을 성공적으로 실행하기 위해 필요한 참여자의 수를 결정한다.

둘째, 인쇄물, 광고물 등의 홍보자료의 양을 측정한다.

셋째, 인쇄물, 우편광고물, 홍보물 등을 위한 비용을 결정한다.

넷째, 책정된 금액이 너무 높으면 홍보장비의 비용을 감축시킨다.

마케팅 비용은 새로운 프로그램을 시작할 때 훨씬 많이 소요되고, 점차 참여자들이 증가함에 따라 비용은 줄어든다. 참여자들이 프로그램에 만족하게 되면 그들의 입을 통해서도 다른 사람들에게 홍보가 된다. 홍보비용이 결정되면 어떻게 사용할 것인가를 결정한다. 신문광고비, 우편광고비, 그 밖의 다른 매체를 통한 광고비가 얼마인지 생각해야 한다.

3) 마케팅 시기

마케팅 시기는 언제 어떤 매체를 통해 홍보가 수행될 것인가를 정확하게 보여주는 시간표를 작성하는 일이다. 일반적으로 홍보는 신문광고, 라디오와 TV, 광고우편 등 적어도 세 가지 이상의 유형을 통해 전달된다. 마케팅 스케줄을 세울 때는 효과적인 시기를 파악해야 한다. 만일 인쇄물이 너무 일찍 전달되면 사람들은 그 프로그램을 잊어버리게 된다. 반면에 너무 늦게 전달되면 이미 다른 강의에 등록을 하거나 다른 계획을 갖고 있어 마케팅 효과가 떨어진다.

최적의 마케팅 시기는 조직과 프로그램 개발자가 경험을 기초로 판단하게 되지만, 인쇄물은 약 3주 전, 광고, 포스터, 기관우편물은 4-6주 전에 전달되는 것이 효과적이다. 인쇄된 안내문은 프로그램 등록 전의 마지막 작업이므로 철저한 마케팅 전략을 세워야 한다. 홍보는 개강 전 약 2주 전이 가장 중요한 시점이 된다. 개강 2주 전부터는 자주 대중광고를 하고, 광고지를 돌리도록 한다.

3. 수업료

참여자들이 부담해야 할 수업료를 책정하는 기준은 다양하다. 보조금, 후원금 등의 액수에 따라 달라지기도 하고, 학습자들의 특성에 따라 달라지기도 하며, 프로그램 이슈의 유행 정도에 따라 달라지기도 한다.

1) 수업료 결정

프로그램의 수업료를 결정하는 방법은 세 가지로 나눠진다(Beder, 1986). 지출중심, 수요중심, 가격경쟁이 그것이다. 지출중심형은 프로그램에 소요되는 총비용과 참여자수를 예측하여, 지출비용은 참가자들의 수업료로 충당하는 방법이다. 지출비용은 고정비용과 가변비용으로 구분되고, 이 경우 고정지출비용을 중심으로 가격이 정해지므로 프로그램 등록을 취소하는 사람에 대해 벌금을 부과하는 것이 좋은 방법이다. 프로그램 등록을 취소하는 자가 많은 경우에도 반드시 실시되어야 하는 프로그램일 경우, 지출비용으로 가격이 정해진다. 수요중심형은 프로그램에 대한 수요에 따라 가격을 달리 책정하는 방법이다. 프로그램 참여자 수가 적다하더라도 그들의 수요가 강하면 가격은 상대적으로 오를 것이다. 그러나 수요가 적은 프로그램은 가격이 낮아진다. 이 원리는 기업대상의 프로그램에 적용된다. 마지막으로 경쟁가격형은 프로그램들간의 경쟁도를 기준으로 경쟁력이 높은 프로그램은 상대적으로 높은 가격이 책정되는 방법이다.

수업료는 프로그램의 효과적인 운영을 위해 매우 중요하다. 수업료는 프로그램의 고정비용과 가변비용, 총지출과 총수입을 고려해 계산한다. 프로그램의 고정비용은 참여자수에 관계없이 고정되어 지출되는 비용이다. 예컨대 강의시설과 관련된 조명, 교실대여, 수업기자재, 시설 등이 그것이다.

가변비용은 사람의 수에 따라 비용이 달라지는 것이다. 예컨대 교재비, 복사비, 식사비용 등이다. 수업료는 고정비용과 가변비용을 더한 것에 총지출이 서로 만나는 점이 '0' 점이다. 프로그램의 이윤이 '0'인 시점이다(그림 10-1참조).

<그림 10-1 프로그램 이윤 'O'점>

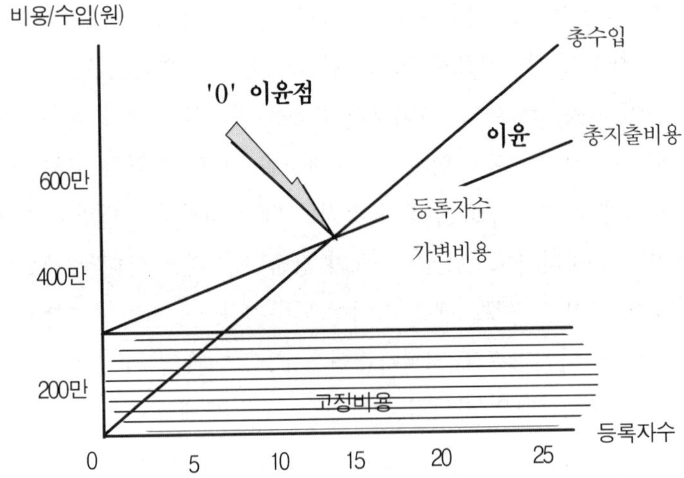

수업료는 지출, 수요, 경쟁력을 원리로 학습자의 재정적 능력과 관심도, 프로그램의 긴급도 등과 함께 다음의 요소들이 고려된다.

보조금의 수준 정부나 공공조직 혹은 학교기관에서 실시하는 평생교육 프로그램은 지원금을 받기가 용이하다. 예컨대 구민회관의 프로그램은 각 구청에서 보조금을 받고 있고, 서울 시민대학 프로그램은 서울시의 지원을 받고 있다. 각 지역사회의 초중고등학교에서 시행되는 프로그램은 정부와 지역사회의 지원을 받고 있다. 프로그램 참가료는 보조금의 수준을 고려하여 책정되고 지원이 가능하면 수업료는 상대적으로 낮아질 수 있다. 프로그램 개발자는 보조금을 지원받을 수 있는 출처를 탐색해야 한다.

고객의 특성 프로그램 참가료는 고객의 특성에 따라 달라진다. 참여자들의 경제적 수입이 많은 경우, 저렴한 가격의 프로그램에 참여를 꺼리기도 한다. 이런 경우 수업료는 높게 책정되고, 서비스의 질을 최대로 높여주는 전략이 강구된다.

반면에 참여자가 경제적 수입이 낮은 경우, 참여를 저해할 정도로 수업료를 책정하지 말아야 한다. 수업료는 너무 낮아서 프로그램 가치를 평가절하시켜서도 혹은 너무 높아 참여를 꺼릴 정도가 되어서도 안 된다.

참여자의 동기 수업료는 참여자의 동기에 따라 달라진다. 참여자가 프로그램에 대한 참여요구가 강하다면 수업료는 상대적으로 높아도 된다. 예컨대 직업과 관련되거나 최근의 이슈와 관련된 프로그램의 수업료는 비교적 높게 책정되고 있다.

유사조직의 기준고려 프로그램 참가료는 다른 조직과 동일한 수준으로 고정되어야 할 필요는 없다. 그러나 같은 지역사회에 속한 유사한 프로그램일 때는 참가료가 고려되어야 한다. 유사한 프로그램에의 참가료가 차이가 있을 경우, 학습자들은 민감하게 반응하기 때문이다. 프로그램이 차별화되지 않는 상황에서 가격이 차별화된다면 미래의 프로그램 고객을 놓치게 될 우려가 있기 때문이다.

2) 수업료 관리

학습자들은 프로그램에 일단 등록한 후 환불을 요구하거나 등록기한을 늦추도록 요구하기도 한다. 조직은 수업료관리를 위한 구체적인 기준을 갖고 있는 것이 바람직하다.

수업료 지불 지불방법에 대한 정책이 너무 관대하면 행정이 조직적으로 운영되지 못하다는 인상을 주고, 너무 엄격하면 상업주의로 오해받기도 한다. 중용을 지키는 것은 항상 어려운 일이지만, 오해의 소지를 최소한으로 줄이기 위해 분명하고 명확하게 재정규칙을 언급해 놓아야 한다.

납부기한 연장 학습자에게 수업료 지불기간을 연장해주는 것은 학생들에게 부담을 덜어주는 편의를 제공해준다. 하지만 주최측 차원에서 볼 때는 많은 불이익을 갖게 된다는 단점이 있다. 회계가 복잡해지고, 수업료 미납용지 또한 불쾌함을 안겨다 줄 것이다. 어떤 성인교육자들은 납부기간을 연장할 때 중도탈락자가 많아진다고 주장하기도 한다. 납부기간 연장제도는 수업료의 규모에 따라 결정된다. 대부분의 프로그램 참가료는 그 비용이 저렴하기 때문에 분납이나 지연납부가 필요없다. 그러나 장기 프로그램의 경우는 지불연장제도가 필요하고, 분납은 2-3회로 나누는 것이 바람직하다.

환불과 참가보조금 환불은 일반적인 경우는 아니지만 필요한 경우가 발생한다. 학습자가 그 강좌를 그만두고 싶어할 때는 특정 기간을 정해주고 환불해주거나 혹은 그 금액에 해당하는 다른 강좌를 들을 수 있도록 해주는 것이 좋은 방법이다. 또한 학습자들의 프로그램 참여를 증진시키기 위해 일정 부분의 예산을 장학금 명목으로 참가비를 보조하는 것도 좋은 방법이다.

4. 홍보전략

프로그램광고는 홍보 실시지역에 대한 인구통계학적 특성을 미리 파악하고 있어야 효과적이다. 그 지역 내의 소그룹 혹은 소집단을 파악하고 그들의 연령분포, 교육 정도, 가족수, 출생률, 사망률, 결혼율, 직업분포, 수입 정도와 지방색 등에 대해 정확한 정보를 파악함으로써 잠재적 고객의 특성에 맞는 마케팅이 이루어질 수 있다. 프로그램 홍보를 위해서는 신문, 라디오, TV, 우편물, 선전지, 기념품, 게시판광고 등이 일반적으로 활용된다. 홍보기법은 한 사람이 아니라 여러 사람의 의견을 참조하는 것이 효과적이다. 가능한 전문가의 도움을 많이 받는 것이 좋다. 유능하고 경험이 풍부한 광고전문가, 신문기자, 우편전문가가 그 대상이다. 이들 전문가들은 그들의 창의적인 아이디어와 함께 자신들의 경험을 통해 적은 비용으로 보다 정확하게 효과를 낼 수 있게 도와준다.

1) 신문광고

신문이 프로그램 홍보를 위한 가장 이상적인 매체로 판단되면, 어느 신문에 광고할 것인지를 결정해야 한다. 더불어 해당 신문이 어느 정도의 지역까지 배달되며, 얼마나 많은 대중들이 보는 신문인지, 독자들의 특성은 어떤지, 몇 명의 독자를 갖고 있는지 파악해야 한다. 일주일 중 어느 요일의 광고가 가장 효과적인지, 가격은 어느 정도인지, 어느 날에 광고할 것인지를 결정한다.

신문광고는 일회적 속성을 지닌 매체이다. 그것은 대중들과 직접 접촉한다. 모든 신문은 광고란이 있다. 신문광고는 다음의 사항을 유의할 때 최고의 효과를 얻을 수 있다.

첫째, 광고를 위한 분명한 스케줄이 설계되어야 한다.

둘째, 3-7cm 크기의 작은 광고를 여러 번 많은 곳에 내는 것이, 크게 한두 번 내는 것보다 효과적이다.

셋째, 광고도안은 첫눈에 사로잡을 수 있는 머릿글로 시작되어야 하며, 권위있게 보여야 한다.

넷째, 광고문은 읽기 쉬워야 하고 사람들에게 호소력이 있어야 한다.

다섯째, 특정 활동에 관심이 있는 특정 집단에게 초점을 맞춘다.

여섯째, 광고는 프로그램에 따라 일반적이거나 특별한 것이 될 수 있다. 일반광고는 신문의 어느 장에나 실을 수 있지만, 특별광고는 광고주제에 따라 해당하는 장에 싣는 것이 효과적이다. 예를 들면, 주식관리강좌는 경제페이지에, 실내장식강좌는 가정페이지에 광고하는 것이 효과적이다.

일곱째, 특정 신문(예컨대 지역사회신문, 여행잡지, 기관지, 교회신문, 클럽소식지, 노동조합 출판물)을 읽는 독자들의 흥미를 파악하여 광고하는 것이 효과적이다.

2) 선 전

선전은 개인에 의해 프로그램이 평가됨으로써 간접적으로 홍보효과를 갖는다. 선전은 광고와 밀접하지만, 그것이 광고를 대신하는 것은 아니다. 선전은 광고를 보충해주고 뒷받침해주는 역할을 한다. 다음은 효과적인 선전을 위한 준비사항이다.

첫째, 프로그램이 지속되는 전체기간 동안 이루어질 정확한 선전스케줄이 설계되어야 한다.

둘째, 선전의 핵심은 개인과의 접촉이다. 지역사회신문의 편집장, 논평가들과 잘 알고 있어야 한다.

셋째, 선전을 위해 일간신문기자, 여행잡지, 기관지, 교회신문, 클럽소식지, 노동조합 출판물 등에 관련된 자원인사들의 리스트를 보유한다.

넷째, 뉴스에 사용할 수 있는 활동을 담은 사진들을 갖고 있어야 한다.

다섯째, 좋은 경험담이나 개인이 쓴 글을 실을 수 있어야 한다. 만일 개인의 프로그램에 대한 만족한 경험이 신문기사화된다면, 프로그램은 널리 알려질 것이다.

여섯째, 기념행사나 특별모임 등 뉴스로서 가치가 있는 사건들을 신문에 싣도록 한다.

일곱째, 선전에 실리는 글들은 간단하고, 요점을 분명히 밝히며, 흥미롭게 써야 한다. 또한 독자의 관점과 흥미를 고려하여 써야 하며, 사실과 관련된 정보를 알려주어야 한다.

여덟째, 프로그램을 소개하는 일반적인 내용과 구체적인 활동을 알려주는 특별한 내용 모두를 실어주어야 한다.

아홉째, 광고를 목적으로 선전을 사용하지 말아야 한다. 선전은 하나의 뉴스로서 가치가 있다.

3) 라디오와 텔레비전

프로그램 광고를 위한 라디오와 TV의 사용은 방대하다. 이들 매체는 신문이나 광고용지, 게시판 등의 인쇄매체에 비해 비용이 많이 든다. 그러나 라디오와 텔레비전은 신속성과 용이성 때문에 주요 광고매체로 이용되고 있다. 이미 언급했던 광고와 선전을 위한 준비사항은 라디오와 TV에도 적용된다. 간단한 삽입광고방송은 신문에 내는 짧은 광고문과 같은 목적으로 사용된다. 라디오와 TV광고는 원고를 쓰는 데 특별한 기술이 요구된다. 따라서 전문가의 도움이 필요하다. 다음은 라디오 광고의 사례이다.

<그림 10-2> 라디오 광고의 예

미래의 삶을 준비해 보시지 않으시렵니까? 당신이 만약 초등학교 중퇴자라면 일신성인교육센터의 새로운 프로그램 '일상생활의 활기'를 들어야 합니다. 즉시 등록하십시오. 여러분은 책을 읽고 산수문제를 풀 수 있습니다.

전화번호는 682-8081. 성인교육 담당자에게 문의하시기 바랍니다.

682-8081! 잊지마세요!

라디오와 TV를 통한 선전은 인쇄물을 통해서는 할 수 없는 특별한 기회를 제공해 준다. 예를 들면, 어떤 성인교육기관에서는 지방교육방송 TV에 30분짜리 프로그램을 계획해 주말에 방송한다. 그 프로그램은 강사와 학습자들이 그들의 강의에서 다루는 주제에 대해 토론하고 시범을 보여주도록 구성한다. 그리고 각 지역의 평생학습관 프로그램을 방송한 후 능독하게 한다.

4) 광고우편 및 인쇄물

우편을 이용한 광고는 엽서, 편지, 안내책자, 선전지 등 다양한 형태로 이뤄진다. 우편광고는 우편물을 배포하게 될 목표집단의 주소를 확보하는 것이 홍보의 성패를 결정한다. 프로그램에 흥미를 가질 잠재적 참여자의 주소와 이름이 확보되어 있어야 한다. 명단은 현재 프로그램 참여자들이 친구이름과 주소를 알려줄 수도 있고, 다양한 클럽, 교회, 전문기관, 기업체, 동문회, 노동조합 등의 구성원 명단을 통해 얻을 수 있다.

우편물 수취인 명단은 범위를 정해 구별해 놓아야 한다. 홍보대상명단은 우편목록으로 동창회나 자원봉사단체, 학부모회, 전문가조직, 여성회, 교회, 전화번호부 등 다양한 것을 이용할 수 있다. 우편물 수취인 명단의 중복을 피하고 주소변경을 확인하기 위해서는 정기적으로 검토해야 한다. 다음 <표 10-1>은 어떤 기관에서 우편물 수취인 명단을 범주화해 놓은 예이다.

<표 10-1> 우편물 수취인 분류

	학교기관	관련조직	서비스기관	기 타
수취인 명단 분류	-고등학교 교장 -대학사무주임 -대학클럽 구성원 -도서관	-노동조합 신문사 -성인교육협회 -여성클럽 -인사관리자 -성직자모임	-서점 -신문사 -양로원	-이전 프로그램 참가자

광고우편은 시간, 에너지, 비용의 관점에서 볼 때 가장 비용이 많이 드는 분야이다. 많은 학습자들은 광고우편으로 정보를 얻고 있다. 광고우편은 그것을 소비자가 직접 받아볼 때까지의 과정이 잘 준비되어야 한다. 광고우편은 집집마다 찾아다니는 판매사원이라고 할 수 있다. 인쇄물을 통해 받게 되는 인상은 프로그램에 대한 첫인상이 된다. 인쇄매체는 신중히 결정되어야 한다.

제작된 우편물 발송은 몇 가지 방법이 있다. 소책자와 홀더는 봉투없이 직접 주소를 써서 보낼 수 있다. 그 밖의 다른 인쇄매체들은 봉투에 넣어 보낼 수 있다. 검열과 적정 무게에 따라 봉투의 접히는 부분은 잘라버릴 수도 있다. 또 다른 방법은 우표를 붙이는 대신 모서리 부분을 잘라낸 사업용 규격봉투를 사용하는 것이다. 광고전문가들에 의하면 그냥 보내는 것보다 봉투에 넣어서 보내는 것이 보다 효과적이라고 한다. 홀더와 함께 편지를 동봉하는 것이 홀더를 열어보게 자극시킨다.

인쇄매체의 종류는 프로그램의 규모와 특성에 따라 다르다. 만일 다양한 활동들로 구성된 프로그램이라면, 홀더나 소책자가 필요할 것이다. 그러나 한 가지 활동만으로 구성된 프로그램이라면 단면전단으로도 가능하다. 유형에 따른 인쇄물의 제작방법은 다음과 같다.

홀더와 소책자 홀더의 크기는 그 안에 넣을 자료의 양과, 프로그램 설명지의 모양, 봉투의 종류에 따라 달라진다. 프로그램 규모가 클수록 큰 봉투가 사용된다. 홀더는 받는 사람이 쉽게 넣어 다닐 수 있는 장점이 있다. 만약 봉투가 너무 작으면 내용이 많은 느낌을 줄 수 있으므로 유의한다. 홀더의 무게는 규격우편무게를 확인하고 사용해야 한다. 우편요금은 규격무게를 소량초과하더라도 높은 비용으로 책정되기 때문이다.

홀더의 모양은 인쇄와 예술적인 처리가 뛰어날 때 효과적이다. 전문가에게 의뢰하는 것이 효과적이다. 홀더의 모양은 먼저 흥미를 끌 수 있어야 한다. 표지는 독자가 다음 페이지를 넘겨보고자 하는 마음이 들도록 프로그램에 대해 충분히 말해주어야 한다. 둘째, 종이와 잉크는 주의깊게 선택되어야 한다. 두 가지 색의 잉크를 사용할 때는 한 가지 색으로는 제목을 쓰고 다른 한 가지 색으로 내용을 쓴다. 그러면 많은 돈을 들이지 않고도 호소력있는 홀더를 만들 수 있다. 매력적인 색깔의 잉크와 옅은 빛깔의 종이를 사용하는 것이 효과적일 것이다. 셋째, 인쇄활자는 크고 읽기 편안해야 한다. 특히 제목에 사용될 인쇄는 굵어야 한다. 넷째, 홀더에 사용되는 자료는 이해하기 쉽게 되어 구성되어야 한다. 여백사용, 글자의 유형과 크기 등을 모두 잘 고려해야 한다. 다섯째, 사신이나 선, 그림은 홀더의 효과를 증가시킨다. 여섯째, 홀더에는 여백공간을 충분히 두어야 한다. 절대로 빽빽한 느낌을 주어서는 안 된다.

홀더의 내용은 독자가 프로그램을 이해하고 프로그램에 등록하도록 모든 정보를 제공해주어야 한다. 홀더에 들어가야 할 내용은 다음과 같다.

<그림 10-3> 홀더의 내용

홀더의 내용
- 프로그램의 목적은 무엇인가? - 개개인이 그 프로그램으로부터 얻을 수 있는 이점은 무엇인가? - 누가 그것을 지원해 주는가? - 구체적인 활동은 어떤 것인가? - 어떤 사람들이 설계했는가? - 강사, 지도자, 강사는 누구인가? - 비용은 얼마인가? - 활동은 언제 어디에서 시작하는가? - 어떻게 가입하는가?

홀더의 제목은 흥미를 끌 수도 있고 불쾌감을 갖게 하기도 한다. 잘못된 홀더는 잘못된 정보를 줄 수도 있다. 홀더의 제목은 첫째, 활동내용을 정확하게 알려주어야 하고, 둘째, 문제점이나 기능을 말해주어야 하며, 셋째, 각 개인에게 해당하는 말이어야 한다. 예를 들면, '즐거움을 위한 글짓기'는 '영작문'이란 제목보다 훨씬 좋은 제목이다. '당신 자신의 사업을 시작하세요'는 '사업경영의 기준'보다 훨씬 좋다. 제목을 선택하는 일 또한 매우 중요한 일이다. 홀더의 제목은 활동을 설명하는 것이어야 한다. 설명은 비형식적이면서도 정확해야 한다. 학습자들이 왜 활동에 참여해야 하며, 학습자들이 프로그램을 왜 필요로 하며, 학습자들을 위해 무엇을 해줄 수 있는지 설명해주어야 한다. 단어는 읽는 사람에게 직접 하는 말로 써야 한다. '당신'이라는 말을 몇 번씩 사용해야 한다. 이것은 가치있는 프로그램을 판매하는 것이지만, 절대로 강매를 해서는 안 된다. 또한 성취할 수 없는 결과를 약속해서도 안 된다. 다음 <그림 10-4>는 성인교육강좌에 대한 실제 설명문의 예이다.

<그림 10-4> 그림! 당신의 취미생활!!!

가장 만족스럽고 창의적이고 편리한 취미활동은 그림 그리기입니다. 그림 그리기는 하루의 고된 일을 마치고 휴식시간을 활용하기에 가장 이상적인 활동입니다. 힘도 적게 들고, 배우기도 쉽고, 많은 기쁨을 누리게 됩니다. 이전에 그림 그린 경험이 있던 없던 그것은 문제가 되지 않습니다. 당신은 지금 흥미를 느끼고 시작하는 것이며, 능력을 개발시킬 수 있습니다. 당신은 색과 선, 구성, 명도, 채도 등의 의미를 배울 것이며, 당신의 그림에서 어떻게 조화를 이루어야 하는지를 배우게 될 것입니다. 당신은 파스텔, 유화, 수채화 등 여러 가지 다양한 매체도 사용할 수 있습니다.

실제 프로그램을 설명할 때 성인들이 교육에 저항적이라는 점을 염두에 두어야 한다. 성인들은 교육에 대해 지시적인 강사의 질문, 어려운 숙제, 지루한 강의 등 형식교육에 대한 편견을 갖고 있다. 프로그램 설명문은 성인들에게 친근함과 개인존중, 행함에 의한 학습, 현대 성인교육의 특성 등을 분명히 전달해 주어야 한다. 대부분의 성인들은 오랫동안 학교를 떠나 있었기 때문에 자신들의 능력에 대해 자신이 없다. 그들에게 잘 할 수 있다는 확신을 주어야 한다.

프로그램에 대한 설명을 할 때는 강사도 소개해주어야 한다. 강사에 대해 그들이 잘 알게 되면 이전부터 알고 있던 사람처럼 친근하게 느끼게 될 것이다. 소개할 내용은 강사이름과 그들의 배경, 직업, 자격 그리고 일화를 통해 어떤 종류의 사람인지 알려준다. 강사소개는 각각의 활동설명 중 한 부분으로 할 수도 있고, 아니면 전체 소책자에서 특정 부분에 모아서 기술할 수도 있다.

전단 및 편지 전단은 단일 활동프로그램이나 대규모 집단의 구성원들 중 특정 활동에 관련된 사람들에게 홍보할 때 효과적이다. 단면전단은 적은 비용으로 만들어서 널리 퍼뜨릴 수 있다. 캘리포니아 대학확장 프로그램은 이 기법을 잘 사용하는 것으로 유명하다.

편지는 홍보에서 두 가지 중요한 기능을 한다. 첫째, 홀더의 내용을 지원하는 내용을 담아 함께 발송한다. 편지의 내용은 홀더에서 강조하는 것에 초점을 맞추어, 특정 활동에 관심이 있는 특정 독자들에게 방향을 제시해준다. 둘째, 독립적인 우편물로서 편지는 비용을 적게 들이고도 만들 수 있으며, 학습자 개개인에게 직접 호소할 수 있다.

훌륭한 편지는 짧고 간결해야 한다. 대화체로 써야 하며, 학습자의 흥미에 대해 직접적으로 언급할 수 있어야 한다. 편지는 가능한 하나하나 사인을 해야 한다.

포스터, 전시, 진열 포스터는 잠재고객의 관심을 끄는 데 사용할 수 있다. 시카고의 YMCA에서는 포스터의 윗부분 전체를 가로질러 눈에 뜨게 제목을 써넣고 나머지 부분에는 활동유형들을 기록해서 만들었다. 그리고 홀더를 요구할 때 사용하도록 아랫부분에 우편엽서를 끼워 놓았다. 그 후 그 포스터는 사무실, 공장, 도서관, 클럽 등의 벽보판에 부착해 놓았다. 인쇄된 포스터들은 현재 참여하고 있는 사람들의 특정 활동에 대한 흥미를 고조시키는 데도 사용된다. 포스터의 구성과 문구와 도안은 매우 중요하다.

전시는 창문이나 로비 등에 효과적으로 해놓을 수 있다. '어떻게 집을 장만할 것인가?'의 강의에 대한 흥미를 끌기 위해서는 다양한 유형의 주택모델들을 부동산회사로부터 수집하여 로비에 탁자를 놓고 전시해 놓을 수 있다. 그 옆에는 설명이 담긴 홀더를 같이 배치해 놓아야 한다.

현재 참여자들이 만들어 놓은 공예, 예술, 그림, 바느질, 사진 등의 작품을 진열하는 것은 보는 사람들의 흥미를 고조시킬 뿐만 아니라 잠재고객들 역시 프로그램에 참여해야 겠다는 느낌을 갖도록 도와준다.

5) 개인적 접촉

일대일의 개인적 접촉은 가장 효과적이고 보장된 홍보이다. 위원회, 지도자, 스태프, 참여했던 학습자들은 항상 프로그램에 대해 이야기함으로써 효과적인 광고를 할 수 있다. 또한 프로그램 참여자들의 협력도 중요한 역할을 한다. 프로그램에 만족한 참여자들은 보다 효과적인 홍보도구가 된다. 그들은 자발적으로 구전(口傳)을 통해 홍보하고 있다. 참가자들을 대상으로 해당 프로그램을 알게 된 방법에 대한 연구결과를 보면, 그 첫번째 대답은 '친구'였다.

현재 프로그램에 참여하는 사람들의 도움을 받을 수 있는 첫번째 요건은 참가희망자들이 프로그램에 대해 열정적이어야 한다. 그러나 중요한 것은 프로그램이 얼마나 좋은가와 상관없이 개개인이 원하는 것이 아니라면 만족을 줄 수 없다. 인쇄물이 사람들의 올바른 판단을 도와줄 것이라는 것은 착각이다. 경험 많은 프로그램 담당자들이 말에 따르면, 하나의 프로그램 설명서가 사람들에 따라 다르게 해석되고 있다. 상담자는 이런 문제를 해결하기 위해 등록기간 동안 배치하는 것이 좋다.

두 번째 요건은, 참여자들이 다른 사람들에게 프로그램을 잘 전달하기 위해 프로그램의 정신과 철학에 젖어 있어야 한다. 더불어 참여자들이 소속감을 느낄 수 있어야 한다. 이러한 소속감을 갖기 위해서는 참여자들에게 지도책임을 부여하거나, 위원회에서 일할 수 있는 기회를 제공하여야 한다. 현재 프로그램에 참여하고 있는 사람들은 직접 말을 퍼뜨리는 데 도움을 줄 수 있는 사람들이다.

강의가 끝날 때쯤에는 다음 학기에 관심을 갖고 있는 친구명단을 써달라고 부탁을 할 수도 있다. 또는 새로운 안내문을 보낼 때 여분의 것을 동봉하여 이웃에게 전해주도록 할 수도 있다. 두 가지 모두 실제로 좋은 결과를 가져다주고 있다.

6) 전화홍보

전화홍보는 작은 조직에서 필요로 하는 사람들을 모을 때 유용한 방법이 될 수 있다. 전화홍보는 한 사람이 많은 부담을 지지 않도록 여러 사람이 협조해서 시행해야 한다. 각각의 담당자들은 홍보대상자들의 이름과 전화번호를 적은 목록을 받게 된다. 이러한 방법은 조직의 구성원이나 학습자 누구나 할 수 있다. 전화홍보는 인쇄물로는 할 수 없는 상호작용의 효과를 가져올 수 있다.

7) 홍보활동의 기록 및 평가

기록 모든 조직은 시간과 돈, 에너지를 투자하여 관심을 고취시키고 참여를 촉진시켜야 할 대중늘을 가지고 있다. 여기서 대중들은 대체로 프로그램에 속해 있는 참여자, 큰 조직의 구성원, 위원회 구성원, 정부의 고위관리, 지역사회에 속해 있는 모든 개개인과 집단들을 말한다. 대중들의 흥미를 끌기 위해서 조직의 업무에 대해 정기적으로 정보를 수집하고 기록해야 한다. 정보의 기록을 위한 일반원리는 다음과 같다.

첫째, 기록들은 프로그램에 직접적으로 연루되어 있는 개인들과 집단들을 통해 만들어져야 한다.

둘째, 각 기록들의 목적은 그것이 준비되기 전에 분명하게 제시되어야 한다. 즉, 참여할 사람은 누구인가? 어떤 결과가 성취될 것인가? 그 범위는 어디까지인가? 등이다.

셋째, 기록은 정확한 사실에 근거하여 써야 한다.

넷째, 준비과정에는 가능한 한 많은 사람들을 참여시켜야 한다. 스태프, 위원회 지도자, 참여자들의 협동적인 노력에 의해서 이루어져야 한다.

다섯째, 기록은 분명하고 간결하고 읽기 쉬워야 한다. 기록은 권위를 가져야 하며 동시에 인상적이어야 한다. 차트, 그래프, 사진 등이 그 효과를 강화시켜줄 것이다.

여섯째, 기록의 내용에는 프로그램의 목적과 특성, 사용된 인적, 물적 자원, 재정, 사용방법, 성취결과, 미래를 위한 계획이 포함되어야 한다.

평가 홍보활동의 결과를 알아보는 일은 여러 가지로 많은 도움이 된다. 모든 사람들이 만족할 수 있는 완벽한 평가방법은 없지만, 어느 정도의 단서들을 제공해 줄 만한 방법이 있다. 참여자들이 등록할 때 어디에서 어떻게 그 프로그램에 대해 알게 되었는지 물어볼 수 있다. 또는 등록카드를 확인해 볼 수도 있다. 다만 홍보도구에 의해 등록한 숫자를 세는 것으로 결과를 평가하는 것은 가장 어리석은 방법이다. 모든 홍보의 전체적인 영향이 결과를 가져오기 때문이다. 각각의 홍보과정은 다른 홍보과정을 지지해주는 역할을 한다. 예를 들면, 최근에 신문광고에서 읽은 내용을 광고우편으로 받아보았을 때 더 큰 흥미를 갖도록 만들 수 있으며, 포스터에서 본 내용을 친구에게 들었을 때 더 큰 효과를 가져오게 된다.

성인교육자들은 홍보의 효과를 매 순간마다 기록하고 정기적으로 평가해야 하며, 계속해서 더 나은 홍보방법을 모색해야 한다. 성인교육의 홍보는 프로그램 자체의 성공을 위해서 중요할 뿐만 아니라 성인교육을 확장시켜나가는 데도 매우 중요한 역할을 한다.

5. 프로그램 등록

1) 등록준비

학습자들은 프로그램을 등록할 때 조직을 직접 방문하게 된다. 이 때 조직이 주는 인상은 학습자들의 참여도에 영향을 준다. 프로그램 개발자는 등록과 관련된 다음의 사항을 유의한다.

등록절차는 간단하고 필요한 최소한의 정보만을 물어보게 한다. 프로그램 개발자는 우편등록이 가능하도록 서식을 만들고 간편화시키도록 한다. 등록절차를 위해서는 세심한 준비를 한다. 등록자가 많을 것으로 예상되면 순조롭게 진행되도록 사전준비가 필요하다. 등록은 처음 하는 개인적인 접촉이기 때문에 즐거운 경험이 되게 한다. 이를 위해 등록절차를 도와줄 도우미들을 배치하고 신청자들이 오래 기다리지 않도록 배려한다.

등록인원은 등록과정에 통제된다. 인원수가 최소 이하이면 강의가 취소가 되며, 너무 많으면 사람들을 돌려보내거나 추가로 학급을 개설한다. 프로그램 담당자는 등록자수를 파악하기 위한 차트를 갖고 있어, 그 수를 미리 통제할 수 있어야 한다. 학습참가료는 등록과 동시에 받는 것이 바람직하다. 그렇지 않은 경우, 후에 등록을 취소하여 다른 수강자를 참여시키지 못한 채 학습이 진행되는 낭패를 보게 되기 때문이다.

등록은 그 기간을 따로 정한다. 학기가 시작하기 전 주의 3일 정도 혹은 프로그램 개강 1-2주 전후로 등록을 받는 것이 가장 일반적이다. 시작하기 바로 전주에 등록을 받음으로써 개강시의 혼란과 복잡함을 줄일 수 있기 때문이다. 개강 1-2주 전부터 계속 등록을 받으면, 참여자들의 편의에 따라 등록을 할 수 있다.

모든 프로그램 담당자는 프로그램 개강이 있는 한 주간 동안 발생할 모든 일들에 대해 준비해야 한다. 아무리 좋은 프로그램이라 할지라도 여러 가지 불미스러운 일들이 발생할 수 있다. 이를 방지하기 위해

첫째, 주차문제를 해결할 수 있는 전략으로 표지판을 세워놓아야 한다.

둘째, 강의실을 알려주는 분명한 표지판을 문에 부착해 놓아야 한다.

셋째, 위원회 구성원이나 시설에 대해 잘 알고 있는 안내자들을 곳곳에 배치해 새로운 학습자들이 잘 찾아갈 수 있도록 도와주어야 한다.

넷째, 등록자수가 부족하여 강좌가 개설될 수 없을 경우에는 그 사실을 빨리 알려주어야 한다. 각 강좌에 대한 최소인원수 차트를 미리 만들어 등록자수가 조금 모자라는 경우, 새로운 학습자들이 들어올 것이라는 조건하에 한 주간 정도 조건부로 강의를 계속하도록 하는 것도 바람직하다. 강의를 계속할 수 없어 폐강하게 되는 경우에는 학습자들에게 수강료를 돌려주거나 다른 강좌로 변경할 수

있도록 해주어야 한다.

다섯째, 프로그램 담당자는 첫 개강 모임을 하는 동안 자신들의 책임을 다하기 위하여 주의 깊게 모든 일을 준비해야 한다. 담당자들은 등록카드를 모아 정리하고, 자기 자신과 각 강좌를 소개하고, 구성원들간에 친근한 감정을 느끼도록 분위기를 조성해주고, 학습자들의 요구와 흥미를 결정해주는 일 등의 역할을 실시한다. 담당자는 학습자들이 직접 작성하도록 한 간단한 정보카드를 모아서 그 내용을 참조하는 것이 도움이 될 것이다.

2) 교육상담

교육상담은 주어진 프로그램 안에서의 특정 활동을 선택하도록 도와주는 것이다. 교육상담은 등록과정의 한 부분으로서 행정적인 서비스를 의미한다. 그러나 기관이 교육상담을 프로그램 내의 활동안내 정도로 제한한다면, 그 기능을 완전히 실현할 수 없다. 평생학습의 연속선 위에서 하나의 프로그램을 선정한다는 입장에서 볼 때, 교육상담은 매우 복잡하고 중요한 과정이다. 아동교육의 경우, 한 학습에서 다른 학습으로의 연계는 학년별로 교육과정을 범주화함으로써 나누어 놓고 있다. 그러나 성인교육에는 학년이 없으며 교육과정도 특별한 기준 없이 모아져 있을 뿐, 계열성과 통합성을 제공해 줄 수 있는 하나의 고유한 기준이 없다. 따라서 개개인이 자신에게 맞는 체제를 세워야 하며, 이러한 과정을 도울 수 있는 유일한 방법이 바로 교육상담이다. 교육상담은 프로그램 계획과정을 개개인이 활용하도록 돕는 것이므로 다음과 같은 단계를 밟게 된다. 첫째, 자기분석과 자기진단을 할 수 있는 분위기를 조성한다. 둘째, 자신들이 원하는 관점에서 학습을 위한 욕구와 흥미를 분석하도록 도와준다. 셋째, 학습목표를 단계적으로 세우도록 도와준다. 넷째, 자신이 활용할 수 있는 학습자원과 학습경험의 범위를 확인하도록 도와준다. 다섯째, 자신들이 세운 목표에 비추어 자신들의 향상과정을 계속적으로 평가하고 반복하도록 도와준다.

제 11 장 평가와 결과보고

이 장의 목표

1. 평가의 개념과 의의를 파악한다.
- 평가의 중요성
- 평가에 대한 정의
- 평가의 정의에 대한 공통요소 추출

2. 평가기법을 익힌다.
- 질적 접근과 양적 접근의 차이
- 다양한 평가기법

3. 프로그램 보고서를 작성한다.
- 보고의 중요성
- 보고와 마케팅의 상관성

4. 프로그램 결과보고방법을 익힌다.
- 보고와 마케팅
- 보고서 작성의 요건
- 결과보고의 전시

조별작업을 위한 가이드

1. 각 조는 다양한 프로그램 평가기법의 장단점을 토의한다.
2. 각 조는 개발한 프로그램의 평가방법을 정한다.
2. 각 조는 자신들의 조가 개발한 프로그램을 실제 평가한다.
4. 평가결과는 노트에 기록되어, 다른 조와 공유하도록 발표한다.
5. 발표 후 각 조는 자신의 평가결과 보고를 위한 보고양식을 정한다.
6. 정해진 양식에 따라 평가결과의 보고서를 작성한다.

1. 프로그램의 평가

프로그램 평가는 프로그램 설계와 전달이 효과적인지, 목표한 결과가 도출되었는지를 확인하는 절차이다. 실제로 프로그램 평가는 매우 어렵다. 프로그램의 결과는 가시적으로 도출되지 않는 부분이 있고, 어떤 경우는 효과가 지연되어 나타나는 경우도 있기 때문이다. 프로그램 개발자들은 여러 이유로 평가를 소홀히 하는 경향이 있다. 프로그램 평가가 시간상 프로그램 실시 후에 이루어지고, 많은 비용이 소비되며, 평가전문가가 필요하기 때문이다. 프로그램 평가를 하는 경우라도 평가가 부적절한 방법으로 이루어지거나 평가결과가 무시되고 있기도 하다.

1) 평가의 필요성

평가없이 프로그램이 당초 의도한 바를 실현했는가를 입증할 방법은 없다. 평가는 프로그램의 목적을 유지하게 하고, 프로그램 진행과정의 의사결정정보를 제공하며, 프로그램 설계와 학습활동과정을 개선하고, 실시과정에 책임감을 높이고, 미래 프로그램 개선방향을 제시한다. 베더(Berder)는 평가없는 프로그램은 마치 불빛 없는 안개 속을 운전하는 것에 비유함으로써 평가의 필요성을 강조했다.

프로그램 평가는 첫째, 프로그램 계획에 피드백을 제공하고 향상시키기 위해 둘째, 프로그램 실시의 타당성을 제공하기 위해 셋째, 재정지원기관의 조건을 만족시켰는지 확인하기 위해 마지막으로, 프로그램 광고의 자료로 사용하기 위한 것이다.

프로그램 평가 전에 계획자는 구체적인 프로그램 평가방법을 선택해야 한다. 프로그램을 포괄하는 전체평가를 할 것인가, 아니면 구체적이고 제한적인 부분평가를 할 것인가(총괄평가인가 혹은 형성평가인가), 공식적 평가인가 혹은 비공식적 평가를 실시할 것인가를 정해야 한다. 이 때 평가될 내용에 대해서는 구체적으로 투입과 실행과정, 그리고 예상결과까지 미리 제시되어야 한다. 예를 들면, 프로그램 광고에 대해 평가를 할 경우, 평가에 소요되는 경비와 전문가, 시간 등에 대해 계획을 수립하고 평가를 위한 프로그램 참여자와의 협동적인 분위기를 조성하도록 한다.

평가를 실시하기 전에 프로그램 계획자는 평가의 접근방법을 결정해야 한다. 한편에서 보면 평가는 프로그램 수행결과를 측정하는 과정이지만, 또 다른 한편에서는 연구조사의 성격을 갖고 있어 다양한 방법으로 설계된다. 평가방법은 양적 접근법, 질적 접근법, 목표측정법, 투입-산출분석, 전문가 의견, 비공식적 피드백 등 다양하다.

2) 평가의 개념

평가는 프로그램과 그 참여자에게 피드백 작용을 한다. 평가는 시간적으로 발생한 후에 이뤄지지만, 사실상 지속적이고 정규적인 과정이기도 하다. 부분평가가 바로 그것이다. 스틸(Steele)은 평가를 정의하면서 평가는 결과물, 적절성, 효과, 경제성, 가치를 포함한다고 했다. 결과물은 교수학습활동과 학습내용에 대한 사람들의 반응을 측정한다. 적절성은 프로그램의 난이도와 학습자의 요구충족 정도를 묻는다. 효과는 당초 의도한 목적달성도를 말한다. 경제성은 투입과 산출이 효율적으로 이뤄졌는가이다. 가치는 프로그램 결과가 사회적으로 가치있는 것인가에 대한 측정이다.

스틸이 평가에 포함되어야 할 요소들을 여러 가지로 지적하고 있지만, 현장에서의 평가는 프로그램 효과성에 초점을 두고 있다. 실제 평가는 참여자가 프로그램을 어떻게 평가하는지, 그들이 내용을 잘 이해한다고 생각하는지, 프로그램이 적절한 시기에 이루어졌는지 등과 같은 목적달성 정도에 의해 판단되었다.

평가는 사실 한 마디로 정의하기 어렵다. 학자들간에 일치된 정의도 없거니와 상황에 따라 다른 평가의 개념이 사용되기 때문이다. 티디(Thiede)는 평가를 목표성취도를 결정하는 과정으로, 보일과 존스(Boyle & Johns)는 계획된 대로 변화된 양을 결정하는 것으로, 스터블빔(Stufflebeam)은 판단을 위한 정보를 제공해주는 과정으로, 타일러(Tyler)는 교수학습과정에 목표성취도를 결정하는 것으로, 스틸(Steele)은 프로그램의 가치와 가격을 판단하는 과정으로 정의했다. 포레스트(Forest)는 평가를 프로그램의 가치나 값을 결정하는 사회적 상호작용의 체제로 정의했다.

그로텔루에센(Grotelueschen)은 평가에 대한 다른 견해를 제시하였다. 평가는 첫째, 실제 수행된 것과 수행기준을 비교하는 것 둘째, 의사결정대안을 심사하는 자료제공 셋째, 분석된 요구와 결과의 비교 넷째, 대중적 가치를 고려한 프로그램의 장점 인정 다섯째, 프로그램 재고 및 전문가의 자문으로 정의했다.

결국 학자들의 정의는 평가가 다양하게 정의되지만, 몇 가지 공통요소를 포함하고 있다. 평가는 합리적이어야 하고, 수익자중심이어야 하며, 지속적이고 복합적인 과정이며, 가치판단을 포함하고, 판단기준은 개선되어야 한다. 이런 의견은 스틸에 의해 잘 드러나고 있다.

스틸은 평가를 프로그램의 가치를 판단하는 과정으로 간주했다. 이 판단은 프로그램의 현재수준과 프로그램의 바람직한 수준에 관한 준거를 비교함으로써 이루어진다. 평가는 준거설정, 준거에 대한 자료수집, 드러나는 비교에 대한 판단을 포함한 결정과정이다.

평가자는 '바람직한' 수준에 대한 청사진을 가지고 있어야 한다. 다시 말하자면 평가준거를 가지고 있어야 한다. 준거는 평가자가 결정을 할 때 적용되는 것으로 이상적으로 여겨지는 행동에 대한 규칙, 표준, 규범, 목표, 조건일 수 있다. 그것은 가치있는 프로그램이 어떠해야 하는지 주어진 프로그램의 관련현상에 가치를 부여하는 것을 설명하고 있다. 준거는 실제 프로그램에 대해 해결해야 할 요구가 무엇인지를 정의한다. 준거는 수집되고 점검될 증거가 무엇인지 결정하는데 사용되기도 한다.

둘째, 평가가는 평가증거를 갖고 있어야 한다. 증거는 밖으로 드러난 표시이다. 평가의 증거 징후를 나타내는 행동이나 단어의 수, 결과물이다. 증거는 참여자나 전문가의 인식이나 행동 혹은 일어날 것으로 생각되는 것일 수 있다. 행동기록은 프로그램의 성취에 대한 증거로 인정된다. 프로그램 평가는 프로그램 실시과정 중에 혹은 실시 후에 준거와 비교하여 이뤄지고 증거가 사용될 때 신뢰할 만한 평가가 된다.

셋째, 평가자는 준거와 증거를 비교하고 판단한다. 준거와 현재결과가 비교되는 과정은 다음의 다섯 가지 요인이 고려된다.

① 평가의 목적이 무엇이고 평가의 내용과 자원은 무엇이고 시기는 언제인가?
② 판단될 프로그램에 대한 세부준거는 무엇인가?
③ 증거의 종류와 수집방법을 결정은 무엇이고, 분석방법은 무엇인가?
④ 준거와 증거를 비교하고 판단하여, 프로그램 가치를 어떻게 진술할 것인가?
⑤ 평가결과를 사용할 수 있는 형태로 전환시켜 다음 프로그램에 피드백할 방법은 무엇인가?

3) 평가과정

프로그램 평가는 획일적인 과정을 거치는 것은 아니다. 내들러(Nadler), 컬크패드릭(Kirkpatrick), 해리스(Harries), 스터블빔은 다른 과정을 제시했다. 평가기법에 따라 평가과정이 달라지기도 한다. 그러나 효과적인 평가를 위해 프로그램 개발자는 평가과정을 계획한다. 그 과정은

① 평가실시 목적결정
② 평가내용 선정
③ 평가자원의 획득과 분배
④ 평가분위기 조성
⑤ 평가방법 선정
⑥ 평가 실시
⑦ 평가결과 반영이다.

공식적인 평가는 이상과 같은 과정을 거쳐 행해진다. 그러나 평가는 비공식적이고 가시적이지 않은 경우도 있다. 계획되지 않았거나 혹은 비공식적으로 행해지는 평가가 의미없는 것은 아니다. 비공식적인 평가가 진실된 평가를 얻어내기도 한다. 비공식적 평가는 프로그램 평가자의 중요한 업무이기도 하다.

4) 평가기법

평가기법은 그 정의만큼이나 다양하다. 평가자가 평가기법에 숙달되지 않았을

때, 평가는 오히려 부정적인 결과를 초래하기도 한다. 평가는 측정가능한 것에 한정되지만, 실제로 측정불가능한 것이 많다. 평가는 모든 종류의 복잡한 문제나 이슈들과 연관되어 있기 때문이다. 예컨대 무엇을 측정할 것인가에 대한 동의가 이루어져도 평가도구가 적합하지 못하면 평가는 제대로 이루어지지 못한다.

평가의 기법은 관찰, 인터뷰, 질문지, 시험, 결과물 검사, 보고서, 포트폴리오(Portfolio) 등이 있다(Caffarella, 2001). 관찰은 참여자가 실제과업이나 모의과업을 처리하는 과정을 직접 살펴보고, 참여자들이 보여주는 지식, 기술, 가치, 태도를 기록하는 방법이다.

인터뷰는 프로그램 참여자, 프로그램 개발자, 관리자 등 관련자들과 대화를 통해 관련정보를 수집하는 방법이다. 인터뷰는 개인 또는 집단으로 이루어지고, 직접 만나거나 전화로 실시할 수 있다.

질문지는 질문을 기록한 양식지를 통해 프로그램에 대한 견해와 태도, 인지사실 등의 정보를 수집하는 방법이다. 특히 대표성이나 전문성을 부각시키기 위해서는 델파이 기법을 활용할 수 있다. 델파이 기법은 평가내용과 관련한 전문가집단을 선정하여 반복적으로 질문을 실시함으로써 전문가들의 공통된 평가결과를 도출하는 기법이다.

시험은 서면이나 컴퓨터를 활용하여 프로그램 참여자의 지식, 기술, 태도의 변화를 측정하는 방법이다. 수행력 시험은 모의상황이나 실제상황 속에서 특정한 기술이나 절차를 실제로 수행하게 하는 기법이다. 예를 들면, 서비스요원에게 실제 상황에서 고객의 불평에 응답하게 하거나, 건강상담사가 건강정보를 홍보하는 과정을 시험하는 방법이다.

결과물 검사는 프로그램 종료시에 참여자들이 만들어낸 결과의 목록이나 결과물을 검사하여 평가정보를 모으는 기법이다. 포트폴리오나 각종 작품 혹은 실행과정의 비디오녹화테이프 등이 그 예이다. 포트폴리오는 문서나 활동성과물, 업적 등을 결집한 학습자의 프로그램 실행결과물이다. 프로그램 참여자의 개인적인 의도와 선호를 담고 있기 때문에 학습자의 성향이나 관심사 등을 파악하고 지속적인 성장계획을 수립할 수 있는 평가자료이다.

보고서나 문서는 주로 조직과 지역사회에서 개발된 기록자료로서, 생산 스케줄이나 재무회계보고문, 회의참석 보고서, 직무능률성 색인 등이다.

비용-이익분석 혹은 비용-효과분석은 프로그램의 결과물과 그것을 생산하는데 투입된 비용 사이의 관계를 사정하는 방법이다. 투입비용이 재정적으로 환산가능한 경우는 비용-이익분석을, 재정적으로 환산이 불가능한 경우는 비용-효과분석을 한다(Shipp, 1982). 최근 ROI(Return on Investment)가 대표적인 방법이다.

프로그램은 조직과 집단의 목표상관성에 관심을 두고, 지속적인 평가가 이뤄진다. 평가자는 총괄평가만이 아니라 부분평가를 수행하는 기법에도 숙달되어야 한다. 평가자료수집은 프로그램이 진행되기 전, 진행 중, 진행 이후로 구분된다. 프로그램이 진행되기 전에는 관찰이나 인터뷰, 질문지, 각종 보고서 등을 활용한다. 프로그램이 진행 중이거나 진행 후에는 일반적으로 질문지나 인터뷰, 검증 등의 기법을 활용하여 자료를 수집한다.

평가기법은 평가의 관점에 따라 달라진다. 평가의 초점이 학습자인가, 프로그램 운영인가, 조직이나 사회의 이슈에 두고 있는가에 따라 다르다. 평가기법은 평가의 관점에 따라 크게 양적인 접근법과 질적인 접근으로 구분된다. 양적인 방법은 가시적인 평가결과의 증빙자료를 수반하며, 질적 방법은 인터뷰와 관찰 등으로 가시적인 증빙자료가 수반되지 않는다(다음 표 11-1 참조).

<표 11-1> 평가관점에 따른 양적/질적 평가접근법

평가초점	양적접근	질적접근
참여자의 학습	참여자들의 지식, 기술, 가치의 변화를 측정할 수 있는 검증법 사용	교수자에 의해 참여자들의 지식, 기술, 태도의 변화가 관찰됨
프로그램 운영	5점 척도를 사용해서 부서장과 참여자들에게 프로그램 아이디어, 구성, 목표집단 선정 등의 방법과 실천을 평가	부서장과 직원들에게 프로그램의 아이디어, 구성 등의 효율성을 서술식 질문지를 사용해 인터뷰
조직적 이슈	조직의 변화에 관한 구체적인 증거 데이터를 수집하여 제시함	조직의 변화에 관련된 사람들을 직접 면담하여 그 내용을 기술함
사회적 쟁점	지역사회의 신문기사를 색인하는 등 구체적인 자료수집하여 제시	무작위 샘플을 전화인터뷰하여 변화와 프로그램의 관련 정도를 결정함

5) 평가과제

프로그램은 많은 시간과 노력을 기울였다고 반드시 성공적으로 실행되는 것은 아니다. 평가는 반드시 성공적인 사례만이 아니라 실패한 사례에서 더 많은 교훈을 얻는다. 실패한 프로그램은 그 원인을 세부적으로 분석하고 대안을 연구함으로써, 프로그램의 성공가능성을 높일 수 있기 때문이다.

프로그램이 실패한 경우는 몇 가지 특성을 갖고 있다. 먼저, 프로그램의 목표와 명령체계, 고객이 명확하게 규명되지 못해 프로그램이 완전히 제공되지 못한 상태에서 종결된 경우이다. 두 번째는 부적절한 참가료나 시간표, 장소 등의 문제로 프로그램 계획은 완성되었으나 등록을 이끌어내지 못해 취소된 경우이다. 세 번째는 프로그램을 위한 계획이 완성되고 실제로 제공되었으나 참여자들의 기대에 부응하지 못한 경우이다. 예컨대 자질이 부족한 강사나 불명확한 목표, 학습내용과 참여자 요구와의 괴리 등이 그 원인이다. 네 번째 유형은 프로그램이 제공되고 참여자들도 만족했으나, 프로그램 설계 당시 설정한 목표나 목적의 달성에는 실패한 경우이다. 비효율적 교육진행, 불명확한 목표, 비현실적 기대 등의 대표적인 원인이다.

프로그램의 실패율을 줄이기 위해 평가시 기본적으로 수행되어야 할 과제가 있다. 첫째, 적절한 문서자료와 함께 프로그램 결과를 기술한다. 프로그램 결과는 의도했던 결과와 의도되지 않았던 결과, 가시적인 결과와 잠재적인 결과를 기술한다. 입증자료는 전문적인 기준에 따라 결과를 수집해야 한다. 프로그램 개발자들은 이 경우를 대비해 모든 투입물에 대한 기록을 갖고 있어야 한다. 그리고 기록은 수량화될 수 있다면 수량화하여 보관한다. 평가는 투입과 산출을 비교하려 하기 때문이다. 그리고 기록은 어느 시점의 평가이든 자신의 프로그램을 정당화시킬 수 있는 근거자료가 되기 때문이다. 실제로 사용된 투입의 기록 없이 정당성을 인정받기 어렵고, 특히 통제가 불가능 복합적이 요소가 개입된 상황에서는 더욱 어려워진다. 투입에 대한 기록은 경영목표의 성취도를 평가하는 기준이 된다. 예컨대 어디에 얼마만큼의 돈이 사용되었는지, 자원이 언제, 어디에 사용되어지는지, 과제는 계획대로 수행되었는지에 관한 질문의 증빙자료가 된다.

둘째, 투입과 진행, 결과간의 관계를 조사하고 투입과 결과의 관계성과 목표의 실행 정도를 검토한다. 이는 프로그램 활동 그 자체에 의한 결과들을 입증하는 데 초점을 둔다. 예를 들면, 모든 프로그램은 시간과 인간행동의 변화를 수반하고, 설명되거나 행동으로 드러나기 어려운 경우가 대부분이다. 이 때 효과성에 대한 판단은 인간과 물적 자원, 방법과 기술, 투입과 결과간의 관계성을 검토하는 것이다. 이러한 관계성은 수량화된 투입과 결과의 측면에서 자세히 조사된다. 예를 들면 훌륭한 식사예절법에 관한 프로그램은 냅킨 사용법, 냅킨 접는 법, 식사도구의 적절한 사용법, 특별한 음식을 먹는 법, 식탁에서의 대화법 등을 가르친다. 훌륭한 식사예절법은 다양한 활동들을 다루고 있기 때문에 이들 중 하나만을 선택할 수는 없다. 하나만을 선택한 경우라도, 훌륭한 식사예절법의 정의와 함께 그것을 잘했는지에 대한 평가는 어떻게 할 것인가를 정해야 한다. 이 경우 다시 투입의 문제로 돌아간다. 훌륭한 식사예절은 사례를 관찰함으로써 또는 실수에 의해서 배우게 되기도 한다. 즉 의도되지 않은 투입에 의한 결과와 투입과 결과간의 관세성을 섬사함으로써 나타난 것들이 있다. 이런 활동은 투입에 대한 것을 재검토하게 한다.

셋째, 요구가 목표로 진술되었는가 그리고 요구가 타당하고 제대로 명시되었는가를 조사한다. 요구와 목표의 진술이 완벽한가를 확인하기는 어렵다. 일반적으로 요구가 목표로 전환될 때 가능한 많은 사람들을 참여시키는 것이 바람직하다. 프로그램 개발자들은 요구와 목표를 다룰 때 브레인스토밍을 통해 체크하거나, 잠재적 참여자와 교수자들과 함께 체크해 보아야 한다.

2. 프로그램 결과보고

보고서는 일반대중에게 교육 프로그램의 가치를 전달하는 기능을 한다. 보고서의 작성은 프로그램 결과를 상사에게 보고하는 동시에 일반대중들에게 차기 프로그램 진행을 알리기 위한 홍보역할도 한다.

1) 보고의 기능

프로그램의 결과보고는 프로그램의 가치를 전달하는 작업이다. 결과보고서 작성은 프로그램 개발자, 고객, 프로그램 후원단체의 지원을 얻기 위해 중요한 작업이다. 보고서는 보고의 목적만이 아니라 프로그램을 지지하는 수단으로 혹은 학습자와 프로그램 개발자의 능력을 향상시킬 목적으로 작성된다. 보고의 기능은 다음과 같다.

첫째, 보고는 프로그램을 개선시키는 기초자료이다. 보고는 프로그램의 효과성을 알림으로써 다양한 고객들에게 프로그램의 새로운 방향과 주제, 변화 등을 지지하고 홍보한다.

둘째, 보고는 필요한 정보나 지원자료, 프로그램 확장을 위한 근거를 제공한다. 책임자에게 의사결정을 위한 충분한 자료가 된다.

셋째, 보고는 홍보와 밀접한 관계를 유지하고 있다. 평가의 결론은 미래 프로그램을 개발하는 동기를 부여하고, 프로그램의 긍정적인 인상을 창출하는 데 사용된다.

프로그램 개발자는 보고를 통해 프로그램의 효과를 요약, 해석, 기록할 수 있는 기회를 제공받는 것이므로 이 기회를 최대한 활용하도록 한다.

2) 보고의 형식

보고서의 형식은 정보를 적절한 대상에게 전달하는 방법이다. 보고의 형식은 구두보고와 서면보고로 구분할 수 있다. 구두보고는 입으로 보고하는 방법이다. 간단한 내용전달이나 전화보고뿐만 아니라 학술대회나 워크숍, 세미나 등의 모임에서의 발표도 구두보고에 포함된다. 서면보고는 해당 분야의 전문학술잡지에 보고서를 게재하거나, 기관의 기록물, 사보나 신문, 잡지 등의 출판물에 보고할 수도 있다. 또한 인터넷을 통한 전자메일(E-mail) 역시 서면보고에 포함된다.

보고서는 보고를 위한 형식으로 다음과 같이 다양한 방법으로 이뤄진다.

① 기본형식 보고서

프로그램의 목표, 결과, 제언을 기술한 기본형식에 맞춘 보고서이다. 보고서의 영역과 깊이는 자료에 관한 목적과 대상에 따라 달라진다.

② 형식 보고서의 요약

요약은 완전한 보고서의 시작부분에서 발견할 수 있고, 또는 분리되어 배포될 수도 있다.

③ 신문형식의 보고서

신문 스타일의 보고서는 프로그램의 특정한 참가자, 활동, 결과 등의 측면을 부각시킨다.

④ 미디어 프리젠테이션

슬라이드, 비디오테이프, 비디오디스크 등을 사용할 수 있다.

⑤ 사례연구 보고서

특정한 교육적 상황을 기술한다. 사례는 프로그램의 주요양상을 예를 들어 설명해준다.

⑥ 상품 전시

교육 프로그램의 결과로 산출된 상품을 전시한다 일반적으로 브로셔나 팜플렛과 함께 복합적으로 사용된다.

⑦ 포스터 및 게시판

핵심인사들이 있는 조직에서 전략적으로 사용한다.

⑧ 구두 보고서

스태프이나 위원회 미팅 등에서 사용할 수 있다.

⑨ 브로셔, 팜플렛, 전자메일(E-mail)

단일형식의 보고서와 함께 복합적으로 사용할 수 있다.

3) 보고서의 지침

보고의 지침은 보고내용을 사용하는 사람들에게 유용한 정보를 준다. 보고는 성공한 것만이 아니라 실패에 대한 기록을 요구한다. 정보는 조직의 관리와 점검, 그리고 체제유지를 위해 필수적인 사항이다. 보고서를 작성할 때 프로그램 담당자들은 다음과 같은 사항을 고려하여야 한다.

첫째, 보고의 목적을 분명히 해야 한다. 즉, 자신이 무엇을 전달하기를 원하는가에 대한 해답을 제시해야 한다.

둘째, 보고받을 기본적인 대상을 확실히 밝혀야 한다. 다른 대상에게 사용될 수도 있지만, 구체적인 대상을 작정하여 준비해야 한다.

셋째, 보고서는 간단히, 간결하게 그리고 잘 조직되어야 한다. 주요한 아이디어는 분명히 정의되어야 하고 강조되어야 한다.

넷째, 보고서는 효과적인 사용을 위해 원하는 바를 호소해야 한다. 형식과 편집, 배열은 뭔가 호소할 수 있게 해야 한다.

보고대상은 보고서 작성에 앞서서 신중하게 선택되어야 한다. 홍보차원으로 일반대중들에게 보고서 프로그램을 전달할 때는 다채로운 색상의 포스터를 사용하여 프로그램의 결과를 눈에 두드러지게 표현할 수 있다. 일반대중들이 사용하는 주요 언어가 공식언어보다 더 많을 때는 다양한 언어를 포스터에 모두 반영한다. 프로그램 책무성을 제시하는 조직적 스폰서가 프로그램 비용효율성을 강조한다면, 그래프와 테이블을 제시할 수도 있다. 보고서 사용의 시기도 중요하다. 예컨대 보고서가 가장 바쁜 시기에 관계자들에게 보내진다면, 보고서는 아마 읽히지 않고 버려질 가능성이 높을 것이다. 보고서 작성을 마친 후 프로그램에 관한 질문과 관심사를 분명히 하기 위해 주요 인사나 핵심그룹과 추가적인 대화를 하는 것도 중요하다. 이러한 대화는 공식적으로 혹은 비공식적으로 행할 수 있다.

4) 보고서의 내용

프로그램 개발자는 프로그램에 관한 보고서를 준비할 때 다음의 내용을 삽입해야 한다.

첫째, 프로그램이 조직의 목적에 기여한다는 사실을 분명하고 확신있게 기술한다.

둘째, 인간의 성장과 개발을 통한 개인의 자아실현 등의 철학적인 사명을 명백하게 진술한다.

셋째, 개인의 입장과 조직의 입장에서 성인교육 프로그램의 목적을 기술하면서, 동시에 새로운 가능성을 위한 역동적인 시도가능성을 제시한다.

넷째, 성인교육의 목적을 촉진하기 위하여 정책결정자가 활용할 수 있는 자원을 명백하고 실제적으로 제시한다.

다섯째, 기관의 구성요소와 성인교육의 구성요소와의 관계를 구체적으로 서술하며, 권위와 책임보다는 협력의 과정을 강조한다.

여섯째, 프로그램에 참여할 대상집단을 구체적으로 서술한다.

일곱째, 정책결정자가 제안하는 활동영역을 분명히 제시한다.

여덟째, 성인교육을 위한 고용, 훈련, 관리, 인사자원 보충에 대한 조건들을 서술한다.

아홉째, 재정관리와 예산실행에 관한 것을 자세히 서술한다.

마지막으로, 공동서비스, 공동스폰서, 예산조정, 편의제공 등과 같이 다른 기관과의 공인된 관계를 명백히 제시한다.

보고서의 내용구성은 현안문제와 관계자들의 관심에 맞추어 만들어야 한다. 선형적인 내용구성은 나음 <그림 11-1>과 같다.

<그림 11-1> 보고서의 내용구성

1. 소 개
   1) 보고서의 목적
   2) 보고서의 정보를 어떻게 얻었는가?
   3) 보고서에서는 무엇을 말할 것인가?
2. 본 문
   1) 프로그램의 목표개관
   2) 프로그램 참가자와 활동서술
   3) 프로그램 결과서술
   4) 결정사항 목록과 미래활동에 대한 제언
3. 부 록

제 12 장 프로그램개발 사례

제목 및 목차

- 제　목 : 청소년 적응력향상 프로그램1)
- 목　차 Ⅰ. 프로그램 필요성 및 추진 여부 검토
  - Ⅱ. 상황분석
  - Ⅲ. 요구조사
  - Ⅳ. 프로그램 선정
    - 1. 내용 및 일정
    - 2. 긍정적 자아개념 프로그램
    - 3. 자기주장훈련 프로그램
  - Ⅴ. 인적 자원 선발 및 관리
  - Ⅵ. 예산편성
  - Ⅶ. 홍보
  - Ⅷ. 평가

---

1) 이 프로그램은 1997학년도 2학기 연세대학교 '사회교육방법론' 수업을 통해 개발되었다. 개발자는 공성아, 김정환, 이세정, 정미나(가나다순) 등이다. 이 사례는 완벽한 프로그램이 아니다. 다만 프로그램 개발경험이 없었던 초심자들이 수업을 통해 개발한 것으로 참고가 될 수 있도록 제시하였다.

1. 프로그램 필요성 및 추진 여부 검토

1. 프로그램 주제

학교 부적응 학생들의 적응력을 향상시켜 바람직한 학교생활을 유도한다.

2. 프로그램 개발 요청자의 근본 의도

본 프로그램의 개발은 주로 각급 학교교사와 지역사회 학부모들이 요청하였다. 이들의 근본의도는 각급 학교의 부적응 학생들을 단순히 방치하거나 처벌하는데 그치지 않고, 교육을 통해서 근본적인 문제를 해결하여 올바른 학교교육이 이루어지도록 하는 데 있다.

3. 프로그램이 필요하다고 느끼게 된 이유

중・고등학교 시절을 생각해 보았을 때 학급에 적응하지 못하고 결국 탈선에 이르게 되는 많은 친구들을 보았다. 그들에 대해 학교나 주변에서는 어떤 근본적인 문제를 해결해주려는 노력보다는, 소위 말하는 우등생을 중심으로 학교에서 그들을 방치하거나 문제아로 낙인찍음으로써 결국 부적응 학생으로 내몰게 되는 것이다. 그 때 만약 어떠한 상담이나 교육적인 방법을 통해 그들에게 관심을 가졌다면, 많은 학생이 학교로 돌아와서 정상적으로 수업하며 진로를 개발해 나갈 수 있지 않았을까 생각해 보게 되었다.

이와 연관되어 이번에 조원들 2명이 교생실습을 하게 되었다. 남자고등학교와 여자고등학교로 실습을 나갔는데, 두 명의 실습교사가 현장경험을 통해 실제로 학교에 적응하지 못하고 방황하거나 소외되어서 학교라는 조직사회 자체를 거부하는 학생들을 만나보았다. 이러한 실제경험을 통해서, 그리고 우리가 학교 다닐 때 경험했던 학생들을 생각하며 본 프로그램을 개발하려고 한다.

4. 프로그램을 통해 얻고자 하는 궁극적인 목적

학교에서의 모습을 생각해볼 때, 부적응 학생들이 여러 형태의 행동을 나타내면, 이들의 행동 자체를 벌할 뿐이지 그런 행동을 일으키는 요인에 대해서는 생각해보지 않는다. 따라서 처벌에만 치우친 자세로는 본질적인 문제를 더욱 더 심각하게 할 뿐이다. 이러한 현실을 고려하여 학교 부적응 학생들을 대상으로 이루어질 교육을 통해 부적응 행동을 제거하고, 더 나아가 부적응의 근본적인 원인까지도 해결하여 이런 부적응 학생들의 학교생활을 좀더 바람직한 방향으로 이끌도록 하는 데 그 궁극적인 목적이 있다.

5. 프로그램 예상효과 및 장애요인

본 청소년 적응력 향상 프로그램을 통해서 학교생활에 적응하지 못하고 소외당하거나 방황하는 학교생활 부적응 청소년을 올바르게 교화시켜서 바람직하고 건전한 학교생활을 할 수 있게 한다. 특히 피상적인 문제의 일시적인 조치가 아니라 근본적인 이유부터 접근하여 문제해결이 이루어지도록 한다.

본 프로그램의 장애요인은 크게 두 가지로 분류될 수 있겠다. 하나는 대상 청소년에 대한 문제와 다른 하나는 청소년을 둘러싼 주위환경이다. 청소년의 문제는 그들의 비협조적인 자세가 예상되며, 주위환경에 대한 문제는 올바른 교육방법에 반대되는 여러 유흥적인 환경이라고 크게 살펴볼 수 있다. 효과적으로 프로그램이 실시될 수 있을지를 충분히 고려하고 검토하여 이러한 장애요인을 최소화하여야 한다.

6. 지금까지의 검토결과에 비추어 프로그램 추진 여부 결정

여러 장애요인으로 인해 프로그램 수행이 원활하게 이루어지지 못한다고 해도 프로그램을 실시함으로써 예상되는 효과가 훨씬 크므로, 프로그램 장애요인을 잘 분석하여 최소화시킨 뒤에 프로그램을 실시한다.

2. 프로그램 환경 및 상황분석

1. 대광고등학교

대광고등학교는 신설동에 위치하고 있으며, 이 곳에 다니는 학생은 동대문구 전역에 걸쳐서 거주하고 있다. 지역적인 상황을 고려하여 볼 때 부모님의 직업은 매우 다양하다. 직업을 살펴보면, 상업(음식점/ 유흥업소/ 세탁소 등등)이 주를 이루고 있고, 공무원과 학원강사 등은 매우 극소수인 편이다. 학력수준은 평균적으로 고졸 이하라고 볼 수 있으나, 부모 중 어머니의 학력이 아버지에 비해서 낮은 경우가 많았다. 학생들과의 많은 접촉시간 등 교육에 관련있는 활동은 아버지보다는 어머니의 역할이 더 크다고 할 수 있으므로, 이 곳에서의 가정교육적 환경이 그리 좋은 편은 아니라고 볼 수 있다. 그렇다고 해서 교육에 대한 열기가 타 지역에 비해 떨어진다고 단정할 수는 없다. 아이들을 교육시키려는 부모들의 마음은 어느 곳 못지 않기 때문이다.

대광고는 기독교 학교이다. 기독교 정신에 입각한 학교운영방침과 그에 따른 학사운영으로, 학생들은 다른 학교와는 달리 자유스러운 분위기에서 교육을 받고 있다. 특히, 실제 교육현장에서 학생들에게 가장 많은 영향력을 미치는 교사들의 교직관 또한 기독교에 바탕을 둔 경우가 많은 데다가, 입시위주의 교육이 아니라 인성교육을 목적으로 행해지는 교육을 하고 있다고 보아도 무난하다. 학교차원에서 지원되고 있는 학생들의 특별활동은 무척 활발히 진행되고 있다. 학생들은 자신의 적성에 따라, 관심분야에 따라, 스스로 자신의 부서를 결정하여 활동한다. 따라서 이 학교에서의 부적응형태는 생각보다 그리 심각한 편이 아니다. 하지만, 어느 곳이나 적응하지 못한 학생은 있기 마련이고 이 곳도 예외는 아니다.

2. 이화여자고등학교

이화여자고등학교는 중구 정동에 위치하고 있다. 이 곳은 소위 주거지역으로 분류되지 않는 곳이다. 일반적으로 이화여고는 0학군으로 분류되는데, 이는 서울시내 전 지역에서 지원하여 온 학생들로 구성되기 때문이며, 이로 인해 거주지역도 다양하다. 대부분의 학생들이 마포구, 중구, 서대문구를 중심으로 분포되어 있으며 학부모의 연령은 40-50대이고, 교육수준은 평균적으로 부모 모두 고졸이 대다수를 차지한다. 많은 경우에 있어서 부모의 학력이 그다지 높다고 할 수 없다. 주거지역적 특성을 살펴본다면, 주거지역이 상업지역과 혼재되어 있는 경우가 많다. 그와 관련하여 부모의 직업이 일반 회사원인 경우도 있지만 상업에 종사하는 경우가 많은 비중을 차지한다. 예를 든다면 슈퍼마켓, 카센터, 세탁소, 기타 자영업 등이며 수입은 서울시내 거주민 전체를 평균으로 볼 때 中이나 中下 정도로 판단된다.

지역사회 내에서의 학교와 자녀학습에 대한 관심도는 타 지역과 비교해볼 때 中정도이다. 강남지역과 비교해본다면 관심도가 현저히 떨어지는 것으로 판단된다. 그러나 기타 다른 강북지역과 비교해본다면 지원을 해서 오는 학교이기 때문에 그리 열등한 편은 아니라고 추측된다.

학교의 고유 특성을 살펴보면, 이화여고는 기독교 재단이 세운 학교로서 역사와 전통이 있는 학교이다. 교사와 학생이 옛날부터 내려오는 학교에 대한 자긍심이 있으며 학교 전체의 분위기는 다른 학교에 비해 굉장히 자유로운 편이다. 채플을 비롯한 신앙부흥회 및 예배를 보고 있으며 이화여고 졸업생들의 관심도 지대하다고 할 수 있다. 학교 내의 동아리활동이 대학교 수준으로 활성화되어 있어 입시위주의 교육보다는 학생들의 취미활동도 타 학교와 비교해본다면 활성화되어 있다고 할 수 있을 것이다.

학교가 2년 전부터 0학군으로 지정되면서 관심이 높아졌고, 보충수업과 전원 야간자율학습을 실시하고 있다. 학교 내에서는 상담부가 따로 개설되어 있으며 상담부장님을 비롯한 3명의 전문상담교육을 받은 상담교사가 업무를 담당하고 있다. 성당에 고해성사를 보는 곳처럼 시설이 마련되어 있어서 학생이 자신을 밝히지 않고도 원하는 상담을 할 수 있다.

3. 학습자 집단분석

<표 15-1> 학습자 집단분석

구 분	대광고등학교	이화여자고등학교
개인적 특성	-연령: 17-19세(고교 1-3년) -성별: 남성 -직업: 학생 -교육수준: 고등학교 재학	-연령: 17-19세(고교 1-3년) -성별: 여성 -직업: 학생 -교육수준: 고등학교 재학
개인간 유사점	-소수를 제외하고는 거의 모든 학생이 기독교인이며, 체육활동에 전념하고, 운동을 매우 잘 함 -방과후나 일요일 등 시간 있는 날은 거의 모든 시간을 농구나 배구, 축구 등 운동을 함 -사춘기라서 이성에 대한 관심도가 높고, 음악감상(가요나 팝송, 라디오 듣기)을 매우 선호 -컴퓨터 통신활동이 학교차원에서 활발히 진행되고, 학생들의 참여도도 높은 편	-사춘기에 해당하는 여고생이므로 모든 일에 민감하며 예민한 반응 -감수성이 예민하며, 외모에 관심이 많고 쉽게 수치심을 느낌 -자존심이 특히 강한 시기여서 자존심에 대해 상처를 입으면 과민 반응을 보이는 경우도 있음 -이성에 대한 관심이 많음
개인간 차이점	-성격적 차이 -학업에 관한 관심도의 차이로 인해 수업에서나 학교생활 전반에서 차이 발생 -가정환경의 차이 -취미의 다양성 -자신이 가지는 특기의 차이 -가수나 연예인에 대한 선호도	-내성적인 성격과 외향적인 성격으로 구분 -성적에 따라 다양한 특성 표출 -가정환경에 따라 개인차 발생 -친구관계, 선생님에 대한 선호도 등이 다양하게 분포
비공식 집단과 리더		-학교집단 안에서의 또래집단 및 동아리활동을 통한 집단
학습자 집단이 과거 이와 유사한 경험을 가지고 있는가?		-학교에서 실시하는 상담프로그램이 있으나 실질적으로 유용하게 활용되지 않음

3. 요구조사

1. 설문조사

<표 15-2> 학교 적응도 측정에 관한 설문지

> 이 설문지는 여러분의 학교생활에 대한 적응도를 알아보기 위한 것으로 학문적인 용도로만 사용될 것이며 여러분이 응답해주신 내용은 절대 비밀이 보장될 것입니다. 협조해 주신 여러분께 감사드립니다.

★ 각 항목에 대해 가장 가깝다고 생각되는 곳에 V표 하세요.

문항	매우 그렇지 않다	보통이다	매우 그렇다
1. 시험이나 질문을 받았을 때 진땀을 흘리거나 떨린다.			
2. 일을 급하게 해야 할 때에는 머리가 혼란스러워진다.			
3. 결심을 하기가 항상 어려운 편이다.			
4. 눈치가 없다는 소리를 자주 듣는다.			
5. 회합에 나가면 외톨박이 같은 느낌이 들어 슬프다.			
6. 인생이란 전혀 희망이 없는 것같이 생각된다.			
7. 사소한 일에도 마음이 걸려 어쩔 줄을 모른다.			
8. 가족 중에 매우 신경질적인 사람이 있다.			
9. 신경질적이라는 말을 자주 듣는다.			
10. 화를 잘 내는 편이다.			
11. 성미가 까다롭다는 말을 자주 듣는다.			
12. 친한 친구에게도 마음을 내보이지 않는다.			
13. 무서운 생각이 머리에 떠오르는 일이 많다.			
14. 호통을 맞으면 굳어버린다.			

★ 다음은 하나의 질문에 네 개의 문항이 있는 항목입니다. 각 항목에서 자신이 해당된다고 생각되는 문항의 괄호에 V표 하세요.

1. 가) ( ) 나는 슬픔을 느끼지 않는다.
   나) ( ) 나는 슬픔을 느낀다.
   다) ( ) 나는 항상 슬프고 그것을 떨쳐버릴 수 없다.
   라) ( ) 나는 너무나도 슬프고 불행해서 도저히 견딜 수 없다.

2. 가) ( ) 나는 앞날에 대해 특별히 낙담하지 않는다.
   나) ( ) 나는 앞날에 대해 별로 기대할 것이 없다.
   다) ( ) 나는 앞날에 대해 기대할 것이 없다.
   라) ( ) 나의 앞날은 암담하여 전혀 희망이 없다.

3. 가) ( ) 나는 실패감을 느끼지 않는다.
   나) ( ) 나는 다른 사람보다 실패의 경험이 더 많다.
   다) ( ) 내가 살아온 과거를 되돌아볼 때, 나는 많은 일에 실패를 했다.
   라) ( ) 나는 한 인간으로서 완전히 실패했다.

4. 가) ( ) 나는 전과 다름없이 일상 생활에서 만족하고 있다.
   나) ( ) 나의 일상생활은 전처럼 즐겁지 않다.
   다) ( ) 나는 더이상 어떠한 것에서도 실제적인 만족을 느끼지 못한다.
   라) ( ) 나는 모든 것이 불만스럽고 지겹다.

5. 가) ( ) 나는 특별히 죄의식을 느끼지 않는다.
   나) ( ) 나는 죄의식을 느끼는 시간이 많은 편이다.
   다) ( ) 나는 나의 대부분의 시간 동안 죄의식을 느낀다.
   라) ( ) 나는 항상 죄의식을 느낀다.

6. 가) ( ) 나는 내가 벌을 받고 있다고 느끼지 않는다.
   나) ( ) 나는 내가 벌을 받을지도 모른다고 생각한다.

다) ( ) 나는 내가 벌을 받아야 한다고 생각한다.
라) ( ) 나는 내가 현재 벌을 받고 있다고 생각한다.

7. 가) ( ) 나는 나 자신에 대해 실망하지 않는다.
나) ( ) 나는 나 자신에 대해 실망하고 있다.
다) ( ) 나는 나 자신에 대해 역겨워하고 있다.
라) ( ) 나는 나 자신을 증오하고 있다.

8. 가) ( ) 나는 내가 다른 사람보다 못하다고 생각하지 않는다.
나) ( ) 나는 나의 약점이나 실수에 대해 나 자신을 비판하는 편이다.
다) ( ) 나는 나의 잘못에 대해 항상 나 자신을 비판한다.
라) ( ) 나는 주위에 일어나는 모든 잘못된 일들에 대해 나 자신을 비판한다.

9. 가) ( ) 나는 자살할 생각 같은 것은 전혀 하지 않는다.
나) ( ) 나는 가끔 자살할 생각을 한 적도 있으나 실제 실행하지는 않는다.
다) ( ) 나는 자살하고 싶은 생각을 자주 한다.
라) ( ) 나는 기회만 있으면 자살할 것이다.

10. 가) ( ) 나는 전보다 더 울지 않는다.
나) ( ) 나는 전보다 더 자주 운다.
다) ( ) 나는 요즘 자주 운다.
라) ( ) 나는 전에는 자주 울었지만, 울래야 울 기력조차 없다.

11. 가) ( ) 나는 전보다 화를 더 자주 내지 않는다.
나) ( ) 나는 전보다 쉽게 화가 나고 짜증이 난다.

다) (　) 나는 항상 화가 치민다.
라) (　) 전에는 화를 내게 했던 일인데도 이제는 화조차 나지 않는다.

12. 가) (　) 나는 다른 사람들에 대하여 관심과 흥미를 갖고 있다.
나) (　) 나는 다른 사람들에게 흥미를 덜 느낀다.
다) (　) 나는 다른 사람들에 대하여 흥미를 거의 잃었다.
라) (　) 나는 다른 사람들에 대하여 완전히 흥미를 잃었다.

13. 가) (　) 나는 이전과 마찬가지로 쉽게 결정을 한다.
나) (　) 나는 어떤 일에 결정을 못 내리고 머뭇거린다.
다) (　) 나는 어떤 결정을 할 때 전보다 더 큰 어려움을 느낀다.
라) (　) 나는 이제 아무런 결정도 할 수가 없다.

14. 가) (　) 나는 전보다 내 모습이 나빠졌다고 생각하지 않는다.
나) (　) 나는 내 용모에 대해 걱정한다.
다) (　) 나는 남들에게 매력을 느끼게 할 용모를 지니고 있지 않다.
라) (　) 나는 내가 추하고 불쾌하게 보인다고 생각한다.

15. 가) (　) 나는 전과 다름없이 일을 잘할 수 있다.
나) (　) 나는 어떤 일을 시작하려고 할 때 전보다 더 힘이 든다.
다) (　) 어떤 일을 시작하려면 굉장히 힘을 들이지 않으면 안 된다.
라) (　) 나는 너무 지쳐서 아무런 일도 할 수가 없다.

16. 가) (　) 나는 전과 다름없이 잠을 잘 잔다.
나) (　) 나는 전처럼 잠을 잘 자지 못한다.
다) (　) 나는 전보다 한두 시간 빨리 잠에서 깨며 다시 잠들기가 어렵다.
라) (　) 나는 전보다 훨씬 일찍 깨며 다시 잠들 수가 없다.

17. 가) ( ) 나는 전보다 더 피곤하지 않다.
    나) ( ) 나는 전보다 더 쉽게 피곤해진다.
    다) ( ) 나는 무슨 일을 하든지 쉽게 피곤해진다.
    라) ( ) 나는 너무나 피곤해서 아무런 일도 할 수가 없다.

18. 가) ( ) 나는 전보다 식욕이 나빠지지 않았다.
    나) ( ) 나는 전보다 식욕이 좋지 않다.
    다) ( ) 나는 현재 식욕이 매우 나빠졌다.
    라) ( ) 나는 요즘 식욕이 전혀 없다.

19. 가) ( ) 나는 몸무게가 거의 변함이 없다.
    나) ( ) 나는 전보다 몸무게가 줄은 편이다.
    다) ( ) 나는 전보다 몸무게가 많이 줄었다.
    라) ( ) 나는 전보다 몸무게가 너무 많이 줄어서 건강에 위협을 느낄 정도이다.

20. 가) ( ) 나는 건강에 대해 전혀 염려하지 않는다.
    나) ( ) 나는 두통이나 소화불량 또는 변비 등의 현상이 잦다.
    다) ( ) 나는 제대로 일을 하기 어려울 정도로 건강이 매우 염려스럽다.
    라) ( ) 나는 다른 일을 생각할 겨를도 없을 정도로 건강이 매우 염려스럽다.

21. 가) ( ) 나는 이성에 대해 지속적인 관심을 가지고 있다.
    나) ( ) 나는 이성에 대해 관심이나 흥미가 이전보다 적은 편이다.
    다) ( ) 나는 요즘 이성에 대해 전혀 관심이 없다.
    라) ( ) 나는 이성에 대해 완전히 흥미를 상실했다.

★ 각 항목에 대해 왼편에는 현재 이루어지고 있다고 생각되는 수준에, 오른편에는 앞으로 이루어졌으면 하는 수준에 V표 하세요.

현재수준	매우 그렇지 않다 / 그렇지 않다 / 보통이다 / 그렇다 / 매우 그렇다	이상수준
⎿⏊⏊⏊⏊⏌	1. 부모님은 언제나 나에게 지속적인 관심을 가져주신다.	⎿⏊⏊⏊⏊⏌
⎿⏊⏊⏊⏊⏌	2. 나의 형제들과 나는 친구 이상으로 친밀감을 가지고 있다.	⎿⏊⏊⏊⏊⏌
⎿⏊⏊⏊⏊⏌	3. 나는 학교를 마치면 언제나 집에 가고 싶고 집이 좋다.	⎿⏊⏊⏊⏊⏌
⎿⏊⏊⏊⏊⏌	4. 나는 친구들에게 인기가 많다.	⎿⏊⏊⏊⏊⏌
⎿⏊⏊⏊⏊⏌	5. 나의 친구들은 좋은 아이들이다.	⎿⏊⏊⏊⏊⏌
⎿⏊⏊⏊⏊⏌	6. 나는 내가 좋아하는 취미를 가지고 있으며 기회가 날 때마다 즐긴다.	⎿⏊⏊⏊⏊⏌
⎿⏊⏊⏊⏊⏌	7. 우리 선생님은 나를 잘 알고 이해해주신다.	⎿⏊⏊⏊⏊⏌
⎿⏊⏊⏊⏊⏌	8. 우리 선생님은 나의 장점을 알고 칭찬해주신다.	⎿⏊⏊⏊⏊⏌
⎿⏊⏊⏊⏊⏌	9. 나는 학교에 가는 것이 즐겁다.	⎿⏊⏊⏊⏊⏌
⎿⏊⏊⏊⏊⏌	10. 학교는 우리가 공부하기에 좋은 환경이다.	⎿⏊⏊⏊⏊⏌
⎿⏊⏊⏊⏊⏌	11. 나는 학교의 교육방침에 만족한다.	⎿⏊⏊⏊⏊⏌
⎿⏊⏊⏊⏊⏌	12. 나는 과목별 선생님이 대체적으로 자질을 갖추었다고 본다.	⎿⏊⏊⏊⏊⏌
⎿⏊⏊⏊⏊⏌	13. 나는 내 인생을 스스로 설계할 수 있다.	⎿⏊⏊⏊⏊⏌
⎿⏊⏊⏊⏊⏌	14. 나는 현재 내 모습에 만족한다.	⎿⏊⏊⏊⏊⏌
⎿⏊⏊⏊⏊⏌	15. 나는 내가 괜찮은 아이라고 생각한다.	⎿⏊⏊⏊⏊⏌
⎿⏊⏊⏊⏊⏌	16. 나는 미래에 내 꿈을 이룰 수 있다고 생각한다.	⎿⏊⏊⏊⏊⏌
⎿⏊⏊⏊⏊⏌	17. 나는 나의 가정환경에 만족한다.	⎿⏊⏊⏊⏊⏌

★ 다음은 주관식입니다. 편하게 답해주세요.

1) 당신은 무엇을 할 때 가장 즐겁습니까?

2) 당신은 언제 학교에 가장 불만을 느낍니까?

3) 당신은 학교에 다니는 목적이 무엇이라고 생각하십니까?

4) 당신은 장래에 무엇이 되고 싶습니까?

2. 설문결과 분석

설문지는 적응 학생과 부적응 학생을 표본추출하여 조사한 것이다. 여기서 기준이 된 적응과 부적응의 구별은 위에서 언급한 부적응 학생의 특징을 바탕으로 하였으며, 대상은 적응 학생 10명과 부적응 학생 10명을 선정하였다(이화여고와 대광고에서 각각 20명의 학생을 대상으로 설문조사를 실시).

우선 1번에서 14번까지의 질문은 학교생활을 포함한 현실생활과 관련하여 불안정도를 측정한 것이다. 표기는 다섯 단계로 분류된 평정척도를 사용하였다. 불안에 대한 정도는 적응 학생은 평균 정도의 불안을 나타내거나 감수성이 예민한 시기라서인지 약간 높은 불안 정도를 보인 반면, 부적응 학생으로 분류된 집단은 아주 높은 정도의 불안을 나타내거나 오히려 엉뚱하게 아주 낮은 정도의 불안정도를 보여주었다. 또한 전체적으로 불안의 정도가 약간 높게 나타나게 된 이유 중의 하나는 학생들이 모두 입시에 대한 부담감을 가지고 있기 때문이라는 생각이 들었다.

다음으로 4지선다형을 통해 스트레스와 우울증 정도에 관한 질문을 하였다. 여기서도 적응 학생들은 어느 정도의 스트레스를 받고 있었으나 우울증 정도에 대해서는 그다지 많은 수치가 나타나지 않은 반면, 부적응 학생들은 평소생활, 특히 학교와 관련된 생활에서 많은 스트레스를 받고 있었으며 우울증도 많이 나타났다.

그 다음으로 현재 자신의 수준과 자신이 희망하는 수준에 표시하게 하였다. 그 결과 적응 학생은 현재의 자신의 모습에 어느 정도 긍정적인 대답을 하였으며, 미래에 대한 모습도 낙관적이었다. 입시나 기타 여러 문제들로 인해 현재수준이 낮게 측정되기도 했지만 긍정적인 측면이 대다수를 차지했다. 반면, 부적응 학생들은 현재의 자신의 수준을 부정적으로 생각하였으며 거의 최악의 수준으로 표시하는 경우도 많았다. 미래에 대한 태도나 학교와 관련된 사항들에 있어서도 부정적인 견해를 보였다.

마지막으로 주관식 질문에 있어서는 적응 학생들은 주어진 질문에 대해 나름대로의 견해를 피력하면서 소신껏 자신의 의견을 말했으며, 자신의 문제에 관한 것은 긍정적인 측면의 대답을 하였다. 반면, 부적응 학생들은 주관식 문제에 대해 대체적으로 별다른 관심을 보여주지 않았을 뿐만 아니라, 얘기하는 것들도 학교나 기타 문제에 관한 적대감을 표현하고 있었다.

이상의 설문을 종합하면, 적응 학생들도 약간의 불안증세를 보여주고 있으며 어느 정도의 스트레스도 받고 있지만 대체로 그 정도가 양호하였다. 그리고 전체적으로 자신에 대해 긍정적인 대답을 하고 있으며 미래에 대해서도 낙관적이었다. 그러나 부적응 학생의 경우, 현재의 자신에 대해 매우 평가를 낮게 하였으며 미래에 대한 기대치도 낮았다. 그리고 불안 정도와 스트레스, 우울증세도 높게 나타났다. 전체적으로 불안정한 증세를 나타내고 있었다.

이러한 결과를 바탕으로 할 때, 부적응 학생에 대한 프로그램의 개발은 필수적이며, 그 내용은 우선 자아존중감을 가질 수 있도록 하는 것과 자신의 의견을 피력할 수 있는 자신감을 키우는 것을 최우선으로 해야 함을 알 수 있다.

4. 프로그램 선정

1. 내용 및 일정

1) **기간** : 1997년 8월 20일~12월 20일(4개월간)

2) **시간** : 매주 화, 목, 토 방과 후 2시간씩(화/목: 4시-6시, 토: 2시-4시)

<표 15-3> 프로그램 내용 및 일정

제 목	내 용	요일 및 시간	담당자
긍정적 자아개념형성 프로그램	청소년이 스스로 자신에 대한 올바른 이해를 함으로써 긍정적인 자아개념을 갖도록 한다.	화 4:00-5:00	청소년 문화연구원 상담사 2명
자기주장훈련 프로그램	자신의 생각과 느낌을 올바로 표현하도록 함으로써 청소년이 대인관계에서 스스로의 행위에 대한 자신감을 갖도록 한다.	목 4:00-5:00	청소년 문화연구원 상담사 2명
학습지도	부족한 부분의 학습을 지도함으로써 부적응 청소년이 학교에서 학습에 적응하도록 한다. 이는 아주 기초적인 수준에서 이루어져도 무방하다.	화/목 5:00-6:00	학습지도 자원봉사자(교직에 대한 충분한 이해가 있는 자원봉사자)
레크리에이션	건전한 놀이를 통해 청소년들간의 신뢰를 높이는 계기를 마련하고 건전한 여가선용방법을 제시한다.	토 2:00-3:30	레크리에이션 전문 지도자
개별상담	프로그램의 성격상 가장 중요한 부분이다. 전문 카운셀러를 초빙해 한 사람씩 심도있는 상담을 실시한다. 비밀을 보장하며 평소 자신의 이야기를 터놓을 곳이 없는 부적응 청소년임을 감안해 충분한 시간을 보장한다.	토 3:00-3:30 매주 한 명정도를 집중상담하며 상담 후 상담효과가 지속적일 수 있도록 전화 혹은 컴퓨터 통신 등을 이용하여 지속적으로 관리한다.	전문 카운셀러 / 청소년 문화 연구원 상담원
부모상담	청소년의 가정에서의 특성과 행동양식 등을 파악하는 측면과, 동시에 가정에서의 부모의 역할을 강조하고 가정교육이 중요함을 부모에게 부각시킨다.	토 3:00-3:30 개별상담과는 별도로 진행한다.	청소년 문화연구원 상담원

3) 프로그램별 주의사항

<표 15-4> 프로그램별 주의사항

프로그램 제목	주의사항
학습지도	매체를 충분히 이용하여 학습함으로써 흥미도를 높인다. 부적응 청소년은 대개 학교에서의 일방적인 주입식 학습에 짜증이 나 있는 상황임으로 그들과 개별적으로 대화하며 충분히 그들의 이야기를 들어주는 쪽으로 학습한다. 영화를 본다든지 좋아하는 팝송을 들려주며 영어를 공부하고 크로스 퍼즐 등으로 단어를 외우게 한다. 사회, 국사과목 등에서 만화를 이용하는 것도 좋은 방법이 될 수 있다.
레크리에이션	서로간에 이야기를 많이 할 수 있는 레크리에이션 프로그램으로 유도한다.
상 담	아동상담, 부모상담 모두다 상담내용에 대한 비밀이 보장됨을 강조한다. 특히 부모상담의 경우, 쉽게 응하지 않을 때는 가정방문 등의 방법을 사용하는 것도 좋다.

2. 긍정적 자아개념과 자기주장 프로그램

1) 자유로운 조별 이야기마당

서로간에 학교생활에 대한 전반적인 이야기를 하도록 함으로써 학교에 대한 불만이나 요구사항 등을 자유롭게 서로 주고받도록 하고 스스로 문제들을 해결하도록 유도한다. 단, 너무 산만해질 수 있으니 이야기마당 후 조별로 다시금 토론내용을 정리하여 발표하게끔 하는 것도 좋겠다.

2) 역할극(Roleplaying)

학교에서 일상으로 접할 수 있는 상황, 예를 들면 선생님의 체벌, 아이들의 이지메 등을 제시하고, 각 사람들이 그 상황에서 어떻게 대치할 것인가를 연극으로 표현하도록 한다. 역할극을 통해 자신의 현재상황에 대해 자신이 느끼는 부당함을 다른 사람에게 알릴 수도 있고 자신의 잘못을 스스로 깨달을 수도 있다.

<표 15-5> 프로그램 목표와 방법

결과목표	하위목표	내용 및 수행방법	매개체	지도자의 역할	청소년의 역할
청소년의 자아존중감을 향상한다	자신에 대한 올바른 이해와 바른 표현을 통해 긍정적인 자아 개념을 갖는다.	"자신 스스로에 대한 좋아하는 점과 싫어하는 점 탐색" -좋아하는 점, 싫어하는 점에 대한 표를 완성하여 한 명씩 발표하고, 싫어하는 점을 좋아하는 점으로 바꿀 수 있는 방법을 공동모색한다. -마지막에는 이번 시간에 자신에 대해 알게 된 점을 발표하도록 하고, 자신에 대한 긍정적인 세 가지 내용을 말하게 한다.	-좋아하는 점, 싫어하는 점 -집단토의	-성원들이 자신에 대해 남에게 좀더 드러낼 수 있도록 분위기를 조성한다. -성원의 발표에 눈을 마주치고 고개를 끄덕이며 '음', '그렇구나' 등의 대구를 하여 성원들에게 경청의 자세를 유도한다. -성원들이 자신에 대해 발표한 부분에 있어 장점을 지적해주며, 단점들은 새로운 시각을 가지고 접근할 수 있도록 도와준다.	-긍정적, 부정적 자아상에 대하여 적극적으로 자기노출을 한다. -타 성원의 의견을 경청하고 방법을 함께 모색한다.
		"나는 누구일까요?" -자신이 좋아하는 음식, 색, 운동, 재미있게 읽은 책, 스트레스 해소법, 가보고 싶은 나라, 자신의 성격 등을 적어낸 다음 하나씩 뽑아 누구의 것인지 알아맞힌다.	-개인별 특성항목표 -게임형식 안내표	-청소년들이 알아맞추는 것에만 급급하지 않도록 하며, 다양한 화제가 나올 수 있도록 유도한다. -한 성원을 맞출 때마다 그 내용에 따라 해당 청소년에 대해 긍정적 피드백을 할 수 있도록 유도한다.	-누구인지를 알아맞추는 것에 적극적으로 참여한다. -각 성원을 전체적으로 이해하려고 노력한다.
		"우리 신문만들기" -우리 집단의 목적 및 집단 성원들의 특성에 대하여 토의하고, 어떻게 신문을 만들지를 계획하여 우리 집단소개, 선생님소개 등 우리 집단을 알리는 재미있는 신문만들기를 한다. 이를 통해 집단에 애착을 느끼도록 하며 서로를 잘 알아나가는 계기로 삼는다.	-집단토의 -신문제작	-재미있는 신문을 만들 수 있도록 다양한 재료를 준비한다. -신문은 가능한 한 자율적으로 만들도록 하되, 너무 부정적인(예를 들어, 우리는 공부를 못해서 모였다와 같은) 이야기가 실리지 않도록 주의한다. 부정적인 면들을 최대한 긍정적으로 표현하도록 유도한다.	-다른 성원들의 의견을 최대한 존중하며 다 함께 만족하는 신문을 만들 수 있도록 노력한다.

5. 인적자원 선발 및 관리

본 프로그램의 진행은 전체적으로 기관산하 청소년문화연구원 상담사 2인이 관리를 담당한다. 이들은 프로그램의 핵심이라 할 수 있는 자아존중감 프로그램을 관장하며, 다른 자원봉사자들을 관리한다. 이외 레크리에이션을 담당하는 레크리에이션 전문요원과 전문 카운셀러를 초빙한다. 학습지도는 대학생 자원봉사자를 활용하되 교육에 대한 전문적 마인드를 가지고 있는 교직전공 이수자로 한다.

<표 15-6> 인적자원 활용

인적자원	청소년문화연구원 상담사 2인
	레크리에이션 지도교사 1인
	전문 카운셀러 1인
	학습지도 대학생 자원봉사자 5인

6. 예산편성

1. 총예산 수급방법

본 프로그램은 프로그램의 성격상 대상 청소년들에게 수강료를 과중하게 부담시킬 수 없다. 또한 부적응 청소년을 대상으로 하는 프로그램이 보편화되어 있지 않은 현실에서 시교육청 등에 과도한 예산을 청구할 수도 없다. 따라서 강사초빙 등 많은 양의 지출은 전적으로 스폰서에 의존할 수밖에 없다. 청소년문화에 관해 꾸준한 관심을 보여주고 있는 대기업을 물색하여 프로그램 비용의 일부를 부담토록 한다면, 대기업에서는 일반홍보비용에 비하면 많지 않은 돈이며 각 언론사 등을 이용하여 확실한 이미지홍보가 가능할 것이므로 호응도가 꽤 있을 것으로 예상된다. 후원기업으로부터 약 80% 정도의 예산을 지원받고, 나머지 예산은 시 교육청에 의뢰한다.

2. 수강료 결정의 적절성

지역적 특성과 대상자들의 특성을 고려할 때 수강료를 받지 않는 것이 좋겠지만, 프로그램에의 집중도와 청소년들에게 프로그램의 참여도를 보장해내기 위해서 최소한의 수강료는 받는 것이 적절하다. 본 프로그램은 4개월간 주당 6시간씩의 수업에 관해 1개월에 20,000원의 수강료를 징수하는 것으로 한다.

<표 15-7> 예산편성 사례

종 목	산출근거
레크리에이션 강사초빙	시간당30,000원×16주(1주 1시간30분) = 720,000원
카운셀러 초빙	시간당30,000원×16주(1주 2시간) = 960,000원
프로그램 진행비용	= 100,000원
상담원 활동비	100,000원×2명 = 200,000원
학습지도 자원봉사자 활동비	시간당10,000원×5명×16주(1주 2시간) = 1,600,000원
시설 사용료	= 200,000원
간식비	20명×16주(1인당 1주 3,000원) = 960,000원
예비비	= 260,000원
총 계	5,000,000원

7. 홍 보

1. 홍보대상

본 프로그램은 홍보대상을 이원화할 필요가 있다. 즉 교사를 대상으로 본 프로그램의 필요성과 가능성을 홍보해야 하며, 학생들을 대상으로 단순히 학교 부적응 청소년 '계도' 프로그램이 아닌 '재미있게' 다른 친구들과 어울리며 자신에 대한 문제들을 해결해 볼 수 있는 프로그램임을 강조하여야 한다.

2. 구체적 홍보방법

1) 교사를 대상으로

우선 대다수의 교사가 현재의 탈선, 부적응 청소년문제가 심각하다는 사실을 인지하고 있으므로 교사들로 하여금 본 프로그램이 효과가 있을 것이라는 확신을 가질 수 있도록 프로그램의 내용을 집중적으로 홍보한다. 예시 프로그램을 제시하고 표본대상학교에 직접 방문하여 교사와의 면담으로 학생들을 참여할 수 있도록 한다. 학생의뢰서를 충실히 기록하고 회수할 수 있도록 한다. 또한 본 프로그램을 이수하였을 경우 클럽활동점수 등에 이익을 주는 방법도 건의할 수 있다.

2) 학생을 대상으로

프로그램에서 가장 중요한 것은 '학생들의 성실한 참여'이다. 아무리 좋은 프로그램을 짜도 '그런데 내가 왜 가?' 라는 생각이 들면, 학생들은 찾아오지 않을 뿐 아니라 참가하는 학생들도 자신이 주변에 '부적응' 학생으로 낙인찍히게 될 가능성이 커져 중도포기하게 된다. 따라서 홍보를 할 때 '부적응'이라는 표현은 배제하고, '학교에 불만이 많은 경우 여기서 재미있게 놀아보자' 라는 기조로 홍보한다.

<표 15-8> 협조의뢰서

수　신 : 이화여고 2학년 주임 선생님
발　신 : 청소년문화연구원 원장 유능한
발신일 : 1997년 6월 2일
내　용 : '학교 부적응 청소년을 위한 프로그램' 참가학생 추천 및 협조의뢰
별　첨 : 프로그램 계획서

언제나 학생들의 인성향상에 힘써주시는 귀하께 수고의 말씀을 드립니다.

드릴 말씀은 이번에 본 기관에서 시범적으로 실시하는 '학교 부적응 청소년을 위한 프로그램'의 협조에 관한 것입니다.

본 기관은 아시다시피 1990년에 설립되어 우리 교육에서 소외되고 방황하는 청소년을 위한 많은 프로그램을 개설하여 호평을 받은 바 있습니다. 주위의 신뢰를 바탕으로 금번에는 학교 부적응 청소년을 직접 관리하는 프로그램을 개설하게 되었습니다. 본래 귀교의 상담실에서 해오던 일인 줄 알고 있습니다만, 이렇게 저희가 나서게 된 것은 다름이 아니라, 현재의 학생탈선의 빈도가 도에 지나칠 정도로 증가하고 있으며 또 학교에서는 수업과 상담의 입무를 이중으로 지고 계신 선생님들의 노력이 너무 많이 요구되기에 본 기관이 전문적으로 나서서 관리하고자 하는 것입니다.

본 프로그램은 이미 그 실행에 앞서 프로그램의 유용성을 주변에서 인정받아 두산그룹과 쌍용그룹에서 후원을 약속했으며 시교육청에서도 시범사업으로 지정되었습니다.

별첨해드린 프로그램 계획서를 참고하시어 아무쪼록 협조를 부탁드립니다. 각 담임 선생님들께 학생 의뢰서를 맡겨주시면 저희가 회수하도록 하겠습니다.

언제나 건승하시기를 기대하며 다시 한번 협조를 부탁드립니다.

청소년문화연구원장

서울 서대문구 대현동 360-50

<표 15-9> 학생의뢰서

성 명 : 유명한
성 별 : 남
학년반 : 대광고등학교 1학년 1반

* 교사가 본 학생의 특징

명랑하고 활발하게 급우들과 어울리긴 하나, 급우들과 다투는 경우가 많으며, 간혹 폭력적 행동을 보인다. 말이 상당히 거칠어 언어순화가 요구되며, 학습에 있어서는 기초학력이 크게 떨어지는 편은 아니나 전혀 노력하는 흔적이 보이지 않아 성적이 매우 좋지 않다. 부모가 서로 별거하고 있으며, 집에서 가사일을 하고 있는 누나가 한 명 있다. 밤에 잠을 잘 이루지 못하는 경우가 많다고 호소하곤 한다.

위의 학생이 귀 기관이 주관하는 '학교 부적응 청소년을 위한 적응력 향상 프로그램'에 참여하기를 의뢰합니다.

담임교사 : 정 규 정 (인)

8. 평 가

1. 참가 청소년을 대상으로 평가

<표 15-10> 참가자 평가서

"모여라 꿈동산을 마치고..."

이름 :

본 프로그램에 참가한 후 느낀 점을 솔직하게 써주세요.

1. 어떤 과정이 가장 흥미있었나요?

2. 어떤 과정이 가장 지루했나요?

3. 프로그램을 진행함에 있어서 시설은 어떠했는지?

4. 프로그램 진행과 관련하여 참가하는 인원수는 적당했나요?

5. 학교생활이 이전과 비교해볼 때 달라진 점이 있다면 모두 써주세요.
   (선생님과의 관계, 교우관계, 기타 전반적인 생활에 있어서..)

6. 이런 프로그램에 포함됐으면 하는 내용이 있으면 아는 대로 써주세요.

7. 다음에도 이러한 프로그램이 있다면 참가할지를 써주세요.

2. 프로그램 진행자 및 계획자를 대상으로 평가

<표 15-11> 진행자 및 계획자 평가서

"모여라 꿈동산을 마치고..."

이름 :

1. 모든 프로그램이 계획대로 진행되었는가?

2. 프로그램 진행에 있어서 문제점은 무엇이었는가? 있었다면 구체적으로 진술하시오.

3. 프로그램에 참가하는 학생들의 반응은 어떠하였는가?

4. 프로그램이 실시된 장소는 적절하였는가?

5. 계획된 프로그램과 활동계획을 통해 의도된 결과가 산출되었는가?

6. 예산상의 문제점은 없었는가? 있었다면 어떤 점이었나?

7. 다음 프로그램의 계획 및 실시에 있어서 개선되어야 할 점은 무엇인가?

참고문헌

기영화(1993) A Study of Adult Education Needs of Korean Americans. Unpublished Dissertation, University of Texas at Austin.

기영화(1994) 부모교육 프로그램 개발연구, 여성사회교육. 2권. pp.28-53

기영화(1995) 프로그램 개발. 걸스카우트 청소년지도사 양성과정교재

기영화(1996) 프로그램 개발 및 평가. 보이스카우트 청소년지도사 양성교재

기영화(1998) 삼성전자첨단기술연수소 교육담당자 양성 프로그램 개발.

기영화(1999) 교육훈련요구조사, Neo HRD, 삼성생명 휴먼센터 훈련교육자료

기영화(2000) 특수교육아동을 위한 프로그램 개발. 단국대학교 특수교육연구소 교사연수교재

기영화 외(2000) 실지자조력 프로그램 개발연구. 앤드라고지 투데이, 제 3권 3호. pp.155-182.

기영화(2000) 특수교육 요구아동 여가프로그램 개발. 인터넷강의자료

기영화(2000) 세대공동체교육 프로그램 개발. 교육부 보고서

기영화(2000) 퇴직준비를 위한 평생교육 프로그램 개발모델의 이론적 토대. 앤드라고지 투데이, 제 3권 4호. pp.17-41

Alford, H. J.(1968). *Continuing education in action: Residential centers for lifelong learning*. NY: John Wiley & Sons, Inc.

Anderson, D., & Niemi, J.(1969). *Adult education and the disadvantaged adult*. (Report No. AA 000 350). Syracuse, NY: ERIC Clearing House on Adult Education. (ERIC document reproduction service No. ED 029 160).

Anderson, R., & Darkenwald, G.(1979). *Participation and persistence in American adult education*. NY: Future Directions for a Learning Society, College Entrance Examination Board.

Apps, J. W.(1973). *Toward a working philosophy of adult education.* Syracuse, NY: Continuing Education and ERIC Clearinghouse on Adult Education.

Apps, J. W.(1979). *Problems in continuing education.* NY: McGraw-Hill Company.

Apps, J. W.(1985). *Improving practice in continuing education.* San Francisco, CA: Jossey-Bass.

Apps, J. W.(1989). What should the future focus be for adult and continuing education?. In W. Quigley(Eds.), *Fulfilling the promise of adult and continuing education.* New direction for continuing education, No.44. San Francisco: Jossey-Bass.

Atwood, H. M.(1973). Diagnostic procedures in adult education. *Viewpoints, 49(5),* 1-6.

Atwood, H. M., & Elias, J.(1973). Concept of need: An analysis for adult education. *Viewpoints, 49(5),* 7-16.

Barr, M. J., Keating, L. A., & Associates(1985). *Developing effective students services programs.* San Francisco, CA: Jossey-Bass.

Beder, H.(1986. ed). Marketing Continuing Education. San Francisco, CA: Jossey-Bass.

Beder, H.(1990). Reasons for nonparticipation in adult basic education. *Adult Education Quarterly, 40(4),* 207-218.

Bergevin, B., & McKinley, J.(1965). *Participation training for adult education.* St. Louis, Missouri: The Bethany Press.

Blakely, R. J., & Lappin, I. M.(1969). *Knowledge is power to control power: New institutional arrangements and organizational patterns for continuing education.* NY: The Center for Applied Research in Education, Inc.

Blaney, J.(1974). Program development and curricular authority. In J. Blaney, I. Housego, & G. McIntosh, *A monograph on program development in education.* Vancouver: The Faculty of Education and Center for Continuing Education, University of British Columbia.

Blank(1982). *Handbook of developing competency-based training programs.*

Boone, E. J.(1985). *Developing programs in adult education.* Englewood Cliffs, NJ: Prentice-Hall.

Boone, E. J., Shearon, R. W., White, E. E., & Associates(1980). *Serving personal and community needs through adult education.* San Francisco, CA: Jossey-Bass.

Boshier, R.(1973). Educational participation and dropouts: A theoretical model. *Adult Education, 23(4),* 255-282.

Boshier, R., & Collins, J. B.(1985). The Houle topology after twenty-two years: A large-scale empirical test. *Adult Education Quarterly, 35(3),* 113-1130.

Botsman, P. B.(1975). *The learning needs and interests of adult blue collar factory workers.* Ithaca, NY: New York State College of Human Ecology.

Boyle, P. G.(1981). *Planning better programs.* New York: McGraw-Hill Book Company.

Bradshaw, J.(1972). A Taxonomy of Social Needs. In G. McLachlan (Ed.), Problems And Progress in Medical Care Essays on Current Research. Seventh Series. London: Oxford University Press.

Bright, B. P.(1989). *Theory and practice in the study of adult education: The epistemological debate.* NY: Routledge.

Brockett, R. G., & Hiemstra(1991). *Self-directed learning: Perspectives on theory, research, and practice.* NY: Routledge.

Brookfield, S.(1985). A critical definition of adult education. *Adult Education Quarterly, 36(1),* 44-49.

Brookfield, S.(1986). *Understanding and facilitating adult learning.* San Francisco, CA: Jossey-Bass.

Brundage, D. H.(1980). *Adult learning principles and their application to program planning.* Toronto, Ontario: The Ontario Institute for Studies in Education.

Burbach, H. J., & Decker, L. E.(1977). *Planning and assessment in community education.* Midland, MI: Pendell Publishing Company.

Caffarella, R.(2nd ed. 2001). *Planning programs for adult learners.* San Francisco: Jossey-Bass.

Cameron, C.(1988). Identifying learning needs: Six methods adult educators can use. *Lifelong Learning, 11(4),* 25-28.

Carp, A., Perterson, R. & Roelfs, P.(1974). Adult learning interests and experiences. In P. Cross, & J. Valley(Eds.), *Planning non-traditional programs.* San Francisco, Ca: Jossey-Bass.

Cervero, R. M.(1988). *Effective continuing education for professionals.* San Francisco, CA: Jossey-Bass.

Cervero, R., & Wilson, A.(1994). *Planning responsibility for adult education.* San Francisco: Jossey-Bass.

Cervero, R., & Wilson, A.(1996). *What really matters in adult education program planning.* San Francisco: Jossey-Bass.

Clement, R., & Walker, J.(1978). *Training & Developmental Journal, Dec,* 10-12.

Cohen, B.(1981). *Do you really want conduct a needs assessment?.* Philadelphia: Management and Behavioral Sciences Center, University of Pennsylvania.

Cross, P. K.(1979). Adult learners: Characteristics, needs, and interests, In R. E. Perterson, & Associates(Eds.), *Lifelong learning in America.* San Francisco, CA: Jossey-Bass.

Cross, P. K.(1981). *Adult as learners.* San Francisco, CA: Jossey-Bass.

Cross, P. K., & Valley, J. R.(1974). *Planning non-traditional programs.* San Francisco, CA: Jossey-Bass.

Cross, P. K., & Zusman, A.(1977). The needs of non-traditional learners and responses of non-traditional programs. In C. B. Stalford. *An evaluative look at non-traditional post-secondary education.* Washington DC: The National Institute of Education.

Cunningham, P. M.(1990). *Handbook of adult and continuing education.* San Francisco, CA: Jossey-Bass.

Darkenwald, G. G., & Merriam, S. B.(1982). *Adult education: Foundations of practice.* New York: Harper & Row.

Dick, W.(1976). *Evaluating programmatic impact in education.* Washington DC: Teacher Corps.

Edginton, C. R., Compton, D. M., & Hanson, C. J.(1980). *Recreation and leisure programming: A guide for the professional.* Philadelphia: Saunders College.

Ehlers, W. H., Austin, M. J., & Prothero, J. C.(1976). *Administration for the human services: An introductory programmed text.* NY: Harper & Row Publisher.

Elias, J. L., & Merriam, S.(1998, 2nd ed). *Philosophical foundations of adult education.* Malabar, FL: Robert E. Krieger Publishing Company.

English, F. W.(1977). The politics of needs assessment. *Educational Technology, 17(11),* 18-23.

English, F. W., & Kaufman, R. A.(1975). *Needs assessment: A focus for curriculum development*. Washington DC: Association for Supervision and Curriculum Development.

Farmer, J. A., Jr. "Reaction Paper Number Two". In Problem Solving In Professional Adult Education. Washington D. C.: Adult Education Association Of the U. S. A..

Finch, C. R., & McGough, R. L.(1982). *Administering and supervising occupational education*. Englewood, NJ: Prentice-Hall.

Frisbie, R.(1981). Field analysis: Something more than needs assessment. Paper presented at Annual Meeting of Evaluation Network. Austin, Texas: Evaluation Research Society.(ERIC Document Reproduction Service, No. ED 219 405).

Garter, A.(1976). *The preparation of human service professionals*. NY: Human Sciences Press.

Glustrom. M.(1983). Educational needs and motivations of non high school graduate adults not participating in programs of adult basic education. *Lifelong Learning, 6(4),* 19-21.

Goody, Allan & Kozoll, Charles(1994). *Program Development in Continuing Education*. Malabar, FL: Krieger Publishing Company.

Grabowski, S. M., & Associates(1981). *Preparing educators of adults*. San Francisco, CA: Jossey-Bass.

Griffith, W. S.(1978). Educational needs: Definition, assessment and utilization. *School Review, 86(3),* 382-394.

Guba, E. G., & Lincoln, Y. S.(1989). *Fourth generation evaluation*. Newbury Park, London: SAGE Publications.

Gysbers, N. C., & Moore, E.(1981). *Improving guidance programs*. Englewood Cliffs, NJ: Prentice-Hall Inc.

Hall, B. L., & Kidd, R.(1978). *Adult learning: A design for action--A comprehensive international survey*. NY: Pergamon Press.

Havighurst, R. J., & Orr, B.(1956). *Adult Education and Adult Needs*. Chicago, IL: Center for the Study of Liberal Education for Adults.

Hendrickson, Andrew(1974). *A Manual On Planning Educational Programs For Older Learners*. Tallahassee, FL: Florida State University.

Herman, J., & Kaufman, R.(1983). Organizational success and the planning roles and perspectives. *Performance and Instruction Journal, 22(8),* 16-20.

Hesburgh, M., Miller, P. A., & Wharton, C. R.(1973). *Patterns for lifelong learning.*

Houle, C. O.(1961). *The inquiring mind.* Madison: University of Wisconsin Press.

Houle, C. O.(1972). *The design of education.* San Francisco, CA: Jossey-Bass.

Houle, C. O.(1973). *The external degree.* San Francisco, CA: Jossey-Bass.

Houle, C. O.(1980). *Continuing learning in the professions.* San Francisco, CA: Jossey-Bass.

Johnson, D. E., Meiller, L. R., Miller, L. C., & Summer, G. F.(1987). *Needs assessment: Theory and methods.* Ames, IW: Iowa State University Press.

Kaufman, R.(1972). A possible taxanomy of needs assessments. *Educational Technology, 17(11),* 60-62.

Kaufman, R.(1972). *Educational system planning.* Englewood Cliffs, NJ: Prentice-Hall.

Kaufman, R.(1982). Means and ends: Needs assessment, needs analysis, and front-end analysis. *Educational Technology, 22(11),* 33-34.

Kaufman, R.(1982). Means and ends: To change or not to change?. *Educational Technology, 22(2),* 34-37.

Kaufman, R.(1983). A holistic planning model: A system approach for improving. *Performance and Instruction Journal, 22(8),* 3-11.

Kaufman, R.(1983). Planning and organizational improvement terms. *Performance and Instruction Journal, 22(8),* 12-15.

Kaufman, R., & English, F. W.(1979). *Needs assessment: Concept and application.* Englewood Cliffs, NJ: Educational Technology Publications.

Kemper, H.(1951). Identifying educational needs and interests of adults: A summary of evaluative study. *Adult Education, 2(3),* 32-36.

Klevins, C.(1982). *Materials and methods in adult and continuing education.* Los Angeles, CA: Klevens Publication Inc.

Knapp, M. S.(1981). Response to a neglected need: Resocializing dependent woman. *Lifelong Learning, 4(10),* 12-13 & 25.

Knowles, M. S.(1975) *Self-directed learning: A guide for learners and teacher.* Chicago: Follett Publishing Company.

Knowles, M. S.(1989). *The modern practice of adult education: From Pedagogy to Andragogy* (3rd ed.). Englewood Cliffs, NJ: Cambridge Adult Education.

Knowles, M. S.(1990). *The adult learner: A neglected species* (4th ed.). Houston, TX: Gulf Publishing Company.

Knox & Others(1979). *Programming for adults facing mid-life change.* San Francisco, CA: Jossey Bass.

Knox, A. B.(1977). *Adult development and learning.* San Francisco, CA: Jossey-Bass.

Knox, A. B.(1979). *Assessing the impact of continuing education.* San Francisco, CA: Jossey-Bass.

Knox, A., et. al.(1982). *Developing, administering and evaluating adult education.* San Francisco, CA: Jossey-Bass.

Kowalkski, T. J.(1988). *The organization and planning of adult education.* Albany, NY: State University of New York Press.

Langbach, M.(1988). *Curriculum models in adult education.* Malabar, FL: Robert E. Krieger Publishing Company.

Langerman, P. D., & Smith, D. H.(1979). *Managing adult education and continuing education programs and staffs.* Washington DC: National Association for Public Continuing and Adult Education.

Lenz, E.(1980). *Creating and marketing programs in continuing education.* NY: McGraw-Hill Company.

Long, H. B.(1983). *Adult learning: Research and practice.* Cambridge, NY: The Adult Education Company.

Mayer, H.(1983). Implementing needs assessment: Some important considerations. *Performance and Instruction Journal, 22(8),* 21-23.

McMahon, E. E.(1970). *Needs-of people and their communities-and the adult educator.* Washington DC: Adult Education Association of the USA.

Mendenhall(1979). Research, evaluation anddiagnosis: Some basic distinctions. *Viewpoints, 5,* 17-21.

Merriam, S., & Darkenwald, G.(1982). *Adult education: Foundations of practice.* NY: Harper & Row.

Minzey, J. D., & Letarte, C. E.(1979). *Community education: From program to process to practice: The schools' role in a new educational society*. Midland, Michigan: Pendell Publishing Company.

Monette, M. L.(1977). The concept of educational need: An analysis of selected literature. *Adult Education, 27(2),* 116-127.

Morgan, R., Holms, G. E., & Bundy, C. E.(1963). *Method in adult education* (2nd ed.). Danville: IL.

Moroney, R. M.(1977). Needs assessment for human services. In W. F. Anderson, B. J. Friden, & M. J. Murphy(Eds), *Managing human services*. Washington DC: International City Management Association.

Nadler, L.(1982). *Designing Training Programs, Reading: Addison-Wesley*

Nadler, L., & Nadler, Z.(1987). *The comprehensive guide to successful conferences and meetings: Detailed instructions and step-by-step checklists*. San Francisco, CA: Jossey-Bass.

Nadler, L., & Wiggs, G. D.(1986). *Managing human resource development*. San Francisco, CA: Jossey-Bass.

Nickols, F.(1983). Half a needs assessment: What is in the world of work and working. *Performance and Instruction Journal, 22(8),* 24-27.

Niemi, J. A., & Nagle, J. M.(1977). Learners, agencies, and program development in adult and continuing education. In P. D. Langerman, & D. H. Smith(Eds.), *Managing adult and continuing education programs and staffs*. Washington DC: National Association for Public Continuing and Adult Education.

Pennington, F. C.(1980). *Assessing educational needs of adults*. San Francisco, CA: Jossey-Bass.

Perterson, R. E., et. al.(1979). *Lifelong learning in America.* San Francisco, CA: Jossey-Bass.

Posavac, E. J., & Carey, R. G.(1980). *Program evaluation: Methods and case study.* Englewood Cliffs, NJ: Prentice-Hall Inc.

Reviere, R., Berkowitz, S., Carter, C., & Ferguson, C.(1996, Eds.). Needs Assessment: a Creative and Practical Guide for Social Scientists. Washington D. C.: Taylor & Francis.

Rivera, W., Patino, H., & Brockett, R.(1982). A conceptual framework for program development in adult continuing education. *The Journal of Continuing Higher Education, 30(3).*

Rosenblum, S. H.(1985). *Involving adults in the educational process.* San Francisco, CA: Jossey-Bass.

Schubert, W. H.(1986). *Curriculum: Perspective, paradigm, and possibility.* NY: Macmillan Publishing Company.

Scissons, E. H.(1982). A typology of needs assessment definitions in adult education. *Adult Education Quarterly, 33(1),* 20-28.

Shipp, T.(1982, ed). Creative Financing and Budgeting. San Francisco, CA: Jossey-Bass.

Shipp, T., & Mckenzie L.(1981). Marketing parish adult education. *Today's Parish, January,* 29-30.

Simerly, R. G., & Associates(1987). *Strategic planning and leadership in continuing education.* San Francisco, CA: Jossey-Bass.

Simerly, R. G., & Associates(1989). *Handbook of marketing for continuing education.* San Francisco, CA: Jossey-Bass.

Strother, G. B., & Klus, J. P.(1982). *Administration of continuing education.* Belmont, CA: Wadsworth Publishing Company.

Tellefsen, T. E.(1990). *Improving collage management: An integrated systems approach.* San Francisco, CA: Jossey-Bass.

Thomas, A. M.(1964). The concept of program in adult education. In G. Jensen, W. Liveright, & W. C. Hallenbeck,(Eds.), *Adult education: Outlines of an emerging field of university study.* Washington DC: Adult Education Association of the United States.

Tucker, C.(1974). A model for community needs assessment. Report to Central Florida Community Colleges' Consortium. Gainesville: Institute of Higher Education, University of Florida.

Tucker, K.(1973). *Needs assessment: Computerized simulation model.* Gainesville, FL: Center for Community Needs Assessment, University of Florida.

Verner, C., & White, T.(Eds.).(1963). *Adult education theory and method: Administration of adult education.* Washington DC: Adult Education Association of the USA.

Witkin, B. R.(1974). *Before you do a needs assessment: Important first questions.* Hayway, CA: Office of Alameda County Superintendent of Schools.

Witkin, B. R.(1975). *An analysis needs assessment techniques for educational planning at state, intermediate and district levels.* ERIC(ED 108 370).

Witkin, B. R.(1977). Needs assessment kits, models and tools. *Educational Technology, 17(11),* 5-18.

Witkin, B. R.(1984). *Assessing needs in educational and social programs.* San Francisco, CA: Jossey-Bass.

찾아보기

인 명

내 용

기영화

이화여자대학교 행정학과 졸
University of Texas at Austin, Ph.D
현재 명지전문대 사회교육과 교수

저 서

- 평생교육의 이론과 실제(공저)
- 한국 성인인력개조론(공저)
- 근대 한국성인교육사상(공저)
- Self-Directed Learning(Coauthor)
- 성인교육의 철학적 기초(역)

논 문

- "A Study on the Self-Directed Learning Readiness of Junior College Students"
- "A Study of Participation Strategies of Cooperative Education in Junior College"
- "Cross-Cultural Comparison on Open Learning System in APEC Member Economics"
- "Power & Positionality : Negotiating Insider/ Outsider Status in Multicultural & Crosscultural Research"
- "Research Issues and Problem in 21st Century"

평생교육 프로그램 개발

2001년 5월 22일 1판 1쇄 발행
2016년 9월 20일 1판 16쇄 발행

지은이 • 기 영 화
펴낸이 • 김 진 환
펴낸곳 • (주) 학지사
04031 서울특별시 마포구 양화로 15길 20 마인드월드빌딩 5층
대표전화 • 02) 330-5114 팩스 • 02) 324-2345
등록번호 • 제313-2006-000265호

홈페이지 • http://www.hakjisa.co.kr
페이스북 • https://www.facebook.com/hakjisabook

ISBN 978-89-7548-585-5 93370

정가 **10,000**원